当代教育研究丛书

知识生产模式转型背景下
一流学科建设研究

A STUDY OF THE CONSTRUCTION OF
FIRST-CLASS DISCIPLINES IN THE CONTEXT OF
THE TRANSFORMATION OF KNOWLEDGE PRODUCTION MODE

殷朝晖 ／ 著

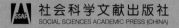
社会科学文献出版社
SOCIAL SCIENCES ACADEMIC PRESS (CHINA)

　　本书为全国教育科学规划国家一般项目"知识生产模式转型背景下一流学科建设路径研究"（课题批准号：BIA180173）的研究成果。

《当代教育研究丛书》

总主编：彭宇文　李　巍

研究与实践立足当代、面向未来的新时代大教育

——《当代教育研究丛书》总序

习近平总书记在党的十九大报告中指出："经过长期努力，中国特色社会主义进入了新时代，这是我国发展新的历史方位。"新时代带来了新发展，面对新时代的大背景，教育工作者应当及时更新理念，总结过去、立足当代、面向未来，从历史维度、理论维度、实践维度和世界维度解读新时代教育事业，适应时代发展需要，推动教育事业更好发展。

进入新时代的教育，不再只是传统意义上的教育，而是源于时代、呼应时代，并面向未来、持续发展的具有发展性内涵的教育，体现出鲜明的"大教育"特征。

第一，新时代大教育应当是具有与新时代相适应的高度、广度和深度的教育。

习近平总书记在全国教育大会上的讲话中指出："教育是民族振兴、社会进步的重要基石，是功在当代、利在千秋的德政工程，对提高人民综合素质、促进人的全面发展、增强中华民族创新创造活力、实现中华民族伟大复兴具有决定性意义。教育是国之大计、党之大计。"在中国特色社会主义强国建设中，教育的重要地位比以往任何时候都表现得更为突出。新时代大教育必须建立在对这些重大意义的深刻理解之上，不只是就教育论教育，而是从中华民族伟大复兴、科学社会主义发展以及中国智慧和中国方案出发，从国之大计、党之大计出发，强调切实发挥教育的政治功能和社会职能，树立建设教育强国的强烈使命感和责任感，注重具有高度的

政治站位、具有广度的政治外延和具有深度的政治内涵，从更为深广的角度来实现可持续发展。

第二，新时代大教育应当是以人民为中心的教育。

党的十九大明确了新时代我国社会主要矛盾已经转化为人民日益增长的美好生活需要和不平衡不充分的发展之间的矛盾，时代发展对教育事业提出了更高要求，也给传统意义上的教育赋予了新的内涵。进入新时代的教育，必须不忘初心，贯彻以人民为中心的教育观，通过改革推动"中国教育现代化 2035"和"中国教育现代化 2050"，推进中国特色社会主义教育强国建设，最终实现满足人民美好生活向往的终极目标。教育是美好生活的最为重要的基本构成部分，面对社会发展新矛盾，必须树立更高质量、更加公平的大教育观，以人民为中心，办好人民满意的教育，实现习近平总书记提出的"让每个孩子都能享有公平而有质量的教育"的目标。新时代新矛盾，人民对教育的需求不再只是停留在"有学上"的基本层面上，而是逐步提升到"上好学"的更高层面，对教育质量和教育公平提出了更为强烈而具体的要求。实现目标更高、要求更高、标准更高的新时代教育发展，必须在教育价值追求上树立以人民为中心的思想，彰显人民至上的价值取向。教育事业必须围绕公平而有质量的目标要求，努力实现人的全面发展，使教育改革发展成果更多更公平地惠及全体人民。

第三，新时代大教育一定是具有鲜明中国特色的教育。

扎根中国大地办教育，既是改革开放以来我国教育事业取得巨大成就的重要经验，也是对新时代继续推进教育事业更大发展的重要指导。我国有独特的历史、独特的文化、独特的国情，孕育了学无止境、有教无类、因材施教等深厚的教育思想，这些因素决定了我国教育必须坚定不移走自己的路。事实证明，简单照搬别国经验解决不了中国教育问题，进入新时代中国教育，必须坚持扎根中国大地，探索更多符合国情的办法，让中国特色社会主义教育发展道路越走越宽广。新时代大教育要强化特色意识，处理好本土化与国际化、民族性与世界性之间的关系，进一步明确中国特色的内涵，以及这些内涵在各级各类教育和学校中的具体落实，使中国特色能够真正落地实现。

第四，新时代大教育应当是走向世界的教育。

不忘初心、坚定自信、引领发展，是新时代大教育应当具有的精神。这种精神，不是僵化、守旧、故步自封的思想意识，而是大气派、大格局、大风范的教育理念。按照习近平总书记提出的"不忘本来、吸收外来、面向未来，更好构筑中国精神、中国价值、中国力量，为人民提供精神指引"要求，新时代教育事业必须时刻牢记初衷，树立坚定的文化自信和道路自信，"发展具有中国特色、世界水平的现代教育"，使我国教育事业日益走近世界舞台中央、不断为人类做出更大贡献。基于此构建的新时代大教育，应当不忘初心，在坚守教育事业根本宗旨的前提下，立足于中国特色社会主义的伟大实践，以大气度的文化自信和道路自信为引领，坚持扩大开放，走向世界，为世界贡献教育的中国智慧和中国方案。必须注意的是，走向世界与中国特色应当是有机统一的，中国特色绝不能够成为掩盖自身问题、因循守旧的挡箭牌，而一定是在世界水平范畴下的特色，只有具有这样大格局的中国特色的大教育，才可能真正走向世界。

第五，新时代大教育必须是体现发展导向的教育。

新时代教育事业发展，呈现出与传统时代不一样的特征。与经济社会发展相适应，现代信息技术给传统教育形态带来了极大冲击，应对人工智能、区块链、云计算、大数据（ABCD）的挑战，构建网络化、数字化、个性化、终身化的新的教育体系，成为人类社会面临的重大课题，新时代大教育必须积极回应新教育体系建设的发展趋势。新教育体系构建，标志着具有全面、立体和持续等新的特征的教育的形成，传统的限于课堂、书本、学制等要素的教育形式，逐步发生变革，任何人在任何时间、任何地点、学习任何知识的泛在教育形式开始形成，传统意义上的教育可能被重新定义。面对社会形态多元、教育形态多元的发展趋势，按照党的十九大提出的 2035 年基本实现现代化、2050 年全面建成社会主义现代化强国的目标，构建"中国教育现代化 2035"和"中国教育现代化 2050"发展战略，是新时代大教育必须面对的重要问题。新时代大教育必须体现发展导向，及时回应教育形态的时代变化，从更为全面、更为灵活、更为长效的角度认识教育发展，打造多维度、立体化和可持续的教育体系，实现面向未来的与时俱进的发展。

第六，新时代大教育应当是不断创新的教育。

在传承的基础上大力创新，应当是新时代大教育的核心要素。新时代是承前启后、继往开来的时代，新时代大教育要在传承已有教育精华的基础上，呼应时代发展，积极探索，形成具有新的时代特征的教育创新。新时代出现了诸多新事物，给教育事业带来了新机遇和新挑战，必须积极加以应对。以大数据为例，面对大数据发展日新月异的新形势，要按照习近平总书记"运用大数据促进保障和改善民生"的要求，在教育大数据建设方面加大探索力度，推进"教育+互联网"，创新教育模式，推动"人人皆学、处处能学、时时可学"的学习型社会建设。要加大教育供给侧改革力度，从提高教育供给质量出发，以创新为引领，培育教育新业态，创造教育新供给，引导教育新需求。当然，应当明确的是，创新一定是建立在传承的基础上，新时代大教育的创新发展不能背离基本的教育本质和精神，应当贯通古今，贯通历史、现在与未来。

具有上述鲜明的"大教育"特征的新时代教育事业，伴随着我国改革开放的不断深化，正在迈入更为辉煌的发展阶段。习近平总书记在全国教育大会上的讲话中强调，新时代新形势，改革开放和社会主义现代化建设、促进人的全面发展和社会全面进步对教育和学习提出了新的更高的要求。我们要抓住机遇、超前布局，以更高远的历史站位、更宽广的国际视野、更深邃的战略眼光，对加快推进教育现代化、建设教育强国做出总体部署和战略设计，坚持把优先发展教育事业作为推动党和国家各项事业发展的重要先手棋，不断使教育同党和国家事业发展要求相适应、同人民群众期待相契合、同我国综合国力和国际地位相匹配。习近平总书记关于教育的重要论述，为进一步推进新时代中国特色社会主义教育事业改革发展，指明了目标与方向。

武汉大学溯源于 1893 年清末湖广总督张之洞奏请清政府创办的自强学堂，历经百余年的风雨磨砺，形成了优良的革命传统，积淀了厚重的人文底蕴，培育了"自强、弘毅、求是、拓新"的大学精神。作为国家教育部直属重点综合性大学，武汉大学是国家"985 工程""211 工程"重点建设高校和首批"双一流"建设高校，学校综合实力和核心竞争力不断增强，整体呈现出快速发展的崭新局面。当代教育（武汉）有限公司作为专注于教育产业运营与投资的综合性民营实业教育集团公司，是国内较早投身于民办教育领域的企业，已初步实现从早幼教、K12 教育、高等教育到教育衍生业务的立体化、全生态体系战略布局，搭建了以高等教育为主体，基础教育和教育衍生业务为两翼的"一体两翼"腾飞构架。为加强对新时代大教育的研究与实践，武汉大学与当代教育（武汉）有限公司强强联合，组建了"武汉大学当代教育研究院"（以下简称"研究院"）。研究院贯彻"研究与实践立足当代、面向未来的新时代大教育"的办院宗旨，以服务国家教育事业发展、服务武汉大学与当代教育（武汉）有限公司建设为中心，建立了相对灵活的运行机制，围绕教育供给侧改革与"双一流"建设、民办教育、学生学习能力提升、教师职业发展、教育治理现代化、院校研究、研学旅行等方面主题，紧密联系教育实践，从教育管理、教育法律与政策等学科领域开展学术研究，取得了较为丰硕的研究成果。

为展示研究院的学术研究成果，研究院组织编撰了《当代教育研究丛书》，由社会科学文献出版社出版。丛书拟通过专著、译著、论文集等形式，对研究院专兼职研究人员取得的研究成果，择优出版，以飨读者。研究院希望借助《当代教育研究丛书》的出版，进一步凝练自身学科建设特色，打造学术发展优势，为新时代教育事业建设发展做出教育理论工作者的应有贡献。

习近平总书记在 2018 年 12 月 18 日庆祝改革开放四十周年大会上的讲话中指出："我们要强化问题意识、时代意识、战略意识，用深邃的历史眼光、宽广的国际视野把握事物发展的本质和内在联系，紧密跟踪亿万人民的创造性实践，借鉴吸收人类一切优秀文明成果，不断回答时代和实践给我们提出的新的重大课题，让当代中国马克思主义放射出更加灿烂的真理光芒。""只有顺应历史潮流，积极应变，主动求变，才能与时代同行。"立足当代、面向未来，研究院将继续深入新时代大教育的创造性实践，坚持理论联系实际，呼应时代发展，总结教育实践，以具有时代性、战略性、前瞻性和国际性的学术研究，为新时代的大教育发展提供智力支持。

谨以为序。期待各方指正，共谋中国特色社会主义教育事业发展。

彭宇文　李　巍*

2018 年 12 月

*彭宇文，武汉大学教育科学研究院（当代教育研究院）院长，法学博士，教授，博士研究生导师；李巍，当代教育（武汉）有限公司总裁、北京当代海嘉教育科技有限公司董事长。

摘　要

　　当今社会整个知识生产系统正经历深刻的变化，知识生产模式日益呈现出新特点和新趋势——除传统以学科为基础的知识生产模式Ⅰ外，还产生了以问题为导向的知识生产模式Ⅱ和以知识集群为核心的知识生产模式Ⅲ。麻省理工学院（以下简称MIT）之所以能够摆脱平庸、跻身一流，就是因为其敏锐地觉察到新知识生产模式的发展前景，因而果断瞄准行业共性技术，以学科群对接产业群，在学科发展与市场应用间架起桥梁。

　　在知识生产模式转型背景下，"双一流"建设将学科作为基础，恰好契合了学科自身的属性——学科既是大学的基本构成单元，也是知识生产的组织机构。推进一流学科建设，不仅要立足学科范式变革的新内涵，而且还要适应知识生产模式现代转型的新趋势，将需求引领、创新驱动放在突出位置，持续地创新学科知识生产方式、组织形式，遵循双重逻辑——自身演进、外部适应，以使学科建设水平得到提升。

　　本书旨在回应知识生产模式转型对我国一流学科建设的挑战，探究在一流学科建设中如何把三种知识生产模式恰当结合起来，把学科发展和满足国家和社会需求恰当结合起来，以顺应世界高等教育发展的趋势，进而为我国一流学科建设提供借鉴，推动"双一流"建设。

　　本书选取了世界一流大学和一流学科——美国哈佛大学和美国三所大学的化学学科作为典型案例，探究其适应知识生产模式转型的建设经验。并在知识生产模式Ⅲ与超学科发展的映射关系的理论指导下，选取国外四个超学科组织作为研究对象进行案例分析，归纳国外超学科组织的建设方式与经验，以促进我国超学科组织的建设。本书进而在分析我国一流大学建设面临的挑战和机遇的基础上，重点探究了知识生产模式转型背景下，一流大学学科群和学科联盟的建设及交叉学科研究的非学术影响评价，以期推动我国高校适应知识生产模式转型的需要，加强一流学科建设，实现"双一流"建设目标。

我国的知识生产具有不同于西方国家的自身独特性，我国传统高教机构的知识体系以经史子集为分类标准，没有西方现代意义上的学科分类标准。知识生产模式I和II的产生和发展不是一个自组织的演化过程，而是一个断裂的变革过程。知识生产模式II不是在知识生产模式I充分发展成熟的基础上产生的。而随着跨学科、超学科的兴起和发展，我国的知识生产体系又在向知识生产模式III转型。因此，如何理解并适应这种转型对一流学科建设至关重要。本书重点从以下七个方面探究了我国高校应如何适应知识生产模式转型的需要，加强一流学科建设，实现"双一流"建设目标。

（一）知识生产模式转型背景下哈佛大学一流学科建设的经验及其启示

学科是系统化、逻辑化的知识集合体，学科建设的本质是促进知识的发展。知识发展的逻辑是学科建设的内在要求。知识可以被划分为显性知识和隐性知识，两者的相互作用和转化是知识创新的关键。而由于隐性知识具有高度个性化而难以格式化的特点，其转化就显得尤为重要。我国一流学科建设存在与知识生产模式转型要求不相适应的方面，这将会影响隐性知识的转化效率，阻碍知识创新。美国哈佛大学在重视显性知识发展的同时，兼顾隐性知识的生产和转化，成功地抓住知识生产模式转型的机遇发展学科，为我国一流学科建设提供了宝贵的经验借鉴。因此，在我国"双一流"建设进程中，我们应关注知识生产模式II和III对于学科建设的影响，从关注促进学科隐性知识的转化、加强学科回应社会需求的能力、提高学科组织知识管理的能力等方面加强学科建设，以实现学科跨越式发展，进而加快"双一流"的建设步伐。

（二）知识生产模式转型背景下美国大学化学学科建设的经验及其启示

基础学科是创新的基石。本书以化学这一基础学科为例，探究美国大学一流化学学科的建设经验。从历史的维度来看，本书梳理了美国大学一流化学学科发展的历史路径，围绕学科建设的基本逻辑要素，即为什么建、谁来建、建什么、怎么建四方面对美国大学一流化学学科的现状进行分析和探讨，发现当前美国一流化学学科建设具有支持知识共享、强调知识创获以及重视知识应用的特点。然后，本书在总结美国大学一流化学学科建设共性特征的基础上，对选取的三所美国大学进行了多案例分析。研究发现，三所案例院校在学科建设中都十分重视知识管理的作用，但又各有侧重。加州大学伯克利分校（以下简称伯克利）是全能型的学科知识管理范例，MIT 的学科建设重视创新，而西北大学则是知识共享型的跨学科践行者。接着，本书分析了我国大学化学学科建设与知识管理不相适应的地方。最后，结合美国大学一流化学学科建设的共性和个性特点，本书从明确学科建设内涵、提高学科创新能力和创新学科组织模式等三个方面探究了美国大学一流化学学科建设的经验对我国一流化学学科建设的启示，以期为其他基础学科建设提供借鉴，从而推动我国"双一流"的建设进程。

（三）知识生产模式Ⅲ视域下国外超学科组织建设研究

伴随着知识生产模式转型、科学研究综合化以及社会问题复杂化，超学科已成为人才培养和科学研究面临的重要议题。超学科的本质在于科学创新，它有利于科研领域内重大科学或社会难题的解决，也容易产生新的知识成果。如何在具体实践中科学指导跨学科甚至超学科研究，则是我国一流学科建设中不容忽视的问题。本书发现知识生产模式Ⅲ与超学科存在一定的映射关系，模式Ⅲ的"大学—产业—政府—社会"四螺旋动力机制对应超学科的多元群体，两者的研究目标基本重合；模式Ⅲ的创新生态知识群与超学科的知识体系也是吻合的。在此理论基础上，本书进行了超学科实践层面上的探究。本书选取了苏黎世联邦理工学院、悉尼科技大学、得州理工大学三所院校的超学科组织以及一个国际性非营利组织——超学科网络中心作为案例进行研究。在完成四个超学科组织的网页资料抓取后，将其导入 NVivo 质性软件进行逐句编码，之后通过生成的编码节点数占比示意图对四个超学科组织案例的同质性和不同特征进行归纳总结。在进一步分析超学科组织的建设经验后，本书从组织文化、组织规划与制度、组织动力与发展三个层面探究了国外超学科组织建设对于我国学科组织的完善以及未来超学科组织发展的启示。

（四） 知识生产模式转型背景下我国一流学科建设面临的机遇与挑战

知识生产模式的现代转型对一流学科建设中的学科建设主体、学科建设客体以及学科建设载体产生了不可抵御的影响。因此，分析知识生产模式转型背景下的一流学科建设情况，并以此探究一流学科建设发展的新思路，为我国的世界一流学科建设提出相关的对策建议，则具有十分重要的意义。本书系统阐述了在我国"双一流"建设进程中，知识生产模式的转型及其对一流学科建设所产生的影响；在此基础上探究了知识生产模式转型给我国一流学科建设带来的机遇与挑战；并从一流学科建设主体的多元化、客体的多维度和载体的多样性等方面探讨了如何在一流学科建设中把三种知识生产方式恰当结合起来，促进一流学科建设，从而推动"双一流"建设。

（五） 知识生产模式转型背景下国内 W 大学学科群建设研究

知识生产模式转型背景下，各学科之间交叉融合的趋势越来越明显。而现有的学科分类体系落后于学科发展与社会对人才培养的要求，因此以优势特色学科为主体，积极促进学科交叉、组建学科集群，实现优势学科带动引领相关学科体系建设是建设一流学科的趋势。本书以复杂系统理论为基础，立足 W 大学水利与土木矿业工程学科群建设现状及其存在的问题，从激发学科群建设内生驱动力与加强学科群外部推动力以及如何平衡内外动力的角度提出学科群建设的相关对策和建议，以形成动态发展、关联紧密、协同运行的协同创新型学科群。

（六） 知识生产模式转型背景下我国一流学科战略联盟建设研究

知识生产模式的转型对学科建设的学科方向、人才培养和科学研究等方面产生了广泛而深远的影响，一流学科战略联盟的构建成为学科建设适应知识生产模式变革的内在趋势。本书选取了国外四个一流学科战略联盟，即国际天文学联合会、国际数学联盟、国际生物科学联合会和国际临床与药理学联合会进行比较研究，归纳这四个学科战略联盟发展的重点与特色，详细论述其联盟的建设路径，并与我国一流学科战略联盟从联盟性质、联盟成员、运行机制、合作对象等四个方面进行对比。最后，通过对国外一流学科战略联盟的研究以及对知识生产模式转型背景的了解，结合我国一流学科战略联盟的发展现状，从建设理念、建设资源与建设机制等层面对我国一流学科战略联盟的构建提出建议，旨在为我国一流学科战略联盟的建设提供借鉴，助推"双一流"建设。

（七）知识生产模式转型背景下交叉学科研究的非学术影响评价研究

随着现代科学技术的进步，知识在经历高度分化后又呈现出高度综合的态势，传统学科已不再固守自己的研究范畴，各学科之间多层次的渗透和交叉使得传统的学科界限不再明显，高度综合化、系统化、整体化和交叉化成为高校学科建设的主流趋势，交叉学科目前在我国已正式成为第 14 个学科门类。交叉学科研究因其不同学科交叉相融的研究范式，在促进知识生产和创新的同时，产生了突出的非学术影响。重视交叉学科研究的非学术影响评价与知识生产模式转型背景下"双一流"建设的内在逻辑相吻合。然而在我国第五轮学科评估中，交叉学科研究的非学术影响评价还存在对非学术影响的概念界定模糊、评价方式尚未完善、评价主体单一等突出问题。通过借鉴国外部分创新型国家评价交叉学科研究非学术影响的思路和有益经验，我国应以设立专业的交叉学科研究评价委员会、分阶段评价交叉学科研究、多元评价主体联动评估等改革措施为着力点，构建科学的、符合时代要求的交叉学科研究非学术影响评价机制，以强化交叉学科研究成果的应用价值导向，推动"双一流"建设高校的学科研究评价制度的改革与创新。

目 录 Contents

第一章　问题的提出

第一节　选题缘由和研究意义

一　选题缘由

习近平总书记在十九大报告中指出，"加快一流大学和一流学科建设，实现高等教育内涵式发展。"①"双一流"建设已成为今后一段时期我国高等教育发展与改革的重点任务。而当今社会的整个知识生产系统正在经历深刻的变化，知识生产模式日益呈现出新特点和新趋势——除传统以学科为基础的知识生产模式Ⅰ外，还产生了以问题为导向的知识生产模式Ⅱ和以知识集群为核心的知识生产模式Ⅲ。麻省理工学院（以下称 MIT）之所以能够摆脱平庸、跻身一流，就是因其敏锐地觉察到新知识生产模式的发展前景，因而果断瞄准行业共性技术，以学科群对接产业群，在学科发展与市场应用间架起桥梁。

"双一流"建设将学科作为基础，强调通过一流学科建设推进一流大学建设。高校的立足之本是学科，其竞争力与创新力也主要依托强势与特色学科。推进一流学科建设，不仅要立足学科范式变革的新内涵，还要适应知识生产模式现代转型的新趋势，将需求引领、创新驱动放在突出位置，持续地创新学科知识生产方式、组织形式，遵循双重逻辑——自身演进、外部适应，使学科建设水平得到提升。

---

① 习近平. 习近平谈治国理政第 3 卷［M］. 北京：外文出版社，2020：36.

本研究旨在回应知识生产模式转型对我国一流学科建设的挑战，探究在一流学科建设中如何把三种知识生产模式恰当结合起来，把学科发展同满足国家和社会需求恰当结合起来，以顺应世界高等教育发展的趋势，进而为我国一流学科建设提供借鉴，推动"双一流"建设。

二 研究意义

相对于已有研究，本研究的独到学术价值和应用价值如下。

(一) 学术价值

一是有利于丰富知识生产模式的相关理论体系。在知识经济和全球本土化背景下，知识生产方式发生了深刻的变革和转型，对大学承担人才培养和科学研究职能的基础平台——学科的发展也产生了重要影响。但我国学界对知识生产模式转型与学科发展间的关系缺乏深入而系统的研究。因此，探究知识生产模式转型背景下一流学科的建设，有利于丰富和拓展知识生产模式的理论体系，从而扩展知识生产研究的理论空间。

二是为一流学科建设提供理论指导。"双一流"建设在当前的评价体系下强调"以学科建设为重点"的原则，而在一流学科建设中，学科建设主体、学科组织形式及考核评价指标单一，不仅会导致学科同质化发展的倾向，而且极易产生"千校一面"的现象。究其原因，主要在于对知识生产模式转型给一流学科建设带来的影响关注不够，因而对知识生产模式转型与一流学科建设之间的关系进行研究，能够为一流学科建设的理论研究提供更为宽广的思路和视角，从而基于知识生产模式转型构建一流学科建设的理论框架。

(二) 应用价值

一是有利于促进我国大学的知识生产模式转型，提高知识生产能力。从世界范围看，当今大学在知识生产领域的绝对权威遭遇挑战，知识广泛地传播于潜在的知识生产场所及不同的应用环境中，在此基础上，知识生产也呈现出"社会弥散性"。因此，对新旧知识生产模式进行比较，研究大学知识生产模式的特征及转型等问题，将是提升我国大学的知识生产能力，促进其良性发展的重要前提。

二是有利于探索符合新知识生产模式的一流学科建设路径。知识生产模式的转型使学科建设已不再是学科共同体内部的事情，而是涉及"大学—产业—政府—社会"等多方面，从而深刻地影响学科建设的主体、客体和载体。因此，从知识生产模式转型出发研究一流学科建设，将有利于有针对性地建设符合多元质量观的世界一流大学。

第二节　文献综述

本书将分别从"知识生产模式及其转型"、"一流学科建设"和"知识生产模式转型与一流学科建设"这三个方面进行国内外文献综述。通过积极吸纳前人的研究精华，分析国内外与之相关的研究状况，为本研究的开展奠定基础。

一　关于知识生产模式及其转型的研究

近年来，国内外学者对于知识生产模式及其转型的研究日益增多。国外相对于国内起步更早，理论体系更成熟。在研究内容上集中于知识生产模式的特征及各模式间的区别、知识生产模式转型的发展脉络及其产生的影响和知识生产模式转型背景下推动高等教育发展的举措等方面。

（一）知识生产模式的特征及各模式间的区别

模式Ⅰ与模式Ⅱ在知识生产方式、生产情境、组织方式及奖励和监控机制等方面有很大不同。① 模式Ⅰ以"学科"为基础、以同质性为特征、以等级制为组织形式，其设置和解决问题主要由一个特定共同体的学术兴趣主导；② 模式Ⅰ的学术研究是一种"小科学"活动，其知识产出是为了完善学科知识，而不是探究学科知识的实际运用。模式Ⅱ以"问题"为导

---

① Gibbons M，Limoges C，Nowotny H，et al. The New Production of Knowledge：The Dynamics of Science and Researchin Contemporary Societies [M]. London：SAGE Publication，1994：234–241.

② 张庆玲. 知识生产模式Ⅱ中的跨学科研究转型 [J]. 高教探索，2017（02）.

向，致力于用一系列理论观点和实际方法去解决问题，其最终解决方案具有跨学科性和超学科性；① 模式Ⅱ具有反思性和多维评价机制的特征；模式Ⅱ中知识生产来源不再只有大学，企业、科研机构甚至民间机构都可以生产知识。② 模式Ⅲ以维护社会公共利益为目标，突出四螺旋动力机制核心，带动大众群体与社会组织积极参与学术活动；模式Ⅲ的特征是促进"大学—产业—政府—社会"的互动，从而实现内外界影响下的知识创新，提高知识成果的转化和利用效率；③ 模式Ⅲ知识生产的特征是具有规范性和存在主义的形态，这种知识生产并不必然发现真理或解决问题，而是将学习过程看作广域生活世界的重要组成部分。模式Ⅱ是对模式Ⅰ的补充，它使学术与社区服务加强了联系，使大学中的研究成果及其应用扩展到更广的社区范围。④ 模式Ⅲ运用于知识存储、流动，是促进知识创新、扩散和分享的知识生产与管理中多边、多节点、多模式及多水平的系统方法。⑤ 模式间在设置和解决问题的情景、知识产生的基础、组织结构、质量判断主题和标准方面存在差别。⑥ "大学—产业"联合组织开始出现，标志着模式Ⅰ开始向模式Ⅱ转型。模式Ⅱ的出现并不意味着大学原有的系科结构完全失效，只是模式Ⅰ不再是主流。⑦ 现在的知识生产以模式Ⅱ、模式Ⅲ为主，模式Ⅱ使当代大学现有的理念和结构面临挑战，为现代大学制度的重新建构提供重要理论基础，模式Ⅲ使大学、企业、政府之间的界限变得相对模糊。⑧

---

① 蒋逸民. 作为一种新的研究形式的超学科研究 [J]. 浙江社会科学，2009 (01).
② 安超. 知识生产模式的转型与大学的发展——模式1与模式2知识生产的联合 [J]. 现代教育管理，2015 (09).
③ 黄瑶，马永红，王铭. 知识生产模式Ⅲ促进超学科快速发展的特征研究 [J]. 清华大学教育研究，2016 (06).
④ Waghid Y. Knowledge production and higher education transformation in South Africa: Towards reflexivity in university teaching, research and community service [J]. Higher Education, 2002 (04).
⑤ Carayannis E G, Campbell D F J. 'Mode 3': Meaning and Implications from a Knowledge Systems Perspective [A]. In Carayannis E G, Campbell D F J. Knowledge Creation, Diffusion, and Use in Innovation Networks and Knowledge Clusters: A Comparative Systems Approach across the United States, Europe and Asia [C]. Westport, Connecticut: Praeger, 2006: 131-140.
⑥ 吴德星. 科教融合培养创新型人才 [J]. 中国大学教学，2014 (01).
⑦ 韩益凤. 知识生产模式变迁与研究型大学改革之道 [J]. 高教探索，2014 (04).
⑧ 王志玲. 知识生产模式Ⅱ对我国研究型大学优势学科培育的启示 [J]. 中国高教研究，2013 (03).

由此可见，三种知识生产模式的区别在于：模式Ⅰ下的知识生产以"学科导向"为逻辑，不重视满足学科外部的需要；模式Ⅱ下的知识生产以"问题导向"为逻辑，强调多样化的技能、跨学科合作、组织的柔性及知识的实用价值；模式Ⅲ下的知识生产中各参与者在知识创新上是互动的关系，其以"四螺旋"的形式运行。这三种知识生产模式在设置和解决问题的情景、知识产生的基础、组织结构及质量判断主题和标准等方面都存在差别。

（二）知识生产模式转型的发展脉络及其产生的影响

20 世纪 70 年代以来，随着经济全球化、高等教育大众化的不断发展以及大学科研体系的不断完善，基于"大学—产业"联合的组织开始出现，这标志着知识生产模式Ⅰ开始向知识生产模式Ⅱ转型。[①] 知识生产模式Ⅱ的出现并不意味着大学原有的系科结构即将完全失效，以学科结构为基础的知识生产模式Ⅰ仍会存在，只不过这种传统的知识生产模式在如今的知识社会中将不再是主流，有着创新意义的科学知识会在研究型大学学科框架之外被生产出来。[②] 在当今这个知识经济时代，创新和创意成为高级知识经济体发展的核心动力，知识生产开始以模式Ⅱ、模式Ⅲ为主。在模式Ⅲ的知识生产情境中，大学与产业、政府、社会的关系发生较大的改变，尤其是大学、企业、政府三者的界限变得相对模糊。这就要求大学在知识生产中，既要担负起不断追求真理的职责，也要充分发挥大学知识生产在高级知识经济体中对不同部门、不同地区、不同资源要素等进行协调整合的增值效益。[③] 知识生产模式Ⅱ的出现在使当代大学现有的理念和结构面临着挑战的同时，为现代大学制度的重新建构提供了重要的理论基础。[④] 美国创业型大学的知识生产模式与吉本斯提出的知识生产模式Ⅱ都以"社会关涉"为取向，将知识通过校内跨学科组织中具有多样性、异质

① 张洋磊. 研究型大学科研组织模式危机与创新——知识生产模式转型视角的研究 [J]. 科技进步与对策，2016 (11).
② 韩益凤. 知识生产模式变迁与研究型大学改革之道 [J]. 高教探索，2014 (04).
③ 蒋文昭. 基于模式 3 的大学知识生产方式变革 [J]. 黑龙江高教研究，2017 (04).
④ 陈亚玲. 大学跨学科科研组织：起源、类型及运行策略 [J]. 高校教育管理，2012 (03).

性的知识生产者的研发，再经技术转移的渠道流通到产业界。这种知识生产涉及了"官—产—学"三方利益的考量，同时大学内部还需平衡传统的院系与新兴的跨学科研发中心的诉求。美国创业型大学新的知识生产模式在为大学自身、国家及产业界带来丰厚经济收益的同时，也为传统学术地位、道德规范带来巨大冲击。① 知识生产模式Ⅱ的出现挑战了原先以学科为基础的知识生产模式Ⅰ，将知识生产模式转变为以问题和应用为导向，这也预示着高校封闭办学模式的终结，为高校建设和改革提供了新的思路。也有学者通过具体案例对此进行阐释。许多大学的转型建设都离不开知识生产模式的转型。如加州大学伯克利分校（以下简称伯克利）是加州地区第一所开展跨学科研究并最先形成共同治理模式的公立研究型大学，基于知识权力格局的分析视角，其内部治理结构由知识生产模式Ⅰ"重视学术权力的共同治理"向知识生产模式Ⅱ"强调技术理性的公司化治理模式"转型。②

二　关于一流学科建设的研究

近年来，在"双一流"建设政策正式出台的背景下，学界对一流学科建设展开了激烈的探讨，研究成果在近两年颇为集中。其研究方法以理论研究的方法为主，案例分析法和比较研究法运用较多；在研究内容上也较为集中：主要围绕一流学科建设产生的背景、当前一流学科建设所面临的问题、一流学科建设的具体举措等进行探讨。

（一）一流学科建设的背景

2015 年 10 月 24 日，我国出台了《统筹推进世界一流大学和一流学科建设总体方案》，这无疑是我国高等教育领域的又一次重大举措。随着我国经济发展方式的转变和产业结构的优化升级，高等教育也急需转型以适应我国新的经济发展态势，"双一流"大学建设应运而生，成为国家战略

① 孙丽娜，董昊，徐平. 美国创业型大学知识生产模式及其价值取向 [J]. 现代教育管理，2016 (06).
② 王聪. 知识生产模式转型与美国公立大学内部治理结构变革——伯克利加州大学的案例研究 [J]. 高教探索，2017 (09).

的重要组成部分，为国家发展提供创新性的人才。① 当前，国家急需科学技术和创新型人才的支持，在这时开展"双一流"建设无疑为高校提供了产学研合作的契机。② 在知识生产模式转型的背景下，大学在知识生产和创新上的垄断地位发生改变，由此产生的"双一流"建设应开始注重人才培养和学科建设的统一。③ 在国际竞争日趋激烈和我国发展动力转换的形势下，高等教育要支撑创新驱动发展战略，就必须把发展基点放在创新上，形成促进创新的发展思路、体制机制，加快建成一批世界一流大学和一流学科，提升我国高等教育综合实力和国际竞争力。④ 随着经济社会以及高等教育发展环境的渐变，在新形势下，党中央、国务院提出了我国建设高等教育强国的目标，以及建设世界一流大学和一流学科的发展战略。这一战略是对"211工程"和"985工程"等重点建设项目的补充和完善，是其"质"的飞越。地方高校积极投身"双一流"建设，注重大学文化、师资队伍、学科专业建设，突出拔尖创新人才培养，是高等教育内涵式发展的内在要求。⑤ 由此可见，"双一流"建设路径产生的背景主要包括高等教育自身发展的需要、国家及社会发展的需要。

（二）当前一流学科建设中面临的问题

在学科建设和人才培养方面，一流学科不足、高端人才培养不足和聚集体系不完善是影响高校向高水平迈进的根本性问题；⑥ "双一流"建设中存在盲目追逐学科学校排行榜、对大学影响力和创新力评价片面、创新成果转化为知识体系的能力不足、现有学科评估评价方式不充分的问题。⑦ 大部分高校存在政策章程、竞争和创新等方面的困难，比如高校对于国家

① 潘静."双一流"建设的内涵与行动框架［J］.江苏高教，2016（05）.
② 韩洪生.大学"双一流"建设途径探讨［J］.江苏高教，2017（08）.
③ 倪亚红，王运来."双一流"战略背景下学科建设与人才培养的实践统一［J］.江苏高教，2017（02）.
④ 董奇.建设世界一流大学的必由之路在创新［J］.北京教育（高教），2017（01）.
⑤ 杨旸，吴娟.地方高校"双一流"发展路径探寻［J］.长江大学学报（社科版），2016（05）.
⑥ 蔡袁强."双一流"建设中我国地方高水平大学转型发展的若干思路——以浙江工业大学为例［J］.中国高教研究，2016（10）.
⑦ 赵继，谢寅波."双一流"建设需要关注的若干问题［J］.中国高等教育，2017（06）.

对学校的期望和需求的认识不够充分；管理体制和运行机制亟待改进；学科方面的结构安排未能反映国际科研发展的最新前沿和趋势；① "双一流"建设的理论框架与高校以绩效为杠杆的原则形成了冲突，导致其学术气候异化，削弱教师的价值观认同感，加剧内外部的无序竞争，这也导致管理层的引导力发生偏离。② 我国"双一流"建设存在一些问题，如"重政治轻文化，重科学轻人文，重载体轻内容，重统一轻个性"。③ 大学中存在的重科研轻教学、重专业轻通识、盲目迷信排行榜等问题使我国"双一流"建设面临挑战。"双一流"建设中，我国高校教师解决国家或区域经济社会发展重大问题乏力、科研成果转化率低、高校和科研工作者参与产业经济发展力度不够等问题依然普遍存在。④ 总体而言，当前一流学科建设中存在的问题包括教学（学科、人才培养模式单一）、科研（考核、评价指标单一）以及社会服务（科研成果转化率较低）三大部分。

（三）一流学科建设的具体举措

在"双一流"建设中，跨学科改革应作为高校发展的重点，因为当今世界很多领域的问题已不能仅靠单一学科来解决了。高校校长需要有跨学科改革的意识并带动跨学科改革，跨学科改革应该落到实处，例如建立跨学科的部门、院系、研究所，组建跨学科的项目组等。⑤ "双一流"建设的着力点应放在学科建设上，具体而言，即提升人才培养质量、提高学术成果产出、提升国际影响以及与社会服务接轨等；一流的研究生教育应建立更全面的培养方案，注重实践应用以及营造多学科交叉交流的平台。⑥ "双一流"建设路径应该将重点放在建设一流学科上，以提高大学综合竞争力，建立一流的学术团队，加强人才探索，扩大交流合作，整合各方教育

① 康宁，张其龙，苏慧斌."985 工程"转型与"双一流方案"诞生的历史逻辑［J］.清华大学教育研究，2016（05）.
② 何晋秋.建设和发展研究型大学，统筹推进我国世界一流大学和一流学科建设［J］.清华大学教育研究，2016（04）.
③ 蔡红生，杨琴.大学文化："双一流"建设的灵魂［J］.思想教育研究，2017（01）.
④ 伍宸.《统筹推进世界一流大学和一流学科建设总体方案》政策分析与实践对策［J］.重庆高教研究，2016（01）.
⑤ 胡乐乐.论"双一流"背景下研究型大学的跨学科改革［J］.江苏高教，2017（04）.
⑥ 关少化.我国大学学科建设的发展趋势［J］.江苏高教，2011（05）.

科学力量,拓宽资金渠道并强调高校个性化发展。① 学校应充分认识到跨学科交流的重大意义,设立专门人员和机构定期、多学科、多层次地开展交流与合作。同时,通过学科交叉类自主科研经费,支持科研项目后续落地,并做好后续跟踪及评估,从而为申报国家级大项目做好人才及项目的培育与储备。② 高校必须强化社会服务功能,即积极面向国民经济建设主战场,大力促进科技成果转化,为经济社会发展提供有力的支撑;地方高校投身"双一流"建设,务必将学科建设与推动经济社会发展紧密结合,促进高校学科、人才、科研与产业有利互动,科研成果与产业有效对接,以提高高校对产业转型升级的贡献率,推动重大科技创新、关键技术突破转变为先进生产力,增强高校创新资源对经济社会发展的驱动力。③ 我国双一流大学建设应关注学科交叉结合,④ 把握好一流学科建设与培养创新人才之间的关系,实现教学、科研并重以及科教融合的局面。⑤ "双一流"建设中应注重大学的办学特色,而大学办学特色必须在与社会的互动中形成,其价值大小取决于其对科学发展、最终为社会发展做出的实际贡献的大小,而其也应以服务社会发展为宗旨。⑥

三 关于知识生产模式转型背景下一流学科建设的研究

"学科建设"是一个中国化的专有名词,在英文中甚至找不到与学科建设相对应的词语,但这并不意味着国外学者不重视此研究领域。⑦ 国外无论在学术研究方面还是在实际应用方面都较多地涉及跨学科、超学科,且多以具体的单个学科或学院为切入点,探讨学科发展方式的转变以及其在人才培养和满足社会需求上所起的作用。知识现在越来越多地在各学科

---

① 韩洪生. 大学"双一流"建设途径探讨 [J]. 江苏高教,2017 (08).
② 金诚,许欢欢,范波,等. 基于跨学科研究对 ESI 贡献角度分析综合性大学建设路径——以武汉大学"双一流"建设为例 [J]. 科技创业月刊,2016 (20).
③ 龚怡祖. 学科的内在建构路径与知识运行机制 [J]. 教育研究,2013 (09).
④ 项凡. 麻省理工学院办学经验对我国"双一流"建设的启示 [J]. 江苏高教,2017 (01).
⑤ 谢延龙. 我国世界一流学科建设:历程、困境与突破 [J]. 黑龙江高教研究,2017 (10).
⑥ 张伟,徐广宇,缪楠. 世界一流学科建设的内涵、潜力与对策——基于 ESI 学科评价数据的分析 [J]. 现代教育管理,2016 (06).
⑦ 相丽君. 我国学科建设发展趋势研究综述 [J]. 陕西师范大学学报(哲学社会科学版),2007 (S1).

间的交流中产生，跨学科的形式重新创造了学科发展的情境，这也成为知识生产显著的特征，而参与知识生产的主体也变得更加多样化，知识生产方式呈现社会弥散性。① 近年来，我国有学者关注到知识生产模式转型对一流学科建设的影响，但相关研究较为分散，主要涉及知识生产模式转型与一流学科建设的关系、两者不相适应的方面及我国一流学科建设的举措。有学者探讨了两者的关系：知识生产模式转型与学科范式变迁存在相互依存的共轭关系。在推进"双一流"建设中，高校不得不面对知识生产模式现代转型的挑战。② 在学科分化和融合趋势中，不同的知识生产模式代表着不同范围或群体利益的介入，这使得学科发展的动因从单纯的个人学术兴趣逐渐拓展为产业经济利益、社会公共利益，知识生产模式中单螺旋—双螺旋—三螺旋—四螺旋发展变化的动力机制与学科分化和融合相互作用。③ 多种知识生产模式并存对应不同类型学科的共存与发展，模式Ⅲ的出现不仅是自然社会环境下的可持续发展要求，也为大学学科制度的演进提供了新的契机，使大学在知识生产和文明引领上重新处于重要的位置。④ 在学科建设不适应知识生产模式转型方面，有学者指出在知识生产模式转型背景下，我国大学一流学科建设中理论与实际相脱节的问题尤为突出。我国大学学术组织形式仍以学科划界，学科封闭性强。⑤ 我国长期以系科为基础的学科组织封闭了学科之间的交流、加强了学科间的壁垒，这样的组织结构不利于交叉学科研究，与新时代知识生产模式强调的开放性、动态性和多元性也存在矛盾。⑥因此，有学者探讨了一流学科建设的具体举措，概括而言，即要适应知识生产模式转型的新趋势，围绕学科知识生产能力、组织体系两个维度，强化学科文化价值引领。新的知识生产模式预示着大学、政府与产业在知识生产过程中的关系更为密切，要求大学

① Cooper I. Transgressing discipline boundaries: is BEQUEST an example of 'the new production of knowledge'? [J]. Building Research & Information, 2002 (02).

② 杨岭，毕宪顺. "双一流"建设的内涵与基本特征 [J]. 大学教育科学，2017 (04).

③ 黄瑶，马永红，王铭. 知识生产模式Ⅲ促进超学科快速发展的特征研究 [J]. 清华大学教育研究，2016 (06).

④ 武学超. 模式3知识生产的理论阐释——内涵、情境、特质与大学向度 [J]. 科学学研究，2014 (09).

⑤ 宣勇. 建设世界一流学科要实现"三个转变"[J]. 中国高教研究，2016 (05).

⑥ 张庆玲. 知识生产模式Ⅱ中的跨学科研究转型 [J]. 高教探索，2017 (02).

与各类企业、研发机构、政府部门和非政府组织建立各种伙伴关系，关注社会需求、履行社会服务职能。① 模式Ⅲ的大学知识生产情境是跨学科、跨组织的。要注重破除大学、企业、政府深度合作的体制壁垒，构建各类利益相关者之间的知识联盟。② 要立足学科范式变革的新内涵，适应知识生产模式现代转型的新趋势，突出需求引领和创新驱动，围绕学科知识生产能力和学科组织体系两个维度，强化学科文化的价值引领。③ 知识生产新模式对研究型大学最大的冲击莫过于原有封闭办学模式在"模式Ⅱ"时代将面临终结。研究型大学要在即将来临的知识社会中继续成就辉煌，转型发展就势在必行。跨学科培养人才、强调应用性对大学的发展而言也将变得越来越重要，甚至有望成为研究型大学人才教育改革与质量提升的必由之路。④ 大学空间资源作为研究型大学发展的基础性资源，其优化配置在一定程度上对知识生产模式的转变起到推动和促进作用。但目前世界一流大学空间配置与知识生产模式的转型存在一定的脱节，需要通过搭建知识纵向流转的空间平台，打造知识横向融合的学科熔炉，构建生态型和智慧型校园环境来实现空间资源的优化配置，满足新型知识生产模式的需要。⑤ 在知识生产模式转型的背景下，美国研究型大学主要采取增量式发展策略，即尽可能不去触及传统院系的现有利益，而是通过物质刺激（种子基金）和组织重建（创建跨学科中心）来发展跨学科研究。部分高校主动改变以学系为基础的资源分配制度，对跨学科中心实施校级资助，改革教师聘任与晋升制度。⑥ 当前我们正处于知识生产模式转型的阶段，现在的知识生产模式Ⅱ强调以问题为中心，注重实际应用和跨学科交流，并且强调社会问责制。在这一背景下，我国学科建设不宜继续以单学科发展为

① 罗英姿，马冰，顾剑秀. 知识生产模式Ⅱ下的校所研究生联合培养：理论基础与实践启示 [J]. 中国农业教育，2015（03）.
② 蒋文昭. 基于模式3的大学知识生产方式变革 [J]. 黑龙江高教研究，2017（04）.
③ 吴立保，吴政，邱章强. 知识生产模式现代转型视角下的一流学科建设研究 [J]. 江苏高教，2017（04）.
④ 韩益凤. 知识生产模式变迁与研究型大学改革之道 [J]. 高教探索，2014（04）.
⑤ 张凯. 知识生产模式与研究型大学空间资源优化配置 [J]. 北京师范大学学报（社会科学版），2015（05）.
⑥ 周光礼，武建鑫. 什么是世界一流学科 [J]. 中国高教研究，2016（01）.

重心，也需要考虑到社会需要。①

四 国内外研究成果评析

国内外研究成果为本研究奠定了基础，但也有其局限，一是在研究视角方面，国内外都有学者关注到知识生产模式转型对学科发展的影响，但尚没有系统深入地探讨如何在一流学科建设中将三种知识生产模式相结合的研究成果，更没有以具体学校作为研究案例来分析知识生产模式对一流学科建设产生的影响的研究成果；二是在研究方法方面，关于学科建设的研究，国内外都呈现出将定性研究、定量研究相结合的发展趋势，但少有采用案例研究法对某所高校进行具体、深入的调查和研究的；三是在研究内容方面，现有关于知识生产模式转型与一流学科建设相结合方面的研究较少，尚没有研究系统全面地分析知识生产模式转型对于一流学科建设主体、客体以及载体的具体影响。本研究正是基于以上国内外研究成果的不足，运用理论与实证分析相结合的方法来分析在知识生产模式转型背景下，我国一流学科建设与知识生产模式转型不相适应的方面，探讨知识生产模式转型对一流学科建设产生的影响及其作用机制，为一流学科建设路径提供理论和实践方面的指导，以期推动"双一流"建设目标的实现。

第三节 研究思路与研究方法

一 研究思路

本研究选取世界一流大学和一流学科——美国哈佛大学和美国大学化学学科作为典型案例，探究其适应知识生产模式转型的建设经验，并在知识生产模式Ⅲ与超学科发展的映射关系的理论指导下，选取国外4个超学科组织作为研究对象进行案例分析，归纳国外超学科组织的建设方式与经验，以促进我国超学科组织的建设。进而在分析我国一流大学建设面临的

---

① 孟艳，刘志军."双一流"背景下一流学科建设的三重逻辑——以河南大学学科建设为例 [J].研究生教育研究，2017（04）.

挑战和机遇的基础上，本研究重点探究了知识生产模式转型背景下，一流大学学科群和学科联盟的建设，以及交叉学科研究的非学术影响评价，以期推动我国高校适应知识生产模式转型的需要，加强一流学科建设，实现"双一流"建设目标。

二　研究方法

（一）文献研究法

文献研究法，即通过搜集、筛选和整理文献，提取对研究有价值的信息，形成对研究主题的科学认识并将其作为研究的素材和依据。本研究将通过对知识生产模式转型与一流学科建设相关文献的查阅、整理和分析，系统梳理相关理论，为本书提供写作思路和理论指导。

（二）历史研究法

历史研究法是按照时间发展顺序，在分析和整理相关史实和史料的基础上，对研究对象进行总结过去、分析现在和预测未来的一种研究方法。本研究将梳理大学知识生产模式转型的历史进程，以及我国一流学科建设的政策历史沿革等。

（三）多案例研究法

案例研究法是结合实际，以典型案例为素材，通过具体分析、归纳、总结来进行研究的一种方法。本研究采取多案例研究的方法。国外案例研究对象的选取主要基于软科世界一流学科排名、U.S. News 学科排名以及QS 学科排名，同时考虑到地理位置的平衡性，最终选定了哈佛大学、MIT、美国西北大学和伯克利四所学校。国内案例选取了"双一流"建设大学——W 大学，W 大学作为一所文理综合性大学，学科门类齐全，具有进行一流学科建设的历史积淀和现实实力。笔者将以 W 大学为研究对象，全面立体地探究知识生产模式转型对我国"双一流"建设高校建设一流学科的影响及其具有的重要现实意义。

（四）访谈法

访谈法又称晤谈法，是指通过访员和受访人面对面的交谈，了解受访人心理、行为的基本研究方法。本研究在所选取的样本院校（W 大学）中，对 W 大学发展规划与学科建设办公室的主要负责人以及一流学科群各学院的相关领导、一线教师进行深入访谈，通过访谈了解学科群建设现状，分析学科群建设的成效及不足，以探究适应知识生产模式转型的一流学科群建设的策略。

（五）比较研究法

本研究将从国外相关网站和所选取的学术组织官网等途径收集有关学科建设方面的信息，借助 NVivo 11 质性分析软件对收集的素材进行质性分析，根据形成的科学三级编码，将内容素材细化归纳于所涉及学科领域、团队建设、组织运作机制、教育教学等方面，分析比较所选取案例的学科发展普遍规律及其在当前发展中所面临的困境，并得出其对我国学科建设中人才培养与科学研究等方面的经验启示。

第四节 研究的重难点和创新点

一 研究的重点和难点

（一）研究的重点

知识生产模式的转型与学科范式的变迁有着相互依存的关系。因此，我国高校在探索一流学科建设举措的过程中，也不得不面对知识生产模式现代转型的挑战。分析前者对一流学科建设产生的影响是本研究的重点之一。

知识生产模式的转型对于学科发展有着不知不觉的影响，一流学科发展的方向也需要面对知识生产模式转型所带来的挑战，一流学科群和学科战略联盟的建设内容及其运行机制需要积极顺应新的知识生产模式的产生。具体分析在知识生产模式转型背景下一流学科群和战略联盟如何发展完善是本研究的重点之二。

（二）研究的难点

在我国"双一流"建设背景下，一流学科建设在与知识生产模式转型发展不协调时会出现阻碍大学知识生产能力提升的问题，导致"双一流"建设进程迟缓。探讨及分析 W 大学一流学科建设中与知识生产模式转型不相适应的表现及其产生原因，是本研究拟突破的难点之一。

国外大学并不存在"学科建设"这一概念，与我国所探讨的具体学科建设的各个方面有所不同。如何科学地选取关键词，使对美国大学案例进行分析的结果能够与中国的学科建设的各个方面相匹配，让美国一流学科建设的经验能更好地启示中国高校的学科建设，是本研究的难点之二。

二　研究的创新点

（一）研究视角创新

我国"双一流"大学建设存在学科发展和人才培养模式单一、考核和评价指标体系单一及科技成果转化率较低等方面的问题，而当前的政策导向使各高校一窝蜂地注重大学排行榜或执着于 ESI 学科、国家重点学科的排名等，这种一流学科建设思路极易导致高校发展的同质性，甚至出现"千校一面"的不良现象。本研究从知识生产模式转型的理论视角出发，强调在知识生产模式转型背景下我国一流学科建设应以知识生产模式Ⅰ为基础，并积极顺应其向知识生产模式Ⅱ、知识生产模式Ⅲ的转型，在学科建设主体、学科建设客体、学科建设载体等方面强调学科发展的异质性、多样性及大学知识生产的弥散性、情境性，建构多元化的质量观以及评价体系，从而为推进我国一流学科建设提供借鉴和指导。这是研究视角创新。

（二）研究方法创新

我国现有的关于世界一流大学学科建设的研究大都停留在经验介绍的层

面，而且主要采用单一案例研究。本研究选取多案例研究，运用 NVivo 11 质性分析软件，探究学科发展的普遍规律以及学科建设的路径框架。这种质性研究方法和比较研究方法的综合运用是研究方法创新。

第二章 知识生产模式转型与一流学科建设的相关理论研究

第一节 基本概念界定

目前，国内外学者对知识生产模式转型、一流学科建设的相关研究兴趣日益高涨，有关知识生产模式转型、一流学科建设的研究成果也不断增多，无论宏观的国家层面还是微观的学校层面，对知识生产模式转型、一流学科建设的研究已经成为高等教育领域的一个热点研究方向。

一 学科与一流学科

学科的概念，在我国唐宋时期已有记载。在中国古代，学科有两种含义。其一，指学问的科目门类。如古书所记载："自杨绾、郑徐庆、郑覃等以大儒辅政，议优学科……亦弗能克也。"其二，指唐宋时期科举考试的学业科目。如孙光宪《北梦琐言》所记述的："进士皮日休进书两通，其一，请以《孟子》为学科。"① 而在西方，学科的产生最早可以追溯到古希腊时期，是以知识的不断分化为前提的。学科是伴随着知识的不断产生与分化而诞生的，是知识或学问的分支或分类。从词源来看，学科一词最初源自希腊文中 didasko（教）和拉丁文中的 disce（学），可见其概念与学习有密不可分的关系，古拉丁文中，"discipline"包括知识、权力两种含义。乔叟（Chaucer）时代，"discipline"代表着各门知识。《牛津英语字

---

① 杨天平. 学科概念的沿演与指谓［J］. 大学教育科学，2004（01）.

典》将"discipline"解释为"为门徒、学者所属，基于普遍接受的方法和真理"。而在法国，学科起初指代小鞭子——用来进行自我鞭策、自我约束，之后，学科成为鞭策在思想领域进行探索的人的工具，再后来，学科被视为科学领域的组成部分之一。①

2015年8月，中央全面深化改革领导小组审议通过《统筹推进世界一流大学和一流学科建设总体方案》，进一步阐释了党和国家建设世界一流大学的指导方针、具体目标，并明确提出要通过一流学科的建设带动世界一流大学的建设。学科是探究世界一流学科的基础性范畴，因此，建设一流学科要先明确什么是"学科"（即概念），再去寻找世界一流的参照系——如学科排名。② 目前，词典中已有一些较为权威的"学科"定义：《现代汉语词典》中指出，学科是按照学问的性质而划分的门类；③《新牛津英语词典》中指出，学科是知识，特别是高等教育中学习的知识的一门分支。④ 而国内外学者也对"学科"的概念进行了不同的阐释。有国外学者指出，学科明显是一种连接化学家与化学家、心理学家与心理学家、历史学家与历史学家的专门化组织方式。知识操作包括发现、保存、提炼、传授、应用，它们是学科活动的共同内容⑤；学科是一种系统化的知识体系。学科有利于实现知识的新旧更替。学科活动的连续性促使某学科内现有知识体系的系统化、再系统化⑥。而国内学者认为，学科包括知识、活动、组织三种形态。主体为教育或发展的需要，以自身认知、客体结构的互动而形成具有一定知识范畴的逻辑体系。⑦ 学科概念包括四要义：一是一定科学领域或一门科学的分支，二是按学问性质划分的门类，三是学校

---

① 〔英〕Judy Pearsall. 新牛津英语词典［M］. 上海：上海外语教育出版社，2003：2100.
② 周光礼，武建鑫. 什么是世界一流学科［J］. 中国高教研究，2016（01）.
③ 中国社会科学院语言研究所词典编辑室. 现代汉语词典［M］. 北京：商务印书馆，2020：1488.
④ Pearsall J. The new oxford dictionary of English［M］. Oxford：Clarendon Press，1998：525 - 1849.
⑤ 〔美〕伯顿·R. 克拉克. 高等教育系统——学术组织的跨国研究［M］. 王承绪，等，译. 杭州：杭州大学出版社，1994：33-35.
⑥ 刘仲林. 现代交叉科学［M］. 杭州：浙江教育出版社，1998：19.
⑦ 孙绵涛. 学科论［J］. 教育研究，2004（06）.

考试及教学科目，四是相对独立的知识体系。① 学科指人类在认识、研究活动中，针对认识对象将知识划分出来的集合，属于知识分类体系。②

但到目前为止，大学的学科概念仍未有统一的定义，学者们纷纷对此提出自己的见解。"从学科的形态上，学科分为两种形态——知识形态、组织形态"。其中，知识形态的学科是"形而上"的——学术分类、教学科目都是从知识分类角度加以描述而形成的；而组织形态的学科是"形而下"的——包括学者、知识信息和学术物质资料三部分，是一种实体化的组织体系。③ 而从语义上来说，"大学学科"指大学基层学术组织，它是大学组织的"细胞"。④ 由此可见，"学科"指在认识客体的过程中，人们所形成的一套系统、有序的知识体系。当它被完整地继承、传授、创新后，学科以学术制度、教学科目的形态出现，或者表现为一种活动形态。学科作为一种知识体系，其发展涵盖了知识的发现、整合、系统化。与此同时，学科以分门别类的制度安排来追求知识。⑤ 由此可知，学科包括两方面内容：一指知识体系或学术分类，这有利于知识的传播和科学研究；二指学校教学、科研等的功能单位，它对教师的教学以及科研任务的隶属范围进行了相对的界定。从宏观上讲，学科作为一个独立的知识体系，是学科领域中开展建设和发展活动的一个基本单元；从微观上讲，学科作为一个独立的知识体系，应成为院校建设过程中的基本单元。⑥ 实际上，一方面，由于知识是学科的基础，也是学科的细胞，所以"知识"是理解学科内涵的逻辑起点。而学科最基本的内涵是一组相同或类似知识的集合体。⑦ 另一方面，学科也是知识发展成熟化的产物及专门化的知识体系。⑧

"一流"或"卓越"属于现代性话语体系，而且今天在现代大学内部

① 杨天平. 学科概念的沿演与指谓 [J]. 大学教育科学，2004（01）.
② 刘献君. 论高校学科建设 [J]. 高等教育研究，2000（05）.
③ 宣勇. 论大学学科组织 [J]. 科学学与科学技术管理，2002（05）.
④ 宣勇，凌健. "学科"考辨 [J]. 高等教育研究，2006（04）.
⑤ 周光礼. "双一流"建设中的学术突破——论大学学科、专业、课程一体化建设 [J]. 教育研究，2016（05）.
⑥ 苏均平，姜北. 学科与学科建设 [M]. 上海：第二军医大学出版社，2014：2-3.
⑦ 万力维. 学科：原指、延指、隐指 [J]. 现代大学教育，2005（02）.
⑧ 李娟，李晓旭. 高等学校重点学科建设研究 [M]. 北京：中国科学技术出版社，2015：1-14.

对于什么是一流以及如何达到一流往往没有一致的看法，但"一流"是学术生活的神圣目标。在高等教育领域内，一流大学、一流学科概念的"流行"是时代的现代性精神最直观的反映。现代大学内，一流学科分为两类：一是由于国家重视或评估结果而成为的一流；二是由于学科本身的科学能力、学术声誉，自然成为的一流。①

"一流"可看作评价学科的标准，也是目前界定学科质量更为普遍的形式。从知识的贡献率来看，一流学科需要创造新的知识，产生新的知识，创造新的知识领域，包括但不限于拥有一流科研，产出一流学术成果；从学科的组织建设方面来讲，一流学科要有一流的教学，要能够培养一流的人才，而一流的科研、教学要以一流的学者队伍作为支撑，这需要充足、灵活的经费和完善的管理体制、机制。同时，一流学科要为国家社会服务，即学科建设应面向国家及区域的创新体系。一方面，从学术性标准来说，一流学科评价的标准是客观的，是国际可比较的；另一方面，从实践性标准来说，一流学科评价的标准是主观的，是有地方特色的。②

就世界一流学科更具体的内涵与特征而言，从公开的文献看，对此尚无明确的定性描述，一般须通过体现一定研究范式、模式选择和技术运用的科学评价手段与工具来反映，如现在各类基于学科评价的大学排名，就为我们提供了关于什么是世界一流学科的丰富信息，对我们了解世界一流学科的基本内涵和特征，明确学科努力方向具有重要参考价值。世界一流大学十分注重其学科建设在全球范围内对于参照系的选取。由于世界高等教育囊括了两大体系，因此世界一流学科也包括了两大参照系：欧洲大陆传统体系（强调学科的实践标准）和盎格鲁-北美传统体系（强调学科的学术标准，代表有 ESI 排名、上海交大学术排名）。实际上，美国新闻与世界报道、泰晤士报的排名，不仅注重学术标准，还很强调实践标准。综合来看世界的两大学科排名体系，可以发现一流学科的标准包括多方面的指标——主要包括一流的学者、学生、科学研究、学术声誉、社会服务等方面。因此，衡量中国与世界一流学科的距离，应当从学者队伍、学术成

① 王建华. 学科的境况与大学的遭遇 [M]. 北京：教育科学出版社，2014：4-5.
② 周光礼，武建鑫. 什么是世界一流学科 [J]. 中国高教研究，2016（01）：65-73.

果、学生质量等维度来进行。此外，实践理性是中华文化的主根，这使得在大学中，社会需求逻辑占据着主导地位。"双一流"政策作为世界一流大学和一流学科建设政策，很好地兼顾了国际化和主体性：其一，它严格遵循了学科的逻辑，注重在国际可比的指标上争当一流；其二，它严格遵循了社会需求的逻辑，注重立足于中国大地来办大学。① 中国一流学科建设的"主体性"标准是服务创新驱动发展战略、服务经济社会发展。

二　学科建设与一流学科建设

学科建设的概念应该包括学科自身专业组织的建设和发展（内在驱动）以及对学科的学术发展（而不仅仅是专业组织建设）进行有意识的管理，通过一定手段促进学科学术水平迅速提高的过程（外部驱动）。② 学科建设作为知识规划的过程，在遵循知识自身演进逻辑的同时，还受到权力等其他力量的支配。③

当前研究成果所强调的现代大学学科建设，包括两种不同语义上的内涵：一种是指一门学科在知识上的增进；一种是指作为知识劳动组织的学科建设。④ 那么，大学学科建设也应由两部分组成——完善学科的知识体系以及在知识生产中提升学科组织的能力。实际上，提升学科的组织化程度是学科建设的关键任务。大学的学科组织化指按知识分类的体系，大学在组织建立知识劳动组织的基础上，使之逐渐有序的过程。它以学者为主体，将知识的发现、传播以及应用作为使命，把知识信息、各类学术资源当作支撑，并按知识具体分类，开展科学研究、人才培养、社会服务、文化传承与创新的大学基层学术组织建构等活动。⑤ 而大学的学科建设理念指人们对大学学科的使命、性质、功能、结构、文化的基本认识，是对大

---

① 宣勇，凌健．"学科"考辨［J］．高等教育研究，2006（04）．
② 李娟，李晓旭．高等学校重点学科建设研究［M］．北京：中国科学技术出版社，2015：1-14.
③ 孟照海．世界一流学科是如何形成的——基于斯坦福大学和加州大学伯克利分校工程学科的比较［J］．比较教育研究，2018（03）．
④ 宣勇，凌健．大学学科组织化建设：价值与路径［J］．教育研究，2009（08）．
⑤ 孟照海．世界一流学科是如何形成的——基于斯坦福大学和加州大学伯克利分校工程学科的比较［J］．比较教育研究，2018（03）．

学学科和外部世界诸元素间及内部诸元素间关系的基本把握。在不同的历史、传统、定位基础上，不同的大学其学科建设理念与模式也各具特色。有坚持平衡发展的普林斯顿，重点突破发展的斯坦福，协同发展的 MIT，全面发展的芝加哥大学。实际上，制定院系层面的规划是学科重点建设的主要策略之一。院系（所）等基层学术组织是学科的载体，也是大学的学术心脏地带。学科建设主体应该是院系。学科建设是连续的过程。在历史演进中，不论外界环境如何变化，世界一流大学始终保持学科发展的连续性，也牢牢把握住了自身的传统和优势。学科建设主要围绕主干学科、强势学科展开和扩大。学科建设是一个长期的过程，因此要尽快确定学科定位和学科发展重点。①

学科是知识的象征，其本质就是知识，因此，学科建设的根本目的主要有四点：一是创新知识，二是积淀知识，三是传承知识，四是应用知识。② 学科建设的过程实质上也是院校面向社会、体现服务职能的过程，最终要实现为社会服务，为人类造福，促进人类社会的进步和发展。这才是学科建设的根本或最终目的。

正如前文所说，一流可视作评估标准，我国的一流学科建设即以世界一流的标准来建设学科。世界一流学科建设可表述为：建设世界一流的学科组织，提高学术产出能力，在人才培养、科学研究、社会服务和文化创新与传承上生产出世界一流的学术成果。这隐含了世界一流学科评价的两个基本标准——一流的组织和一流的学术产出，二者密不可分。③ 学科是知识生产累积到一定阶段的产物，是知识生产的基本组织单位。生产、传播、应用高深知识是学科发展的重要使命，也正好是高等教育系统研究的逻辑起点。④ 一流学科建设应促进高深知识的生产、传播和应用。

三　知识生产模式及其转型

知识生产模式（knowledge-production-mode）由"知识生产"和"模

---

① 翟亚军，王战军. 理念与模式——关于世界一流大学学科建设的解读 [J]. 清华大学教育研究，2009（01）.

② 苏均平，姜北. 学科与学科建设 [M]. 上海：第二军医大学出版社，2014：2-3+59.

③ 宣勇. 建设世界一流学科要实现"三个转变"[J]. 中国高教研究，2016（05）.

④ 朱苏，赵蒙成. 论一流学科建设的经济逻辑和知识生产逻辑 [J]. 江苏高教，2017（01）.

式"组成。它是由知识生产理念、方法、价值及规范综合形成的一种科学发现和技术发明的标准方式和过程，包括知识生产的组织结构、制度安排。古希腊时代，知识生产模式具有整体性、思辨性、个体性。① 中世纪，整体性知识迅速膨胀并逐渐演变，成为专业化、精细化的知识，之后大学形成，学科制度也应运而生。大学成为知识生产的权威，知识生产以学科为单位，并存在垄断性、排他性。20 世纪 90 年代后，在知识经济得以进一步发展的背景下，单一学科知识不再能应付、解决复杂问题。知识生产模式从单一学科走向了跨学科，大学不再是知识生产的唯一单位，新的知识生产者开始出现。知识生产突破了大学的范围，开始转向非大学场所——研究中心、实验室、企业等。他们正进入大学的传统领地，承担甚至替代了大学的部分知识生产职能。② 随着社会经济和科学知识的发展，知识生产模式主要经历了从模式Ⅰ到模式Ⅲ的转变。

知识生产模式Ⅰ最早出现于 19 世纪上半叶的法国和德国，以学术自由、教学与研究相统一的思想，以及"单价知识"观点为主③，主要在单一的学科和认知语境中进行，属于经典科学的牛顿模型④。其生产方式是从大学基础研究到相关组织应用研究，再到政府、企业接纳与运用的单向线性创新模式⑤，问题的设置与解决均在认知语境和纯粹的科学研究中进行；其知识生产具有生产周期长，知识转化慢的特点。它是一种自容性活动，强调"为知识而知识"的理念，遵循严格的组织规则和学科范式，产生于学科中，并将基础和应用明确区分。它是以大学为核心的知识生产范式，即以理论为尊、学科内部驱动、把大学作为核心的一种知识生产

① 顾剑秀. 知识生产模式转变下学术型博士生培养模式变革研究 [D]. 南京农业大学，2015：32-36.

② 钱志刚，崔艳丽. 知识生产视域中的学科制度危机与应对策略 [J]. 中国高教研究，2012 (10).

③ 王爱萍. 知识生产模式转型与大学生就业能力培养 [J]. 高教探索，2011 (05).

④ 肖建华，李雅楠. 知识生产模式变革中的科研组织智力资本结构特征 [J]. 科技进步与对策，2014 (03).

⑤ 黄文武，徐红，戴雨婷. 大学知识治理的现实审视与理性实践——知识生产模式转型视角 [J]. 高教探索，2017 (11).

模式。①

　　知识生产模式Ⅱ是主要针对大学而提出的一种知识生产模式，以跨学科为原则，要求大学进入生产过程，与社会的发展相适应，格外注重知识的应用，且强调从知识应用的角度进行知识的生产与学习；其组织与制度基础是学术网络和无形学院，是由不同知识背景的工作人员聚成的非等级和异质性的组织②；其在应用语境下通过"超学科"之间的合作得以实现，使知识生产的主体、组织方式与知识质量的控制均发生变化，增加了教学研究与社会服务之间的矛盾和张力，促进了大学与产业界、政府与媒体的知识网联系，增加了不同学科间的交叉和融合；其呈现出社会弥漫性、异质性的特点，与公众的利益息息相关，因此，有必要接受多方主体的质量问责。此外，其在知识生产的情境、问题解决的情境与知识生产主体和地点、质量评价等方面呈现得更加丰富多彩。③

　　知识生产模式Ⅲ是由多层次、多形态与多节点的知识生产群体，在知识分型的创新环境中形成的知识生产、扩散与使用的复合型系统，其均由不同范式、生产模式、专业的应用背景等非质性知识构成，以达到不同知识共同存在、共同演化的目的。从知识来源的角度而言，其更加关注的是参与要素对知识本身产生的作用；从知识分类的角度而言，其体现的是民主的原则，根据一定的顺序或并行的方式对不同的知识与创新模式进行整合与治理；从利益角度，则提出了解决自然、社会环境问题的新思路，确立了大学的主导地位，对大学关于文化与经济的贡献给予肯定；在知识发展中，为确保社会公共利益的维护者能起到应有的作用，其加入社会，把社会吸收作为知识空间的共享载体，使之与公共利益紧密相连，形成多维度的交集；参与群体不再受制于群体与职业身份，强调全球社会环境收益的一体化，注重为知识的生长、创新打下根基。④

---

① 双勇强，刘贤伟. 新知识生产模式下校所联合培养博士生的问题及对策 [J]. 学位与研究生教育，2017（06）.
② 李云鹏. 知识生产模式转型与专业博士学位的代际嬗变 [J]. 高等教育研究，2011（04）.
③ 许丹东，吕林海. 知识生产模式视角下的博士学位论文评价理念及标准初探 [J]. 学位与研究生教育，2017（02）.
④ 黄瑶，王铭. 试析知识生产模式Ⅲ对大学及学科制度的影响 [J]. 高教探索，2017（06）.

第二节　理论基础

理论基础是本研究得以顺利展开的根基和前提，为本研究提供了正确的方向引导和合理的结构框架。本研究以知识生产模式作为理论基础，进而形成研究问题，建构研究框架。

一　知识生产的界说

"知识"是认识的结果，知识是人类认识的成果或结晶。[①] 知识是组成学科的细胞。[②] 在西方，"知识"指通过实践、调查或研究获得的关于事物、状态的认识，是对于技术、艺术或科学的理解，是人类获得的关于原理、真理的认识的总和。从认识结果来分，知识一般有两个基本的层次：一是指个人的所见所闻，意指个人的知识；二是人类共有的、表征人类认识结果的学问、学识、知识，意指公共知识。卡尔·波普（SirKarl Raimund Popper）曾把第一类归结为日常的知识或常识问题，把后一种当作科学知识；让-弗朗索瓦·利奥塔（Jean-Francois Lyotard）把前一类称之为叙事知识，后一类称之为科学知识。[③] 知识作为一种特殊的信息，具备更多的附加特征，也具备较强的隐蔽性。成为真理是知识的理想状态，在成为真理之前，知识的合法身份是成为某种科学或属于某个学科。[④] 知识代表一切被人类总结归纳，并认为正确真实，能够为指导解决实践问题提供观点、经验、程序等的信息。

在古代，知识的逐渐累积，来源于人们狩猎、畜牧、农业和手工业生产等一系列活动；在近代，培根提出"知识就是力量"，认为知识是人类认识自然、改造自然实践经验的概括和总结，它来源于实践又对实践具有

---

① 〔英〕Judy Pearsall. 新牛津英语词典 [M]. 上海：上海外语教育出版社，2003：2103.

② 金薇吟. 克拉克知识与学科理论发微——兼论学科的分化与综合 [J]. 扬州大学学报（高教研究版），2004（05）.

③ 王骥. 论大学知识生产方式的演化——自组织理论的视角 [D]. 华中科技大学，2009：25-35.

④ 曾冬梅，唐纪良. 协同与共生：大学"学科—专业"一体化建设研究与探索 [M]. 北京：北京理工大学出版社，2008：59.

推动作用。① 在罗伯特·金·默顿（Robert King Merton）看来，要想找到真正推动科学知识生产发展的结构性力量，将科学知识生产作为人类社会"文明"的内容是必要条件。② 由此可见，人类对知识的探索起源于生存、发展需要。

实际上，在农业、工业社会，人类对于知识的依赖程度不及其他因素，所以，那时的知识不是整个社会发展的命脉。直到知识经济时代，知识才成为经济发展的基础。而知识生产产生于人类的多种需要，从广义来看，它是一种社会活动，包括知识的传播、研究与应用。因此，"知识生产"可被界定为"知识的创造、创新或新研究成果的出现，包括传统科学和技术知识及其他知识的制造或创造。"③ 从狭义来看，知识生产是研究的活动与过程——包括"基础研究、应用研究与开发研究"。④ 作为生产活动的一种，知识生产显然具备生产的一般属性，但又区别于物质生产，它属于精神生产范畴。因此，知识生产具有其独特内涵，表现为知识生产过程的不确定性、累积性和创新性，以及知识生产结果的商品性和非商品性、非实体性和可转化性。⑤

大学知识生产方式又可分为"实验室"型和"企业"型。两者的不同在于，因为大学坚持"纯科学"模式，所以在基础研究、应用与开发研究之间，"实验室"型知识生产方式是一种所谓的"线性路线"。基础研究是技术进步的"先行官"，也是应用研究的知识源泉。由于研究的非功利性，基础研究被认为是"纯研究""纯科学"，是知识的真正来源。由基础研究到应用研究再到开发研究被视为"正统"的知识生产过程（基础研究—应用研究—开发研究—生产经营），它与社会保持联系，但仍然保持着一定

① ［英］佛朗西斯·培根. 新工具 ［M］. 许宝骙，译. 北京：商务印书馆，1984：58.
② 阿拉坦."知识—社会"关联的构建——曼海姆、默顿知识社会学的一种比较 ［J］. 云南民族大学学报（哲学社会科学版），2014（01）.
③ OECD. 以知识为基础的经济 ［R］. 北京：机械工业出版社，1997：17.
④ 顾文琪. 美国基础研究：通过科学发现创造繁荣，国际科技规划与战略选编（二十）［C］. 北京：中国科学院综合计划局出版社，1998：6-7.
⑤ 王骥. 论大学知识生产方式的演化——自组织的视角 ［D］. 华中科技大学，2009.

距离。① 而"企业"型的知识生产方式则以任务驱动，知识由不同团队生产，反映其兴趣和预设目标，是"问题导向"的。为了研究特定的问题和项目，"企业"型的知识生产需要多学科的共同努力，于是产生跨学科组织，学科壁垒不断打破，出现多学科、跨学科合作研究，形成超越传统学科界限的新型知识生产。此时，大学更多地从企业面临的实际问题出发开展知识生产，与其共筑国家创新体系，形成"三螺旋"。②

二 知识生产模式的特征、内容及区别

模式Ⅰ以"发现真理"为任务，模式Ⅱ的目标在于"满足需求"，而模式Ⅲ指向具有公共性和社会责任感的广域生活世界，它表现为"认知模式—致用模式—生活模式"。③ 知识生产动力机制演变包括"单/双螺旋—三螺旋—四螺旋"三阶段，其中，单/双螺旋对应着知识生产模式Ⅰ，三螺旋对应着知识生产模式Ⅱ，四螺旋对应着知识生产模式Ⅲ。知识生产模式Ⅰ到模式Ⅱ的转变的最大特征是从单纯的认知语境到应用语境的转变④，科学的发展越来越依赖于大规模的合作和资金支持，人们通过跨学科的交流，解决社会中现实存在的问题，这一改变也推动了近乎停滞不前的从常规科学到超科学的发展。知识生产模式Ⅲ在模式Ⅰ、模式Ⅱ的基础上，融合知识生产边界，进行逻辑演绎创新，以应对过度追求经济化所引起的重大全球问题，改变跨学科中基于多学科的硬式拼接、叠加的学科融合办法，打破跨学科发展过程中的核心知识学科和辅助知识学科的界限，逐步朝多核心知识的领域性学科发展，促进超学科的快速发展。注重多学科、多领域的知识背景是超学科的特点。除此之外，超学科还注重研究关于社会公共利益的重大问题，拥有多维网状知识群，按照四阶段发展模型发

① Committee on Solar-Terrestrial Research. A space physics paradox why has increased funding been accompanied by decreased effectiveness in the conduct of spacephysics research ［R］. Washington：National Academy Press，1994.

② 王骥. 论大学知识生产方式的演变：理想类型的方法 ［J］. 科学学研究，2011 （09）.

③ 黄文武，胡成功，毛毅莲. 大学治理由自治到共治的理性审思与现实构建——知识生产模式转型视角 ［J］. 学术探索，2018 （02）.

④ 刘军仪. 科学规范的理论辨析——从学院科学到后学院科学时代 ［J］. 比较教育研究，2012 （09）.

展，与知识生产模式Ⅲ存在映射关系。①

在不同模式的发展过程中，其知识生产的动力机制有所区别，评价及组织方式也各有差异：在动力机制上，知识生产模式Ⅰ以"单／双螺旋"为动力机制，注重学术内部团体驱动知识生产，强调知识的内部发展，缺少市场化；模式Ⅱ以"三螺旋"为动力机制，企业、政府部门加入知识生产的过程，从而提高了知识的经济效益；而模式Ⅲ以"四螺旋"为动力机制，在模式从Ⅱ向Ⅲ转型的过程中，社会公众介入，开始考虑社会公共利益，以解决知识生产过程中出现的问题。在评价方式上，模式Ⅰ注重学科知识内部的评价以及同行的评价，模式Ⅱ强调多主体的参与、多维度的评价，而模式Ⅲ在模式Ⅱ的基础上，更关注社会共同利益，因此将多重价值体系指标引入评价体系中。在组织方式上，由于模式Ⅰ以单一学科知识生产研究为主，其组织形式表现为大学科研院所、专业学院组织以及独立的知识研究机构；模式Ⅱ则突破单一学科，强调跨学科、在应用情境中进行知识生产，其组织形式呈现出异质性与多样性的特征，表现为政府实验室、知识咨询公司、跨学科联盟、校企联合培养项目等；与模式Ⅰ、模式Ⅱ相区别，模式Ⅲ更加关注知识生产的社会利益，其组织形式以社会公共利益组织、全球跨文化研究组织为主。②

三 知识生产模式转型理论

知识生产主要依托大学进行，在历史发展中，大学生产知识的特点也不断地变化。根据知识生产的历史演进方式，王骥将我国大学知识生产模式的发展分为以下几个阶段："庙堂型"知识生产时期、"科学型—社会服务导向型"知识生产时期、"由政府主导的企业型"知识生产模式。我国各时期的知识生产模式的演进特征和演变过程，分别对应着传统大学、现代大学以及"企业型大学"的发展：知识生产模式Ⅰ以思辨哲学思想作为主要知识，这一阶段的知识内容呈现出单一性的特征，表现为单一的学科

① 约翰·齐曼. 真科学——它是什么，它指什么 [M]. 曾国屏，等，译. 上海：上海科技教育出版社，2002：82.

② 黄瑶，王铭."三螺旋"到"四螺旋"：知识生产模式的动力机制演变 [J]. 教育发展研究，2018（01）.

知识生产，知识生产具有政治倾向，强调国家行政管制，并以国家治理需求为主。在知识生产模式Ⅰ向模式Ⅱ转型的萌芽时期，学术自由、自治开始确立，也建立了专门书院和社会建设需要的新式学堂，这也是现代大学的建立时期——大学和科学研究所成立，独立大学管理组织也开始出现，如北京大学、清华大学、南开大学等；而在知识生产模式Ⅱ阶段，大学知识生产形成政府、大学、企业联合的形式，产学研机构产生，注重培养实用人才。政府推动大学知识生产成果转化以促进国家经济发展，这推动了"企业型"大学的兴起。此时，学科间融合发展，知识生产具有综合性，教学、科研及社会服务三者呈现出相结合的态势。①

从模式Ⅰ、模式Ⅱ再到模式Ⅲ知识生产观的提出，不仅是知识生产顺应时代需求的逻辑演绎结果，还揭示了大学科研在样态、特质上演进的路径。从学科边界来说，其显示出从"学科到超学科再到知识集群"的改变；从研究问题来说，其显示出从"个人兴趣（学术语境）到社会需要（应用语境）再到客户引导与支持（公众和公众社会需要）"的变化；从科研组织来说，其显示出从大学内正式组织到跨学科组织再到"嵌入、共生式创新系统"的转变；从科研人员组成来说，其显示出从"大学的教师和研究人员到项目相关各类研究者再到大学、政府、企业和社会行为主体"的转变；从科研成果评价方面来说，其表现出从"同行评价到多标准的异类团队等评价"的转变；从创新模式来说，其显示出从"线性的创新（大学的基础研究—其他组织的应用研究—企业的开发研究—商品及市场应用）到创新体系（科研创新协同网络、创业型大学）再到创新生态系统（学术企业）"的转变。②

① 王骥. 论大学知识生产方式的演化——自组织的视角 [D]. 华中科技大学，2009：59-80.
② 蒋文昭，王新. 知识生产模式转型与高校科研支持体系变革 [J]. 中国高校科技，2018（08）.

第三章 美国大学一流学科建设的经验及其启示

——以哈佛大学为例

"双一流"建设的基础是一流学科建设。学科既是大学的基本构成单元，也是围绕知识生产的组织机构。[①] 学科建设的本质是促进知识的发展。英国哲学家、科学家迈克尔·波兰尼（Michael Polanyi）认为："人类的知识有两种。通常被描述为知识的，即以书面文字、图表和数学公式加以表述的，只是一种类型的知识。而未被表述的知识，像我们在做某事的行动中所拥有的知识，是另一种知识。"[②] 他把前者称为显性知识，而将后者称为隐性知识。据此，学科的显性知识是能直接用语言表达的，比如各个学科的书本知识；而学科的隐性知识则更偏重于实践知识，如学科的技能技巧，学科价值观与文化等。同样，我们能从知识生产模式的转型趋势中窥见越来越多的隐性知识的身影：从知识生产模式Ⅱ的重视问题导向以及实践应用，到模式Ⅲ社会公众参与到知识生产中，我们需要以学科间的交流互融和多领域的沟通协作来解决日益复杂的社会问题，其中离不开隐性知识的生产、传播和分享。在知识生产模式转型趋势下，如果我们能充分挖掘学科中隐性知识的力量，将为学科建设带来源源不断的生机与活力。

作为世界一流大学翘楚的哈佛大学可谓后起之秀，19 世纪之前的它还"资质平平"，也正是由于它精准把握美国社会变革和市场需求，顺应知识

---

① 吴立保，吴政，邱章强．知识生产模式现代转型视角下的一流学科建设研究 [J]．江苏高教，2017（4）．

② 〔英〕迈克尔·波兰尼．个人知识：朝向后批判哲学 [M]．徐陶，译．上海：上海人民出版社，2017：9.

生产模式转型的趋势，抓住时代发展的机遇发展学科，在重视显性知识发展的同时，兼顾隐性知识的生产和转化，并且能在追寻真理与社会服务中找到平衡，它才一跃成为顶尖学府。因此，本书以哈佛大学在知识生产模式转型背景下的学科发展实践为例，来探究其对我国一流学科建设的重要借鉴意义。

第一节　顺应知识生产模式转型是哈佛大学
一流学科建设的必由之路

当我们探究哈佛大学的学科发展进程时，我们不难发现顺应知识生产模式转型是一流学科建设的必由之路。19 世纪中叶以前的哈佛大学的办学理念以保守传统为主，当时其发展水平还远落后于英国和德国的大学。1869 年出任校长的查尔斯·艾略特（Charles Eliot）表达了要对学校进行改革的愿景。艾略特校长将欧洲的学术自由精神引入哈佛大学，几百年来，哈佛大学也一直坚守着学术自由的传统。① 在很长一段时间里，哈佛大学都有着纯粹为学术而学术的精神。此时的哈佛大学强调学校的学术使命，服务社会的职能尚不突出。

18 世纪末、19 世纪初，美国科技的飞速发展推动了哈佛大学的改革，为了适应新时代的需要，从德国学成归来的哈佛教授乔治·蒂克纳（George Ticknor）开始逐渐打破传统的"固定课程"，鼓励研讨式学习，拓展学术研究机会等。① 不过这在当时遭遇了重重困难，其改革未能达到预期的效果。但是这一大胆的改革想法，使后来的校长们如艾略特逐渐认识到跨越知识边界、不断发现新的真理的重要性，这无疑为哈佛大学成为现代大学奠定了坚实的基础。

在 19 世纪中期，当英国大学还在争论是维持古典教育还是选择科学教育时，哈佛大学把握时代脉搏，已率先成立了劳伦斯科学学院（Lawrence Scientific School），以发展科学技术，培养科技人才为己任。19 世纪后期和

---

① 刘宝存. 如何创建研究型大学——牛津大学和哈佛大学的经验 [J]. 教育发展研究，2003（2）.

20 世纪初，美国在朝着工业大国迈进，科学知识也趋向应用化，艾略特校长的创新举措也可圈可点。他改造专业学院，创办研究生院，改革课程体制。① 艾略特认为大学除了拥有传授和储存知识的职能之外，更引人注目的是拥有创造知识和追求真理的职能。② 这样一种不断创新知识，不断扩展知识疆界的思维也驱使着教师和学生不断突破学科的界限，不断开辟新的知识领域。1979 年至 1991 年，德雷克·博克（Derek Bok）校长公开号召哈佛大学"为社会服务"，自此哈佛大学不再是故步自封的象牙塔，而是开始不断思考与社会的关系、创新求变的新式大学。③ 今天，知识生产模式已然改变，对科学的探索不再局限于增进学科知识，而是还要积极回应社会需求。哈佛大学也出现了许多"教授企业家"，他们兼任公司董事和顾问，积极为实验室争取企业资本的支持。产学研合作以及学术创业的兴起为学界与外界的交流创造了条件，更为大量隐性知识的创造和共享提供了良好的环境。

20 世纪末，哈佛大学在坚持重视基础研究时，也积极开展跨学科的研究。哈佛大学深信，要想在科学研究中取得重大成就，必须依靠对不同领域知识的整合，才能以更广阔和综合的视角来解决问题和理解世界。④ 敏锐察觉到跨学科重要性的哈佛大学更是看到了学科融合背后隐性知识的力量。各学科的显性知识被知识的学习者和使用者接受，在不同领域的知识整合中形成个体的隐性知识。个体隐性知识的汇集将贡献于学科隐性知识的形成。⑤ 而学科隐性知识也会在实践和应用中得到具象化的展示与传播。同时，哈佛大学也致力于谋求全人类的福祉。这一宏大的愿景其实在其改革早期就可见端倪。19 世纪后期，时任哈佛大学校长的艾略特就提出"一所真正的大学是一所含有公共精神的学府"；① 而二战后的德里克·博克（Derek Bok）、陆登庭（Neil Rudenstine）、德鲁·福斯特（Drew Faust）等

① 刘宝存. 大学的创新与保守——哈佛大学创建世界一流大学之路 [J]. 比较教育研究，2005（1）.

② 刘宝存. 哈佛大学办学理念探析 [J]. 外国教育研究，2003（1）.

③ 蒲实. 哈佛大学：处于守势的帝国 [J]. 三联生活周刊，2013（26）.

④ 徐来群. 哈佛大学史 [M]. 上海：上海交通大学出版社，2012：189，10，27.

⑤ 马韦伟，高燕，江玲. 显隐平衡：学校知识管理的出发点和归宿 [J]. 教育发展研究，2007（10）.

校长也不断推行高等教育国际化发展战略，表明哈佛大学参与国际社会服务的决心。例如哈佛大学与非洲的学者开展了多个合作项目的研究，其公共卫生学院与非洲的 20 多个国家合作开展了肺结核与妇女健康领域的研究，培养这些国家的医护人员。[①]2015 年，哈佛大学启动的全球研究基金致力于为气候变化、国际关系等人类社会面临的共同挑战提供解决方案。其跨领域、跨行业、跨文化的合作在不断开展。[①] 发展到今天，哈佛大学的全球视野以及为全人类做贡献的意愿也越发突出，其现任校长白乐瑞（Lawrence Bacow）在于北京大学发表的演讲中指出，大学应该在践行学术价值的基础上承担社会以及世界发展的责任。

但值得注意的是，在知识生产模式Ⅱ和模式Ⅲ出现时，哈佛大学并没有完全摒弃模式Ⅰ的知识生产特征。这也说明知识生产模式Ⅱ和模式Ⅲ的出现并不意味着对模式Ⅰ的取代和抛弃。知识生产模式转型的各个阶段是互补共生的。例如哈佛大学在回应社会需求以及解决全球重大战略性问题时，仍崇尚真理至上，并坚持一流的研究才是哈佛大学在学界的立足之本。回归学科的本质——知识，哈佛大学一直将显性知识和隐性知识放在同等重要的位置。知识生产模式转型背景下，隐性知识的作用得以凸显，但新知识是通过显性知识和隐性知识之间的相互作用和相互转化创造出来的。[②]

第二节　哈佛大学一流学科建设的原则

"为什么建"（学科建设的目的）、"谁来建"（学科建设的主体）、"怎么建"（学科建设的方式）是学科建设的基本问题。没有明确建设目的的学科建设犹如无舵的船只，容易迷失方向。一流学科建设需要把握明确的发展方向与建设目标，只有立足于具体学科建设目的与愿景的实现，学科建设才能真正具有内生动力；同时，在建设过程中，掌舵人也至关重要。

① Harvard Global Institute. About HGI ［EB/OL］. （2019 - 3 - 20）［2019 - 3 - 21］. https：// globalinstitute. harvard. edu/about-hgi.

② Nonaka I. A Dynamic Theory of Organizational Knowledge Creation ［J］. Organization Science， 1994，5（1）：14-37.

知识创新的主体是推动一流学科建设的重要力量。① 高校在学科建设中的主体地位是毋庸置疑的，但随着知识生产模式的转型，越来越多的主体也参与到学科建设中，如何把握并协调各主体之间的关系来促进学科建设就成为一个值得关注的问题；此外，一流学科建设终需落实于实践，因此，创建多样化的学科组织形式来适应日新月异的社会需求，不断开辟新的知识领域就显得至关重要。哈佛大学的学科发展在知识生产模式转型的背景下遵循了以下原则。

一　哈佛大学学科建设理念顺应知识生产目的的转变

哈佛大学一直抱有对真理至高无上的追求，它乐于为学者创造自由开放的环境，构筑学者探索个人志趣，追寻自我梦想的平台。可以说在很长一段时间内，以传统保守为特点的哈佛大学对于市场和社会的需要是不太重视的。但随着知识生产模式的转型，哈佛大学也适时地转变了自己的学科建设理念。

"二战"后，随着科技革命的发生，知识在工业领域的应用获得巨大的发展，为了顺应科学技术发展的趋势，时任哈佛校长的陆登庭倡导打破学科界限，加强学科间的联系，开展跨学科合作，促进不同学院的交流和发展。而今在哈佛大学各大学院对其使命的描述上，我们深切地体会到其对于国家和社会的使命感和责任感。哈佛大学商学院指出"世界反映了我们对快速变化的动态环境的理解，当今世界上许多最具挑战性的问题需要全球视角"，他们致力于培养能够改变世界的领导者；② 教育学院也以培养教育领域的变革型领导者为目标，探索教育中最重要的问题，"通过研究创造一个更加繁荣和公正的社会"；公共卫生学院的目标是更好地应对21世纪的公共卫生挑战，它也指出"公共卫生领域本质上是多学科的"，因

---

① 田贤鹏. 一流学科建设中的知识生产创新路径优化——基于知识生成论视角［J］. 学位与研究生教育，2018（6）：7-13.

② Harvard Business School. About：Our mission ［EB/OL］.［2018-12-09］. https：//www.hbs. edu/about/Pages/mission. aspx.

此会加强同相关学科的交融以解决人类面临的重大健康问题。① 由此可见，哈佛大学各个学科也逐渐加强了对跨学科、学科交叉等知识生产领域的关注，在服务社会和为了人类更美好的未来而奋斗的目标指引下进行发展和建设。哈佛大学各个学院对于学科发展都有宏大的愿景和价值追求，他们立足于问题导向，秉持服务社会的使命，这些都能促进学科隐性知识的产生，因为隐性知识产生于社会公众的个人行为，它与社会实践紧密联系。同时，这与知识生产模式转型的趋势也是相契合的。

二　哈佛大学学科建设主体顺应知识生产主体的转变

哈佛大学学科发展的历程中，体现了知识生产主体的变化。即从最初的"追求纯粹的真理"，学者们专精于自己的学科研究领域，探寻单一学科内部的知识，实现自己的学术追求；到后来为了适应社会环境而开始逐渐敞开大门，跨越学科边界，与多方主体进行合作。

如在哈佛肯尼迪学院（Harvard Kennedy School），行为观察团队（the Behavioral Insights Group，BIG）通过与政府、企业和其他社会组织的合作，以跨学科的形式来解决困扰政府、学区和其他组织的公共政策问题。② 哈佛大学不但积极寻求和政府、企业界的合作，也重视同其他社会组织和群体的合作交流，致力于解决重大的现实问题。例如哈佛法学院国际法与武装冲突项目（Harvard Law School Program on International Law and Armed Conflict）提供了一个研究与武装冲突有关的国际公法各领域的平台，包括国际人权法、国际刑法、国家责任法和其他相关领域。该项目通过一系列活动与联合国、各国政府间组织和非政府组织进行合作与交流。③ 知识生产模式的转型促进了主体多样化，参与知识生产的主体甚至可以跨越国界。哈佛大学公共卫生学院在近半个世纪以来一直与印度政府机构、学术机构和

---

① Harvard T H. Chan School of Public Health［EB/OL］.［2018-12-11］. https：//www. hsph. harvard. edu.

② Harvard University. Crossing disciplines，finding knowledge［EB/OL］.（2015-05-27）［2018-12-11］. https：//news. harvard. edu/gazette/story/2015/05/crossing-disciplines-finding-knowledge/.

③ Harvard Law School. About PILAC［EB/OL］.［2018-12-11］. https：//pilac. law. harvard. edu/about-menu#about.

地方组织合作，开展对印度健康状况产生积极影响的教育与研究项目。① 产学研、政企校合作都是哈佛大学重视学科发展与外界合作的有力证明，这也为大量隐性知识的产生与转化提供了良好的环境，为知识创新创造了条件。

三　哈佛大学学科组织形式顺应知识生产模式的转型

哈佛大学很早就捕捉到了跨学科、超学科的必要性，开展了一系列跨学科的合作和项目。据哈佛大学院校研究办公室（office of institutional research）统计，最新的跨学院合作倡议/计划有 28 个（不包括联合实验室、跨学科机构等组织），涵盖学校人文社科、理工科、医学和生命科学等各个学科领域。例如哈佛大学的微生物科学计划（Microbial Sciences Initiative，MSI）。MSI 是一个跨学科的科学计划，旨在全面建设地球上最丰富的生物储存库，探索微生物世界。微生物无处不在，对我们生存的各个方面都有影响。MSI 正在这个新兴研究领域发挥领导作用，它利用和哈佛大学各相关院系的紧密联系来创建微生物研究的组织集聚点，积极鼓励波士顿地区的微生物科学家之间广泛互动，并将微生物科学的研究与相关领域的研究联系起来，包括分子生物学、生物地球化学、海洋学和环境工程。

为了持续探究跨学科的新形式，哈佛大学还出现了许多跨学科研究中心、学科联盟、国际实验室、校企联合实验室、工程研究中心等，它们有的是学院附属机构，有的是跨学科独立研究机构（如拉德克里夫高等研究院），它们都为学科知识的融合与创新提供了多样化的平台。哈佛大学也得以从来自不同背景、不同领域、不同地域的参与知识生产的主体的思想和文化价值碰撞中捕捉到丰富的隐性知识。

第三节　我国一流学科建设面临的困境

自从"双一流"战略实施以来，我国一流学科建设在 ESI 等量化学科

---

① Harvard T H. Chan School of Public Health ［EB/OL］．［2018-12-11］．https：//www.hsph.harvard.edu.

建设目标等方面取得了一些成效。但不可忽视的是，当前一流学科建设仍然存在一些与知识生产模式转型要求不相适应的方面，例如学科建设理念落后、学科建设各主体关系失衡以及学科组织形式封闭单一等。这些问题如果没有得到及时的关注和解决，缺乏实践应用和社会公众参与的学科建设将阻碍学科显隐性知识的产生和转化，使我国学科建设错过知识生产模式转型的机遇，削弱我国一流学科建设的知识创新与创造能力。

一 缺乏和知识生产模式转型相适应的一流学科建设理念

知识生产模式的转型丰富了知识生产的目的。在传统的知识生产模式Ⅰ的背景下，知识生产大都局限在单一学科领域，主要关注基础研究，知识生产的目的也会局限于单一学科内部的知识累积。随着科学的发展和社会的进步，探究未知世界仅靠单一学科的力量是远远不够的。这也促使我们在思考"为什么要进行知识生产"时开始逐渐突破学科的边界。我们的知识生产不应再拘泥于以学科为基础的模式Ⅰ，而是要迈向"以问题为导向"的模式Ⅱ以及"以知识集群"为特点的模式Ⅲ。在模式Ⅱ阶段，政府和产业逐渐参与到知识生产过程和高校的各项活动中。[1] 学科的边界日渐模糊，学科间的流动性也日益加强，校政企合作为学科的交叉融合、知识的创新搭建了良好的平台。在产学研的合作创新中，知识创新的关键就在于对隐性知识的管理。[2] 在模式Ⅲ阶段，以媒介和文化为基础的"社会"这一主体的出现促使了社会责任的回归。[3] 全社会都参与到知识生产中，知识生产需要开始关注社会公众利益以及人类需求，期望实现全世界乃至全人类的福祉，致力于解决全球重大战略性问题，以促进国家、社会和人类的可持续发展。模式Ⅲ的提出者埃莉莎·G.卡拉雅尼斯（Elisa G. Carayannis）等人指出，模式Ⅲ意味着我们越发开始关注知识的文化、

---

① 安超. 知识生产模式的转型与大学的发展——模式1与模式2知识生产的联合 [J]. 现代教育管理，2015（09）.

② 苏州. 知识管理视角下产学研合作创新冲突分析与治理对策 [J]. 科技进步与对策，2018（24）.

③ 黄瑶，王铭. "三螺旋"到"四螺旋"：知识生产模式的动力机制演变 [J]. 教育发展研究，2018（01）.

价值观和媒介等。① 这些要素正好属于隐性知识的范畴，说明隐性知识的创造符合知识生产模式转型的趋势。

知识生产模式转型要求我国的一流学科建设关注学科的社会服务职能，与政府、企业和社会组织等密切合作。然而以学科为基础的"双一流"建设理念会不会与新知识生产模式所强调的以问题为导向的理念相违背呢？受益于政府的大量资源投入，我国高校的学科建设经费以及各项资源较为充裕。在如此优越的条件下，我国"双一流"建设高校的学科建设会不会因此而安于现状，失去同市场等外界合作的动力，不愿向外突破、求新求变呢？② 我国的一流学科建设作为一种自上而下的由政府主导的"强制性制度变迁"，为了能迅速"提升排名""获得资源"，容易陷入迎合各类"量化指标"和评估要求的误区。③ 学科发展一旦受制于行政权力下的标准化建设，则容易出现趋同和单一化，从而使学科失去其发展的内生动力，无法关注到广大社会公众的多元文化，错失学科隐性知识转化的机会。学科建设理念的偏差会在很大程度上造成学科建设的盲目性，从而不利于学科实现健康、可持续的发展。

二　缺乏和知识生产模式转型相适应的一流学科建设各主体之间的平衡关系

在知识生产模式转型过程中，知识生产的主体变得多元化。在知识生产模式 I 下，作为知识生产主体的高校曾经被喻为"象牙塔"，强调在学科内部创造知识，缺少不同学科的融合和与外界的交流。④ 从 20 世纪中叶开始，大学生产的知识、技术开始逐渐转移到经济活动，为社会生产知识

---

① Carayannis E G, Campbell D F J. Mode 3 Knowledge Production in Quadruple Helix Innovation Systems: twenty-first-century Democracy, Innovation, and Entrepreneurship for development [M]. New York: Springer, 2012: 13.

② 龚放. 知识生产模式 II 方兴未艾：建设一流大学切勿错失良机 [J]. 江苏高教, 2018 (09).

③ 赵军, 许克毅, 许捷. 制度变迁视野下学科制度的建构与反思 [J]. 中国高教研究, 2008 (2).

④ Gibbons M, Limoges C, Nowotny H, et al. The New Production of Knowledge: The Dynamics of Science and Researchin Contemporary Societies [M]. London: SAGE Publication, 1994: 19.

成为继教学、研究之后大学的又一职能，大学已不再是"象牙塔"，知识开始在社会中流动。知识的转化驱使着技术的转移，进而服务于社会。因此，在模式Ⅱ下，知识生产已经突破大学的边界，可以同时在大学、公共机构、研究中心和工业实验室进行，这种知识生产有着跨学科性、异质性、组织机构多样性等特征。① 在这样的趋势下，校政企的合作纷至沓来，涉及多元主体的知识生产会促进隐性知识的创造，如科研人员的生产经验，产品的设计灵感，以及多方主体在交流合作过程中的理解和认知碰撞。② 在模式Ⅲ下，"社会"这一新主体的出现，使社会开始关注每个人的知识诉求，各主体之间也因此加强了交流互融，以最终解决科技和经济社会发展等各领域的问题，加强各领域的创新。在学科建设中，显性知识一直受到高校的重视，其自身也因编码化、书面化的特征而便于创造和传播。然而随着知识生产模式的转型，多主体、跨学科的交流会产生大量的隐性知识，在这样的背景下，将隐性知识转化为显性知识将更有利于知识的创新。因此，我们需要鼓励参与学科建设的多主体通过及时的信息反馈以及思想交流等形式，将实践中的经验概念化、书面化。

随着知识生产主体的多元化，作为知识生产重要载体的学科无疑面临着重大的挑战。处理好知识生产模式转型背景下一流学科建设各主体的关系对于学科建设至关重要。然而我国的学科建设在各主体权责范围的划分上尚不清晰，各主体之间的角色定位较模糊，交流合作还不充分。如果政府在微观领域不适当放权，学科建设将缺乏自主发展的动力，难以与产业和地方的社会需求对接，产学研合作的潜力也将难以被激发。我国企业技术创新的内在动力不足，迫切需要来自高校的智力支持。③ 而部分高校教师的创业意识不强，创业经验不足，参与学术创业及与企业、社会合作的积极性不高。④ 我国的社会组织和公众也缺乏参与学科建设的意识和制度保障，使得隐性知识缺乏被激活和开发的环境，知识创新缺乏应有的土

---

① 安超. 知识生产模式的转型与大学的发展——模式1与模式2知识生产的联合 [J]. 现代教育管理，2015（09）.

② 罗岭，王娟茹. 基于知识管理的产学研合作协同创新 [J]. 情报科学，2015（07）.

③ 张文强. 地方本科高校产学研合作存在的问题与对策探讨 [J]. 河南社会科学，2018（04）.

④ 殷朝晖，李瑞君. 美国研究型大学教师学术创业及其启示 [J]. 教育科学，2018（03）.

壤。当今世界，知识的整合与交融已是大势所趋，学科建设终究要走出"象牙塔"，只有与其他知识生产主体协同合作，才能使学科建设与知识生产模式转型相适应，才能发挥隐性知识的作用，满足市场需求并解决社会重大战略性问题。

三　缺乏和知识生产模式转型相适应的一流学科建设的组织形式

知识生产模式转型过程中，知识生产的方式呈现多样性。学科从开始发展至今已经历了四个阶段：单学科、多学科、跨学科、超学科。① 它们都是学科知识融合的方式。从一开始的学科内部的知识产生，到后来的学科交叉和融合，既是知识生产发展的规律，也是顺应社会要求的表现。单学科具有以单一学科内部知识累积为目标，不与其他学科领域合作的特点；多学科则涉及多个学科，各学科领域知识的交流比较松散，其在同一主题下拥有不同的学科发展目标；跨学科跨越了学科边界，有共同的发展目标、各学科的整合以及知识融合的发展；而超学科则跨越了学科乃至社会和学术的边界，重视学科的融合以及多主体的参与。这些知识生产方式的区别之处主要在于：合作强度的大小，是否关注学科整合性，是否有非学术领域人员的参与。在知识生产的过程中，越发丰富的学科发展方式在不同的知识文化之间搭建了桥梁，在解决一个复杂的研究问题时，不同领域的学科知识将会交融在一起。跨领域的学科交流会产生丰富的隐性知识，如果我们能对其加以利用，将在很大程度上促进知识的创新。

当前我国高校的学科组织形式较为单一，"大学—学院—系"的科层式的组织形式形成了较强的组织壁垒，限制了学科建设资源的共享和学科间的交流合作。② 同时，学科交叉融合的组织形式也十分局限，以学科交叉实验室和研究中心为主。在这样较为封闭的组织形式下，学科交叉渗透性薄弱，学科交融易流于形式，不利于教师开展跨学科、超学科的合作研究。这种科层式的学科组织还存在目标分散、行政化色彩浓厚、资源配置

---

① 黄瑶，马永红，王铭. 知识生产模式Ⅲ促进超学科快速发展的特征研究［J］. 清华大学教育研究，2016（06）.
② 宣勇，凌健. 大学学科组织化建设：价值与路径［J］. 教育研究，2009（08）.

分散等弊端。① 这使得学科建设不是基于组织内部各成员的共同愿景和目标，而更多的是基于行政主导的模式来实现的。我国当前的学科组织呈现虚体化，学科内部与各学科间缺乏实质性的合作，不但浪费学科建设的各类资源，知识生产的效率也不高，学科隐性知识的发展也缺乏有效的组织保障。因此，缺乏适应知识生产模式转型的多样化学科组织形式就是一流学科建设进程中急需解决的问题。

第四节　哈佛大学学科建设对我国的启示和借鉴

在我国注重高等教育内涵式发展的今天，"双一流"建设也必须顺应知识生产模式转型的趋势，激发学科建设的内生动力，从而推动学科的可持续发展。在知识生产模式转型背景下，学科发展应兼顾显性知识和隐性知识的创新和转化，积极打破传统学科之间的壁垒，追求市场逻辑和知识生产逻辑的平衡，促进基础学科和应用学科的交叉融合，在前沿和交叉学科领域培植新的学科生长点，在学科发展和市场应用间搭建桥梁。因此，借鉴哈佛大学学科发展的经验，我国高校应从促进学科隐性知识的转化，加强学科回应社会需求的能力，提高学科组织知识管理的能力等方面加强学科建设。

一　促进学科隐性知识的转化

学科隐性知识的开发与转化需要合作交流的环境，因为隐性知识正是在人与人的交互中，在实践应用的环境中产生的。为了开辟新的知识领域，利用学科知识解决现实问题，高校应吸纳政府、企业以及社会公众等多主体积极参与知识生产的环节，对接国家战略来探索新的学科前沿方向和学科交融方式。学科建设应加强传统学科之间的合作与联系，以"双一流"建设学科为核心，整合相关学科资源，促进基础学科和应用学科深入交叉融合，从而为学科隐性知识的生产创设条件。譬如哈佛大学在

---

① 李晓虹，朴雪涛. 大学组织变革视野中的一流学科建设研究 [A]. 辽宁省高等教育学会2017 年学术年会优秀论文一等奖论文集 [C]. 沈阳：辽宁省高等教育学会，2018：7.

与企业界的合作中丰富并拓宽了现有的学科领域。哈佛大学与默克公司（Merck & Co Inc.）签订了独家许可和研究合作协议，它们的合作致力于进一步开发治疗白血病和其他癌症的小分子疗法，通过开发新型化合物来提供一种创新的癌症治疗方法。在从彼此想法孕育，到实践研究过程，再到最终癌症疗法即新知识诞生的整个过程中，正是哈佛大学与产业界的密切合作，为显隐性知识的互相转化提供了平台，为转变癌症治疗方法和应对人类医学的严峻挑战做出了贡献。学科隐性知识的转化能增强参与学科知识生产的各主体之间的互相理解和认同，从而提高知识生产的效率。知识生产模式Ⅲ也启示我们更加关注"社会大众"这一群体。基层民众既是知识生产的受益者，也是知识生产的参与者。在知识创造中，我们不应忽视他们的作用。应创造有利于各主体交流的学科发展环境，利用信息时代的多媒介来帮助各主体更好地表达和传递知识，联合更广泛多样的人群，挖掘内涵丰富的隐性知识，推动学科知识创新。

二　加强学科回应社会需求的能力

知识生产模式转型是知识生产逐渐向社会负责，倾听社会需求的过程。而社会需求的改变，也影响着学科发展的结构、重点和方向。知识生产模式Ⅱ、模式Ⅲ和模式Ⅰ是互相补充、共同发展的关系。学科建设在满足社会需求的基础上不能摈弃对学科知识的追求，更不能否定传统学科知识的价值。哈佛大学始终没有放弃对真理的追求和对知识本身的探寻。哈佛大学在顺应知识生产模式转型的同时，仍保持着它对于学术、真理的坚守。正是因为这份坚守，学科才会拥有促使其不断发展的力量源泉，才会为服务社会、回应国家需求奠定坚实的基础。与此同时，在梳理了哈佛大学学科发展历程之后，我们不难发现哈佛大学始终紧密地关注社会发展趋势以及其在不同时期对知识发展的要求，目的是在更大程度上让学科发展满足社会需要，哈佛大学学科发展回应社会需求的做法使得它能够引领社会发展，独占鳌头。因此，我国在建设一流学科的过程中，应始终保持对知识的敬畏、探索和创新，只有学科知识本身的积累才能为更深入的学科交叉融合铺路，才能真正通过解决经济社会和人类发展的重大问题来发展学科。学科的知识逻辑应该放在首要的位置，在此前提下，一流学科发展要在为当地社会需求服务的同时，为世界和人类进步做出贡献。

三　提高学科组织知识管理的能力

日本知识管理专家野中郁次郎在 1995 年提出显隐性知识互相转化的 SECI 模型，即显隐性知识通过社会化、内部化、结合化和外显化等四种形式相互转化，而知识创新是在两者的相互作用和转化中实现的。[①] 学科是围绕知识生产的组织机构，组织内的隐性知识创造主要依靠社会化和内部化来实现。具体来说，社会化是指通过共享经历和经验建立隐性知识，内部化则是通过将显性知识形象化和具体化来产生隐性知识。[①] 这就要求我们要为学科间的交流对话创造环境，更多地建立人与人之间交流的空间，创设更多有利于隐性知识识别、转化和共享的平台。创新学科组织模式就是其中重要的方式。学科组织模式因学科特征以及研究需要的不同而不同，学科交叉与融合的方式也远不止跨学科、超学科这两种。同时，一流学科建设不能为了"跨学科"而跨学科，要避免简单地"搞平衡、铺摊子、拉郎配"。跨学科一定要有明确的目标设定，各学科紧密联系、协同创新，为了促成解决共同问题而有效结合、共享资源。哈佛大学的学科组织模式丰富多样，不仅仅局限于学科交叉研究实验室和研究中心。如哈佛大学学生微生物群联盟的使命是促进微生物群学科领域的探究，并让学习者跨越哈佛大学的学科壁垒，从而促进协作。[②] 其目标是：利用微生物群的讨论建设一个共同的平台，连接多个院系的哈佛学子并发起跨学科协作；加强微生物群知识在营养学、微生物学、生物信息学和临床医学的应用；探究微生物群与健康政策、环境健康、社会行为科学和流行病学等研究领域的联系；优化学习者的能力，以批判性地评估和参与微生物菌群研究。这种学科群联盟的形式无疑是创新学科组织模式的例证，它有明确的学科建设目标和使命：鼓励各学科交叉融合，关注学科的应用价值，注重学习者的能力提升和个体的知识创造，在满足社会需求的基础上为挖掘新的学科隐

---

① 马韦伟，高燕，江玲. 显隐平衡：学校知识管理的出发点和归宿 [J]. 教育发展研究，2007（10）.

② Harvard T H. Chan School of Public Health [EB/OL]. [2018-12-11]. https：//www.hsph.harvard.edu.

性知识搭建良好的平台。知识管理最核心的推动力就是发掘新知识并向社会公众开放，虽然隐性知识不太容易被捕捉，但我们能创造知识生产者互相交流的机会。[①] 另外，我们在开发隐性知识的同时也不能忽视显性知识的作用。知识管理的本质是创新，创新学科组织模式是为了促进显隐性知识的相互作用，从而提高学科组织的知识管理能力，创造新的学科知识领域。

通过剖析哈佛大学的学科发展经验，我们不难发现，只有适应知识生产模式转型的趋势，把握机遇，才能为一流学科建设带来源源不断的发展动力。在我国"双一流"建设进程中，我们应关注知识生产模式Ⅱ和模式Ⅲ对于学科建设的影响，鼓励在多主体环境下开展学科交叉融合，重视对基础性、原创性学科知识的探究，把握学科建设方向，对接国家—社会需求，在深入探究显性知识的同时，重视隐性知识的开发和转化，不断提高学科的知识管理能力，以实现学科跨越式发展，进而推动"双一流"建设。

---

① 詹泽慧，刘选. 知识管理在香港：通过货币奖励分享知识是一个神话——与香港理工大学方识华博士的对话 [J]. 现代远程教育研究，2016（02）.

第四章　美国大学一流学科建设的
经验及其启示

——以化学学科为例

第一节　历史演进

美国大学一流化学学科建设起步较晚。17 世纪以前的世界，化学研究处于十分混乱的状态，缺乏明确的研究目的和独立性。直到 1661 年，英国化学家罗伯特·博伊尔（Robert Boyle）出版了《怀疑的化学家》一书，建立了科学的元素概念，把化学确立为探索自然界本质的一门科学。18 世纪末期，法国化学家拉瓦锡拨开"炼金术"的迷雾，推翻了流传已久的燃素说；他还建立了物质守恒定律。这一系列杰出的成就使他成为当之无愧的现代化学理论奠基人，被尊称为"近代化学之父"，他的研究被称为化学革命。[①] 化学自产生到 20 世纪初，随着科学中心从英国、法国到德国的转移，其研究一直在欧洲大陆上散发着蓬勃生机。这段时间的重要化学成果大多产自欧洲学者。

一　准备期：19 世纪~20 世纪初

（一）科学发展带动化学学科发展

美国的化学研究起步较晚。美国直到 19 世纪才真正建立起现代意义上

---

① 李士本，张力学，王晓锋. 自然科学史简明教程［M］. 杭州：浙江大学出版社，2006：113.

的化学专业和化学学科。① 一战期间，有组织的科学普及运动在化学向工业化"大科学"的转变中起到重要作用。在美国化学家的带领下，学界与联邦政府和化学工业官员合作进行的充满活力的教育运动，直接推动了化学作为美国最大、最面向工业的科学的兴起。② 战前时期，罗伯特·邓肯（Robert K. Duncan）和亚瑟·利特（Arthur D. Little）有效地给制造商、资本家及化学家宣扬了"工业研究福音"；邓肯的著作《商业化学》（1907年）促成了1913年梅隆工业研究所的成立。由此，化学与工业之间的联系得以在"一战"期间迅速建立。这是"化学家的战争"，其标志是化学工业的急剧发展，对化学专业知识的工业需求增加以及化学家越来越多地参与政治事务和军事研究与发展。战争还增强了工业化学家的影响力，例如查尔斯·赫蒂（Charles H. Herty）带领美国化学学会组织了特别会议、公开演讲、工业博览会和新闻服务，以促进化学和化学工业的共同利益。③这些积极尝试扩大了化学学科的影响力，激发了各界对参与化学研究的兴趣，是后来化学学科加速发展的良好铺垫。到20世纪末，约翰斯·霍普金斯大学、宾夕法尼亚大学、哈佛大学、芝加哥大学、哥伦比亚大学和其他学校都在开发一定数量的化学研究生课程。许多化学学科实力雄厚的大学也诞生于19世纪末。自1869年伯克利成立以来，化学学科一直是其重要组成部分。1872年，该校化学系正式成立，迄今为止（2020年）已有148年的历史。

科学普及运动扩大了化学学科的影响力，促进了化学与工业的联系，推动了化学知识在更广阔和多样的范围中的流动和传播，化学学科知识也因此得以拓展。美国大学对科学的关注和重视使得化学学科知识能以更加规范化和体系化的形式进行传播和创新。

---

① American Chemical Society National Historic Chemical Landmarks. National Historic Chemical Landmarks［EB/OL］.［2019 - 10 - 11］. http：//www. acs. org/content/acs/en/education/whatischemistry/landmarks. html.

② Rhees D J. The chemists' crusade：The rise of an industrial science in modern America，1907–1922［D］. University of Pennsylvania，1987：98.

③ Rhees D J. The chemists' crusade：The rise of an industrial science in modern America，1907–1922［D］. University of Pennsylvania，1987：135.

（二）实验室逐渐成为化学学科的教研场所

1876 年，在约翰斯·霍普金斯大学，伊拉·雷梅森（Ira Remesen）创建了一个德国模式的美国研究生教学研究实验室，但当时将实验室用于满足化学培训并不是常规需求。19 世纪后期，随着美国工业经济的发展，国家对化学家和分析人员的需求激增。采矿、冶炼冶金和快速发展的钢铁工业严重依赖于化学专业知识，这也促使许多大学开始重视化学学科人才培养和科学研究。在这样的背景下，里海大学（Lehigh University）教授、代理校长威廉·亨利·钱德勒（William Henry Chandler）构思和计划了威廉·H. 钱德勒化学实验室。该建筑建造于 1884 年至 1885 年，为此后一个半世纪的实验室建设树立了标准。钱德勒实验室所体现的建筑创新创造了现代化学教育的典范。它采用改良的 T 型设计，包含演讲室和考试室、研究与教学实验室以及必要的服务区域。实验室的设计旨在最大化利用空间，每间实验室可以容纳 40~80 名学生不等。这种结构及其用途设计彻底改变了 19 世纪 80 年代和 19 世纪 90 年代的化学培训。钱德勒实验室创建了一个新的范例，使化学教育工作者能够以新的方式观察和处理事物，宽敞开放的空间以及完备的基础设施促进了学者间的交流协作，为学科知识的产生和获取提供了便利条件。

20 世纪初，美国成为全球第一工业强国，国家对科学产生了浓厚的兴趣，工业发展也带来了对化学人才和科研的需求。与此同时，现代化学出现了学科高度分化、相互渗透的趋势，化学领域出现了许多分支学科，而各个分支学科都是紧密联系的。化学学科迎来了新的发展转折期。

二　赶超期：20 世纪 30~50 年代

20 世纪 30 年代后，美国大学的化学学科才逐渐进入加速发展期，并且开始赶超欧洲。到 20 世纪 50 年代，美国大学已经超越德国，成为新的世界化学学术中心。通过分析自然科学领域最权威的诺贝尔奖获奖情况，我们也能从中发现美国化学学科从准备期进入赶超期的佐证。

（一） 基础研究成果丰硕

笔者在诺贝尔官网搜索了 1901～1920、1921～1940、1941～1960、1961～1980 等四个时间段中诺贝尔化学奖获得者数量（按所在机构）在前几位的国家进行获奖数量的国别比较，我们不难发现，美国大约在 1941～1960 年间实现反超，成为获得诺贝尔化学奖最多的国家，且在实现反超后，也一直居于高位（见图 4-1）。

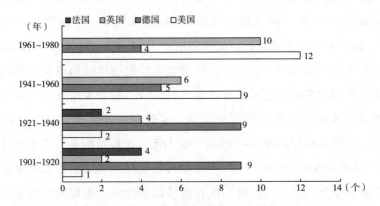

图 4-1 诺贝尔化学奖获得者数量（按所在机构）分布
（以德国、美国、英国、法国为例）

数据来源：作者根据诺贝尔官方网站（https：//www.nobelprize.org/prizes/chemistry/）统计得出。

美国大学化学学科之所以能实现赶超，得益于他们的善于学习及开放包容。自德国教育家威廉·洪堡（Wilhelm V. Humboldt）创立洪堡大学以来，大学开始履行科学研究的职能，教学与科研为一体成为新的大学办学宗旨。① 美国受这一办学理念的启发，积极推进研究型大学的建设，并获得了联邦政府的支持。例如美国将国家实验室设立在现代研究型大学中，并大力支持实验室的发展。这些实验室不仅成为培养诺贝尔奖人才的摇篮，更在很大程度上强化了一流大学在科学研究中的重要地位。大学实验

---

① 何舜辉，杜德斌，林宇，等. 耦合视角下的高校科研与教育系统关系——以美国百强高校为例 [J]. 中国科技论坛，2018（03）.

室成为知识创造和学科人才的聚集地，同时也成为很好的知识创新、传播的载体。通过分析获得诺贝尔化学奖所属机构的具体情况，我们可以看出大学是孕育诺贝尔化学奖获得者的主阵地。例如美国的加利福尼亚大学、哈佛大学和斯坦福大学等，他们都是这一时期获诺贝尔化学奖最多的机构。①

在这一时期，美国大学化学学科充分发展，大学实验室产生了丰硕的科研成果。普渡大学（Purdue University）的维瑟里尔（R. B. Wetherill）化学实验室是美国的化学教育和研究中心，至今已有 80 多年的历史。该实验室以当地医生和讲师理查德·维瑟里尔（Richard B. Wetherill）博士的名字命名，始建于 1928~1955 年。维瑟里尔实验室一直是有机化学合成领域颇具影响力的研究基地，为全世界的化学家提供了制造具有精确结构的复杂分子的工具，几代化学家和化学工程师都在这座著名学府的实验室里进行过研究，其中包括获得诺贝尔化学奖的赫伯特·布朗（Herbert Brown）（1979）和根岸英一（2010）。

基础研究成果是化学学科推动知识创新的主要体现，而美国大学开放包容的学术环境支持了知识共享和学术合作，大学实验室等组织的发展也为知识传播和创新提供了优越的平台，它们共同促进了美国化学学科的飞速发展。

（二）社会环境变化带来机遇

与此同时，二战的爆发使德国等欧洲国家的社会政治环境发生巨大变化，大量犹太科学家流入美国，其中以德国的科学家为主。② 19 世纪的德国是毋庸置疑的世界科学中心，美国对德国科学家的接纳和引进为其迅速占据科技高地输送了大量人才，也使美国在早期诺贝尔奖的各国获奖情况中成绩斐然。美国开放包容的人才制度为其吸收了来自全世界的优秀人才，也为其建设强有力的学科人才队伍奠定了基础。多元背景的学科人才为化学学科知识的传播、共享和创新提供了源源不断的动力。

---

① 葛君，岳晨. 诺贝尔化学奖获奖者的统计分析 [J]. 图书馆理论与实践，2004（02）.
② 何振海，张荻. 二战前后美国大学化学学科的快速崛起及其原因 [J]. 河北大学学报（哲学社会科学版），2017（02）.

成立于 1876 年的美国化学会在这一时期得到了国家支持，取得了飞速发展。美国化学会成立的主要目的是推广化学学科，促进化学研究，设立化学从业人员的标准，传播化学学科知识，加深对化学领域的探索，最终实现为社会服务。[①] 它的发展壮大在很大程度上提升了美国化学学科在世界范围内的声誉。美国化学会在成立之初只是一小群美国化学家的小型交流圈。1937 年，美国国会特许其在哥伦比亚特区成为社团法人。美国化学会下属的化学文摘社组织、管理并出版了美国《化学文摘》，这是世界最大的化学文摘库，也是目前世界上应用最广泛、最为重要的化学化工及相关学科的检索工具，它为化学学科知识的储存和传播发挥了巨大作用。[②] 在 20 世纪初，应用与学术或理论化学家之间的界限明显，大多数理论化学家认为美国化学会及其出版物应该属于"纯"化学领域，而应用化学家应该被分流到一个单独的组织。在英国和德国，化学家按照这种思路进行分流，拥有各自的期刊。《化学文摘》是将这两类化学家合并的先驱。《化学文摘》在 20 世纪取得快速增长，二战后的通货膨胀促使《化学文摘》向外筹措资金，《化学文摘》的经营逐渐成为"该行业和那些与其有直接利害关系的政府、工业和商业组织的共同责任"。在这样的背景下，《化学文摘》等科学出版物取得了飞速发展，化学学科知识得以整合、分享和传播。

三 繁荣期：20 世纪 50 年代以后

（一）化学学科全方位蓬勃发展

20 世纪 50 年代后，美国化学学科继续蓬勃发展，这体现在多个方面。首先，随着美国对化学学科的愈加重视和其自身的不断发展，越来越多的人选择学习化学，在接下来的一段时间内，美国化学学位的授予数量呈上升趋势。从表 4-1 中我们可以看出，1960~1980 年美国授予化学学士学位的人数呈上升趋势，说明选择化学作为专业的学生越来越多。同时，授予

① 邱希白. 美国化学会的组织和财务概况 [J]. 学会，1995 (04).
② 岳建蓉. 浅谈美国《化学文摘》(CA) 的发展与变化 [J]. 科技情报开发与经济，2007 (06).

化学硕士和博士学位的总量在 1960~1972 年也增加了，尽管在 1972~1980 年有小幅度回落，但就总体而言，选择在化学领域深造、继续开展化学研究的人员是比较充足且稳定的。

表 4-1　1960~1980 年美国授予化学学位的人数①

单位：人

年份	学士	硕士	博士
1960	7603	1228	1048
1972	10721	2259	1971
1980	11446	1733	1551

20 世纪 60 年代，美国化学的基础研究在世界上占有绝对优势和稳固地位。当时美国化学在基础研究领域的发展重点已经涉及与其他领域的交叉研究，如分子的结构、核化学等②。在解决人类面临的问题和满足社会需要时，化学是不可缺少的部分。化学能在生命、材料、能源和环境科学等一系列高技术的研究领域中发挥作用，从这方面来看，化学理应与其他学科开展交叉研究，而这确实也是化学发展的趋势。在这一阶段，化学在现代农业、医药、国防、工业等领域都扮演着积极参与的角色。化学与其他领域的交叉融合推动了学科知识的拓展和传播，促进了学科知识的创新和学科可持续发展。

（二）基础研究和应用研究并重发展

1985 年，美国国家研究委员会对美国化学的发展状况进行了新的调研，并出版了《化学中的机会》这一报告。新报告指出，化学与社会多方面的需要有关，也指出了其基础研究的重要性。③ 该调研认为，关注化学前沿、基础领域的研究，有助于获取知识和社会回报。尽管基础研究往往

① Rhees D J. The chemists' crusade: The rise of an industrial science in modern America, 1907-1922 [D]. University of Pennsylvania, 1987: 145.
② 朱效民，张嘉同. 美国化学发展规划及其战略思想 [J]. 化学通报，1996（07）.
③ Pimentel G C. Opportunities in Chemistry [R]. National Academy of Sciences Washington DC, 1985: 6.

是长期的、高风险的，但其也有可能创造出颠覆领域的创新成果，为社会发展的长远效益奠定雄厚的智力基础。美国在历史上一直以应用和发展研究为主。二战以后，爱因斯坦对现代物理学的重建，一系列新的科学理论的产生，让人类在应用技术方面取得爆发性发展。二战之前的线性科学观已不再适应当时科学技术发展的水平。[①] 新科学观的产生表现为基础和应用、科学和技术之间日益紧密的联系，数量庞大而种类丰富的新知识越来越多地产生于应用情景。美国逐渐认识到基础研究在保持科学技术的持久性方面有着不可替代的作用，因此战后的美国逐渐走上了基础和应用并重的研究道路，这为后来的化学知识创新和知识应用创造了优越的条件。

在美国，基础研究的主力军是高等院校。以大学为基地，个人和研究小组为核心的基础研究推动着美国科技的迅速发展。在这一阶段，美国更加注重化学和其分支学科的纵深发展，重视基础研究和应用研究的结合，不断促进各领域研究的交叉融合。与此同时，19 世纪 80 年代美国开始谈论化学在改善环境问题中的作用，[②] 由此可以看出，美国在较早时期就关注到了学科发展帮助解决社会重大问题的作用。这一关注可以充分发挥学科知识服务于社会的职能，让知识得以在更广泛和深入的场景中传播和流动，增加不同领域知识相互碰撞交流的机会，从而促进知识创新和应用，发挥知识的社会价值。

第二节　建设现状

美国大学化学学科在 20 世纪中期的发展中迎头赶上之后，直到今天仍是世界顶尖水平。在 2018 年上海软科世界一流学科排名中，美国大学就占了世界化学学科前十名中的七个席位，是当之无愧的世界一流化学学科的主力军。

"为什么建"（学科建设的目的）、"谁来建"（学科建设的主体）、"建什么"（学科建设的内容）、"怎么建"（学科建设的方式）是学科建设的

① 樊春良．巴斯德象限：新科学观的启示 [N]．中华读书报，2000．
② Pimentel G C.Opportunities in Chemistry [R]．Washington DC：Nationgal Academy of Scinences，1985：64．

基本问题。明确的建设目的和理念之于学科建设正如船舵之于船舶，能指引学科建设的方向。一流学科建设需要把握明确的发展方向与建设目标，只有立足于具体的学科建设目的与愿景实现，学科建设才能真正具有内生动力；同时，在建设过程中，掌舵人也至关重要。知识创新的主体是推动一流学科建设的重要力量。[①] 因此，本书将从四个方面来分析美国大学一流化学学科建设的现状和经验。

一　美国大学一流化学学科建设的理念

学科建设理念是大学学科建设的灵魂，它能帮助我们认识学科内部诸要素以及学科与外部世界的关系，引领学科建设的方向。美国大学化学学科在诞生和发展中一直关注学科知识创新和其与社会的互动关系。化学作为一门基础学科，从诞生之初就是人们认识世界、理解世界的工具。后来因为工业革命等社会变革的产生，社会对于化学知识和人才的需求愈加旺盛，学科知识生产的目的因此获得了延展。

（一）鼓励跨学科合作，促进学科知识创新

二战后，随着科技革命的发生，知识在工业领域的应用方面获得了巨大的发展。为了顺应科学技术发展的趋势，知识走向整合、交叉成为一种必然，美国大学逐渐开始探索跨学科的建设理念。时任哈佛校长的陆登庭倡导打破学科界限，加强学科间的联系，开展跨学科合作，促进不同学科知识间的交流和发展。哈佛大学的化学与生物化学系设在文理学院（FAS）下。成立于 1890 年的文理学院是哈佛大学最大的机构。文理学院的使命是走在教学和学习的最前沿，并推动前沿研究和发现。哈佛大学不只有化学研究所开展化学研究。罗兰德科学研究院为年轻科学家提供了进行独立、高风险研究的独特机会，其对实验科学的强调是独一无二的。这种灵感来自该研究院创始人埃德温·兰德（Edwin Land）的愿景，他相信通过动手研究来探索和发明的价值。罗兰德科学研究院是一个私人捐赠、非营利的

---

① 田贤鹏. 一流学科建设中的知识生产创新路径优化——基于知识生成论视角 [J]. 学位与研究生教育，2018（06）.

基础研究组织，旨在在广泛的领域推进科学。① 目前该研究院在物理、化学、生物物理学和生物学等方面开展研究，鼓励跨学科研究，促进学科间的交叉融合。伯克利在二战后也迎来了扩张和重建期，其有机化学的学科建设得到了加强。战后工业的发展推动着伯克利开辟新的知识领域和学科研究方向，以求更好地服务社会经济需要，于是在 1957 年，化学工程系作为化学学院一个独立部门而成立。美国大学一流化学学科建设在早期就关注到了跨学科建设理念，为学科隐性知识的产生创造了条件，增强了学科间知识的流动性，激发了学科发展的内生动力，进一步促进了学科知识的创新。

（二）回应社会需求，强化学科知识应用

知识经济时代，知识成为最重要的资源。学科作为承载知识的载体，其建设和发展只有因时而变，才能发挥出知识在社会中的最大价值。如今，伯克利化学学院的使命是通过教育和研究促进社会发展。伯克利化学学院的学生正在研究如何解决 21 世纪社会最紧迫的一些问题，例如资源稀缺、气候变化、健康威胁等。伯克利化学学院意图通过培养世界级科学家、研究人员和推动化学学科边界延展的教育工作者来履行学科发展的使命。MIT 化学系具有包容性、支持性和创新性，意图创造新的化学知识，并致力于定义化学学科的新前沿。MIT 将化学学科定义为一个中心学科，认为其是科学家和工程师为改善人类生活所做努力的基础。MIT 在坚实的基础研究的基础上，充分发挥化学学科在发现新的化学合成物、创造可持续能源、改善环境、治愈疾病等方面的重大作用，诸多重要发现也已应用于从聚合物合成到医学成像等各领域的实际工作中，从而解决了一些涉及化学学科的复杂的社会问题。② 美国大学一流化学学科关注广大社会公众的多元文化，其以问题为导向的学科建设理念为隐性知识转化创造了良好的环境，从而推动了学科的可持续发展。

---

① Harvard University. The Rowland Institute at Harvard［EB/OL］.［2019-1-17］. https：//www2. rowland. harvard. edu/book/about.

② MIT. Department of Chemistry［EB/OL］.［2019-1-17］. https：//chemistry. mit. edu/.

二　美国大学一流化学学科建设的主体

为了应对日新月异的社会和日渐复杂的世界，知识逐渐交融在一起并形成了知识网络，解决问题也无法简单依赖于单一的学科，因而我们必须通过跨学科、多学科等合作来解决社会重大问题。同样的，在这样的社会潮流中，学科建设的主体也趋于多元化，为了促进学科知识创新，越来越多的主体参与到学科建设中，成为知识的生产者、使用者、传播者。各主体之间的交流互融产生了大量的隐性知识，在很大程度上推动了学科建设中的知识创新。

（一）政府：学科建设的支持者

美国联邦政府在教育领域起服务性作用，主要采取国家政策扶持、研究赞助的形式来支持学科建设。例如，美国国会长期以来颁布了各种教育和科技法规，以促进美国科学的发展。如曼哈顿计划、《拜杜法案》等，这些政策促进了产学研合作，加强了政府、产业界以及高校和科研机构的联系，推动了美国科学创新发展。又如《赠地法案》的颁布推动了美国应用学科比如农学和工学等学科的发展，这些学科的研究成果最终反馈给社会，又进一步推动经济的发展。二战期间，由于战争的需要，一系列相关的军事技术与基础学科研究成为政府重点资助的对象，战争结束后，为了保持经济增长的动力，政府继续支持一些研究项目的开展，这维持了美国在诸多工业、基础学科领域的世界领先地位。为了维持美国在世界的领先地位，维护其创新生态系统，美国政府一直持续支持着基础研究以促进源源不断的知识创新。在 21 世纪初，美国政府发布的《维护国家的创新生态系统》报告指出应重视基础研究对提升国家创新能力的重要作用，并表明将继续加强对高等教育中科学、技术、工程和数学（STEM）领域的基础性研究资助。[①] 直到今天，STEM 学科仍是美国高等教育的重点发展和支持对象，化学学科作为一门基础学科，也赫然在列。

在研究赞助方面，对于所有的美国大学来说，从 20 世纪 90 年代到 21

---

① 袁传明. 创新生态系统下美国高等教育政策的走势 [J]. 高教探索，2019（04）.

世纪初，用于化学研发的平均年度支出从约 800 万增加到约 1100 万。① 近几年，美国高等教育科研经费总投入处于稳步上升的态势。2018 财政年度，总的科研经费投入较上年上升了 5.5%，这已经是联邦经费资助连续第三年增长了。从 2017 年到 2018 年，美国高等教育在化学领域的科研经费投入实现 4.6% 的增长。② 另外，化学领域的出版物数量和对这些出版物进行引用的次数几乎都增加了一倍。出版物数量增加的部分原因是科学网数据库（web of science）中收入的化学期刊数量大幅增加，从 1990 年的 244 份增加到 2009 年的 568 份。即使是针对 1990 年科学网数据库中固定数量的期刊来说，当时也有接近 80% 的化学领域的出版物增长。③ 我们不难发现研发经费的支持与学科知识生产之间的关系，即强有力的资金支持能在很大程度上促进知识的生产和传播。

美国联邦政府鼓励社会力量参与到教育的发展中，这也是促成美国高等教育多样化发展的主要原因。2017 财政年度至 2018 财政年度，联邦政府和州政府资助的高教科研经费都增长了约 4%。来自企业的赞助在过去三年上升了 18%。在 2018 年，非营利机构、产业界以及其他来源在资助高教科研经费方面实现了自 2015 年以来最大幅度的增长。多样化的经费构成使美国高教拥有众多利益相关者，学科建设也需满足多元化利益主体的需求，为社会服务。在这个过程中，学科知识传播和共享的范围扩大了。

（二）大学：学科建设的主力军

在科学发展的初期，作为基础科学的化学学科更加强调以兴趣为导向的基础研究。在美国，大学无疑是开展基础研究的主要组织。美国大学都十分注重跨学科、跨校的交流与合作，学科建设不是某一个学科内部的事，而是要鼓励整个大学的各部门、各学科都参与进来的事。美国大学的

---

① Rosenbloom J L, Ginther D K. Show me the Money: Federal R&D Support for Academic Chemistry, 1990-2009 [J]. Research Policy, 2017 (08).

② Gibbons M T, Higher Education R&D Funding from All Sources Increased for the Third Straight Year in FY 2018, 2019 [EB/OL]. [2019-10-11]. https://www.nsf.gov/statistics/2020/nsf20302/nsf20302.pdf.

③ Rosenbloom J L, Ginther D K, Juhl T, et al. The effects of research & development funding on scientific productivity: Academic chemistry, 1990-2009 [J]. PloS one, 2015 (09).

化学研究，不只有化学学科的教师和学生的参与，还会鼓励其他学科的教师和学生的加入。例如斯坦福大学与化学相关的系包括文理学院下属的化学系、工程学院下属的化学工程系以及医学院下属的生物化学系和化学与系统生物系。由此可见，斯坦福大学的化学学科在校内的分布较为分散，化学学科的建设不局限于某一个具体的院系，这在某种程度上方便了学科间的交流和合作，从而有利于化学领域知识的共享。

与此同时，大学通过各个层次、群体之间的交流来为学科知识创新创造环境。以哈佛大学为例，其化学学科建设涉及教师层面、学生层面以及校级层面的合作。在教师层面，哈佛大学化学生物学副教授艾米莉·巴尔斯科斯（Emily Balskus）通过和威斯康星大学马蒂逊分校的细菌学助理教授费德里科·雷伊（Federico Rey）合作，成功发现了一种特定的大肠杆菌菌株。[①] 而在学生层面，各大学的跨学科研讨会和项目会开展得如火如荼，可以说构成了学生日常生活的一部分。在 2018 年 3 月举行的跨实验室研讨会中，来自各学科的研究生聚集在一起，共同探讨了化学学科的新进展、未来方向和合作机会。而在校际合作层面，美国大学积极开展跨校甚至跨国界的协同合作，整合不同创新主体的优势以开展交叉研究。例如《自然通讯》的一项关于生物化合物的研究是由哈佛大学和伊利诺伊大学的一个合作化学家小组发现的，这项研究结果将有助于寻找其他有用的生物化合物，进而有利于化学领域以及生物化学交叉领域前沿问题的解决，使学科知识在应用中创造更大价值。

（三）产业界：学科建设的合作者

知识的转移和应用，是产学研的重要内容。知识管理有助于对知识资源进行有效的管理，是产学研合作研究的重要方向。[②]

在一战之前，化学存在两种不同的传统：纯科学与应用技术科学。在 20 世纪 20 年代，这两种传统的区别开始被打破，部分原因是工业界的发

---

① Harvard University. Department of Chemistry and Chemical Biology［EB/OL］.（2017-12-04）［2019-1-17］. https://chemistry.harvard.edu.

② 苏州. 知识管理视角下产学研合作创新冲突分析与治理对策［J］. 科技进步与对策，2018（24）.

展对化学研究的需求。工业界不仅需要化学家，而且需要获得博士学位的化学家。对于化学学者来说，谋求一份在工业界的工作也成为一个具有吸引力的选择。当时伊利诺伊大学香槟分校化学系的主任罗杰·亚当斯（Roger Adams）敏锐地察觉到了社会需求的变化，积极推动了学术界和产业界的融合与合作。① 二战后，美国大学逐渐加强了同政府和工商业的联系，比如斯坦福大学与硅谷企业之间的联系。企业和政府的研究赞助促成了美国研究型大学的科研水平在世界的领先地位。伯克利一直注重同产业界的合作关系，其化学学院欢迎与业界合作的各种机会。企业界通过资金支持、开展项目合作、校企联合培养等形式支持公共教育和大学学科建设，以确保为社会继续培养卓越的未来人才。伯克利非常重视与企业和其他资助者的合作关系。企业合作伙伴通过捐赠、奖学金、命名讲座和项目等形式为化学学科的发展提供支持。② MIT 的研究人员也与产业界组成了新的联盟，这一联盟包含了诺华、辉瑞、药明康德等八个行业合作伙伴，它们都是制药领域的领头企业。同时，MIT 带头组建的这一联盟在剑桥及其周边地区都有研究机构，这有利于校企开展密切合作以及人工智能应用中心的创建。该联盟的成立旨在加强校企合作以解决社会重大问题，由此，化学学科得以在实践环境中实现知识的共享与传播。

化学学科在与产业界的沟通互联中，和不同领域、不同背景的人群交流合作，为学科知识的创新创造了有利条件。与此同时，学科与产业界的合作使得学术工作人员逐渐走出象牙塔，开始更多地思考学科建设在知识应用、满足社会生活需要中发挥的作用。

（四）社会公众：学科建设的新伙伴

随着社会和经济的发展，知识生产越来越重视对社会负责以及倾听社

---

① American Chemical Society National Historic Chemical Landmarks. National Historic Chemical Landmarks ［EB/OL］. ［2019 - 10 - 11］. http：//www.acs.org/content/acs/en/education/whatischemistry/landmarks.html.

② UC Berkley. College of Chemistry ［EB/OL］. ［2019 - 1 - 17］. https：//chemistry.berkeley.edu.

会需求，而社会需求的改变也影响着学科发展的结构、重点和方向。① 这一变化使一流学科建设必须从实践出发，不仅要增进学科知识积累、不断提升学科实力，也要服务于经济社会发展。学科建设服务社会的过程也是学科不断扩展、延续、交叉、整合知识的过程，学科需要处理好知识与社会的互动关系，适应并满足社会的需要。

美国大学的学科发展重视对知识的应用，致力于解决社会重大问题，关注学科可持续化发展。近年来，近 20 所北美地区的大学正在领导"重大挑战计划"，这一计划旨在集合研究界的力量，利用科学、技术和创新来解决重要的国家或全球问题。参与这项计划的大学与捐赠者、董事会成员、社区合作伙伴和当地行业合作，以吸引新的投资和资源；通过多学科研究项目和由学生主导的创新项目，让学生、合作伙伴，以及更广泛的社区和公众参与进来，展示大学研究的价值。② 2015 年，参与该计划的斯坦福大学工程学院为了积极应对未来世界的主要机遇和挑战，向全校数百人征求意见，确定了斯坦福大学的"未来十大挑战"，涉及科技、健康、气候变化等各类社会重大问题。这些问题的解决有赖于广泛而深入的跨学科合作、多主体的参与乃至全社会的支持。因此，斯坦福大学于 2016 年底成立了斯坦福协作解决方案加速器（Stanford Catalyst for Collaborative Solutions）。加速器将提供项目资金并组织开展战略研讨会，以支持全校范围内的跨学科研究，旨在为世界上最紧迫的问题提供有影响力和持久的解决方案。想要获得赞助的项目组需要围绕"未来十大挑战"来选定研究问题，在 2017 年至 2018 年的被选项目中，有近一半的项目有化学学科专家的参与和支持，在这些项目中，化学有机会同其他学科以及广泛的社会群体合作来完成工作。③ 在这个过程中，化学学科知识对外流动和共享的范围进一步扩大了。

①〔英〕杰勒德·德兰迪. 知识社会中的大学［M］. 黄建如，译. 北京：北京大学出版社，2010：1.

② Popowitz M, Dorgelo C. Report on university-led grand challenges［J］. UCLA：Grand Challenges. 2018.

③ Stanford. Catalyst for Collaborative Solutions. 10 Grand Challenges［EB/OL］［2019-1-17］. https：//catalyst. stanford. edu/10-grand-challenges.

除了参与解决社会重大问题的研究项目外，美国化学学科本身的发展变化也能体现其与社会的互动协作关系。美国绿色化学的诞生和发展就是一个很好的例子。20 世纪 60 年代，科学家雷切尔·卡森（Rachel Carson）在其科学著作《寂静的春天》中提到某些化学物质对当地生态系统造成了破坏，这本书引起了社会公众的广泛关注，引发了现代环境运动。① 直到 20 世纪 80 年代，在数十年环保意识中成长起来的科学家开始研究防止污染的途径，这也促成了行业和政府领导者开展国际对话，以寻求相应的解决方案。到了 20 世纪 90 年代，绿色化学成为合法的科学领域。全球化学家一致认为，这可以扭转工业环境恶化的趋势。为了有效地推广绿色化学的概念，化学家需要有能力将其先进之处与非技术背景的人员沟通，这也为化学能在更大程度上影响社会创造了机会。绿色化学不仅影响了实验室的设置，同样影响了教育界、产业界的发展以及公共政策的制定。化学对于环境保护这类重大社会问题的关注使其自身的学科边界不断拓展，形成新的知识领域；与此同时，化学还将知识应用到解决此类重大问题的过程中，加深了学科知识同社会的互动，充分发挥了知识的社会价值。

伯克利绿色化学中心的建立正是响应了化学学科知识要服务于社会的号召。该中心发起了一项新颖的学术倡议，联合化学学院、公共卫生学院、工程学院、自然资源学院、法学院和哈斯商学院的教师、研究人员和学生，通过资助跨学科奖学金的方式促进绿色化学发展，以解决当今世界面临的环境健康问题，促进世界可持续发展。② 该中心极大地发挥了化学学科服务社会的职能，将绿色化学的原理嵌入科学、市场的发展和公共政策的制定，为维护人类健康、保护生态系统提供基础，为可持续的清洁能源经济发展提供基石，从而促进学科知识应用于社会、服务于社会，推动学科知识创新和可持续发展。

---

① Carson R. Silent spring［M］. Boston：Houghton Mifflin Harcourt, 2002.

② UC Berkley. Berkeley Center for Green Chemistry［EB/OL］.［2019-1-17］. https：//bcgc. berkeley. edu/about-2/.

三　美国大学一流化学学科建设的内容

(一) 学科平台建设

化学是一门基础科学，也是一门实验科学。实验室等学科建设平台的搭建一直是化学学科建设中不可缺少的部分，实验室是基础学科生产、传播以及创造知识的主要组织单元。19 世纪末期，伴随着大型机构化的实验室的搭建，基础学科改变了学科训练的模式，再次迎来发展的良机，社会对于工业等科学领域的知识十分渴求。随着二战后入学人数的飙升，伯克利刘易斯实验室于 1948 年建成。为了满足更多的入学人数和对日益现代化的实验室空间的需求，伯克利又相继建造了多个研究和教学设施，例如1954 年的低温实验室，1962 年的拉蒂默大楼 (Latimer Hall) 等。21 世纪，与技术飞速发展息息相关的多学科和跨学科研究越发受到重视，这种发展在整个大学中都是可见的。针对化学学科，伯克利化学学院新设了化学生物学专业研究方向，入学人数激增。斯坦利大楼 (Stanley Hall) 于 2007 年竣工，这里是加州大学旧金山分校，加州大学圣克鲁兹分校和伯克利的创新联合体 QB3 (加利福尼亚州定量生物科学研究所) 的伯克利校区所在地，有近 30 个学院的化学教师作为附属教师参加。斯坦利大楼为整个校园内约 40 个研究小组提供了动态的研究空间，其中包括生物工程、化学和生物分子工程、化学、分子和细胞生物学以及物理学；它还拥有几个重要的共享核心设施，包括核磁共振和质谱。如今，化学学院的研究人员可以使用校园里的许多其他设施，如微细制造实验室和大脑成像中心。他们还与校园附近的劳伦斯伯克利国家实验室合作，该实验室拥有核化学家广泛使用的最先进的带电粒子加速器。此外，劳伦斯伯克利国家实验室的高级光源是世界上最明亮的紫外线和软 X 射线光束来源之一，被大学研究人员用来破译生物分子的折叠。[1] 化学学院还有许多中心和研究所，每个中心和研究所都有专门的研究和教育重点，目的是改善伯克利的智力合作，加强与产业界的联系。这些中心和研究所强调具有重叠或互补兴趣的研究团体

---

① UC Berkley. College of Chemistry [EB/OL]. [2019-1-17]. https://chemistry.berkeley.edu.

之间的合作，并通过相互协作和产业联络来加强研究生培养。

学科平台的建设为学科建设提供了先进的硬件设施和装备，同时诸如大型实验室、综合大楼的设计有利于打破人员之间沟通交流的障碍，促进不同学科背景的研究者协作，为学科知识的共享和创造提供优越的条件。

（二）学科建设队伍

学科建设队伍主要由从事教学和科研工作的大学教师构成，他们的水平是学科水平最重要的衡量指标之一，他们也是培养高层次人才、创新科研成果的主要承担者。学科学术带头人对于学科建设有着不可替代的重要作用。好的师资队伍能够让学科发展始于较高的起点，并促进学科发展，把握学科前沿方向，为学科建设提供源源不断的发展动力。综观处于世界化学学科前列的大学，他们无一例外都有着十分卓越的学科建设团队。

哈佛大学的化学与生物化学研究所有 28 位获奖无数的学科领袖，且他们大多数都拥有跨学科的研究背景（即除了化学学科背景，还拥有其他学科背景）。例如具有医学和化学背景的杰克·索佐斯塔克（Jack W. Szostak），具有新能源和化学背景的丹尼尔·诺塞拉（Daniel G. Nocera），具有复合学科背景的庄小威（Xiaowei Zhuang）等。[①] 他们的研究领域丰富多样。他们致力于追求创新的研究，同时在宽泛的领域中，特别专长于以下领域：分析化学、能源、有机金属、生物物理、无机化学、物理化学、材料、生物化学、有机化学以及理论化学。

伯克利化学学院有学科影响力的教师众多。化学学院的教师们获得过诸多国际顶尖的科学奖项，迄今为止，学院的教师和校友已经获得 13 次诺贝尔化学奖。许多学者的获奖成果也是跨领域、跨学科的。例如该校化学工程学院化学和生物分子工程系的讲座教授恩里克·伊格莱西亚（Enrique Iglesia）被授予 2018 年威廉·沃克（William H. Walker）杰出化学工程文献奖，表彰其著作在研究催化反应方面的基础理论贡献。该奖项自 1936 年以来每年颁发一次，以美国化学家威廉·沃克命名。化学学院助理教授马

① Harvard University. Department of Chemistry and Chemical Biology ［EB/OL］. （2017-12-04）［2019-1-17］. https：//chemistry. harvard. edu.

基塔·兰德里（Markita Landry）因其在神经科学领域的工作而获得 2018 年斯隆研究奖学金，该奖学金的设立主要是为了支持科学领域的原创性研究。① 劳伦斯伯克利国家实验室的化学教授兼系主任迪恩·托斯特（Dean Toste）被授予洪堡研究奖，该奖项的授予是为了表彰研究人员迄今为止的全部成就，这些成就的基本发现、新理论或独到见解对他们所在的学科产生了重大影响，并且有望在未来继续产生最前沿的成就以及尖端的成果。

教师是学科知识管理的主体，拥有多元跨学科背景的教师队伍为学科建设带来了蓬勃生机和活力。他们不同的个人隐性知识在化学学科中交汇，在团队协作中交融，让化学学科得以吸收来自化学及其他学科的丰富知识，这极大地推动了学科新知识的创造。

（三）学科科学研究

科学研究是学科创造新知识的主要途径。对于作为基础学科的化学学科来说，科学研究可以帮助其更好地实现学科领域的创新突破，譬如从 0 到 1 的原始创新。

美国大学化学学科的科研能力雄厚，重视原创性、突破性研究，致力于研发具有突破性和对世界有重大意义的成果。通过分析诺贝尔化学奖的获奖数据，我们能很直观地看到其强大的科研能力。截至 2019 年 11 月，笔者从诺贝尔奖官网获取原始数据，统计了自 1990 年以来的诺贝尔化学奖获奖者（按国籍分）的数量分布（见表 4-2）。

表 4-2　1990~2019 年诺贝尔化学奖获奖人数（按国籍分）

单位：人

国家	人数
美国	36
英国	10
日本	7
以色列	4

---

① UC Berkley. College of Chemistry [EB/OL]. [2019-1-17]. https://chemistry.berkeley.edu.

续表

国家	人数
德国	4
瑞士	3
法国	3
荷兰	2
加拿大	1
瑞典	1
丹麦	1
埃及	1
土耳其	1

数据来源：作者根据诺贝尔官方网站（https：//www.nobelprize.org/prizes/chemistry/）统计得出。

截至 2019 年，诺贝尔化学奖累计颁发 112 次。自 20 世纪 50 年代以来，美国一直是获得诺贝尔化学奖人数最多的国家。如表 4-2 所示，近三十年来（从 1990 年到 2019 年），从国籍来看，美国共有 36 名科学家获得诺贝尔化学奖，占比达到 32%，位居世界第一。按照诺贝尔奖获得者工作机构分布情况来看，获奖者的所在机构以大学或科研院所为主，大学参与率高达 78.6%，其中超过半数的诺贝尔化学奖成果诞生于美国大学，这也说明美国大学在化学领域乃至基础研究中处于绝对领先地位。按照诺贝尔化学奖获奖者获奖时工作所在大学分布情况，哈佛大学、斯坦福大学、加州大学各分校等大学在化学领域产出了较为丰硕的开创性科研成果。

美国一流化学学科在重视基础性和前沿性的科学研究的同时，也大力发展应用研究，鼓励交叉研究。斯坦福大学拥有若干个独立研究机构，为学者们创造丰富的跨学科科研合作机会。其化学学科致力于开展有远见的创新型研究，大胆探索和推进生命科学、物理科学、医学、能源、材料和环境科学领域的新化学前沿。斯坦福大学的化学研究大多依托跨学科研究中心或附属机构开展，这些研究中心和附属机构为化学学科研究提供了支持创造性文化的知识平台。人类健康的化学、工程和医学（Chemistry Engineering & Medicine for Human Health，ChEM-H）是一个跨学科的机构，它将化学、工程和医学联系起来，在分子水平上理解生命，并利用这些知识来应对人类健康方面的长期挑战。它于 2017 年发起了斯坦福创新医学联盟项目，这一项目和武田制药公司（Takeda Pharmaceutical Company）建立了合作伙伴关系，其研究目的是加速将斯坦福大学的研究发现转化为下一代的治疗方法。[①] 不难看出，斯坦福大学的化学学科研究立足于解决具有全球意义的问题，在斯坦福大学内外开展多个学科的合作，注重基础研究和应用研究的平衡发展，为学科知识创新提供了源源不断的动力。

（四）学科人才培养

学科建设要坚持人才培养、学术团队、科研创新"三位一体"。美国化学一流学科建设在重视学科科学研究的同时，也十分重视对化学学科人才的培养，拓展学科育人功能。美国的大学会开设许多跨学科的课程和培养项目，以促进化学学科同其他学科领域的沟通交流，学生能在多领域的学习中接触到更广阔的知识，从而有利于他们尽早确定自己的研究兴趣。与此同时，美国化学一流学科强调以理论学习和实践操作相结合的方法来进行人才培养。

哈佛大学化学与生物化学研究所提供三个本科生培养项目：化学、化学和物理以及化学和物理生物学。[②] 化学是一门基础学科，是了解我们所生活世界的基础。化学知识是了解生物学、生物化学、地质学、天文学、物理学和工程学某些方面的基础。学生如果选择后两个项目，将有机会学习到化学学科外其他领域的课程和知识。MIT 化学系为本科生提供了丰富多彩的人才培养项目，无论将化学学科作为主修科目还是选修科目，都可以拥有个性化的选择。例如化学主修项目和化学活动项目是化学专业的学生可以选择的。这些项目大多重视课程和应用并行发展，在提供化学领域核心课程的同时，也会包含实验室课程。MIT 鼓励各个年级的本科生在化

① Stanford University. ChEM – H：Chemistry, Engineering & Medicine for Human Health. About Stanford ChEM – H［EB/OL］.［2019 – 8 – 10］https：//chemh. stanford. edu/about/about – stanford–chem–h.

② Harvard University. Department of Chemistry and Chemical Biology［EB/OL］.（2017–12–04）［2019–1–17］. https：//chemistry. harvard. edu.

学系教师的指导下开展独立研究，参与独立研究也可视为满足实验课程的课程要求。化学活动选择旨在为那些打算将化学作为职业追求的人和那些计划进入生物技术或科学咨询等相关领域的人提供基于科学的教育，在这些领域，良好的化学知识非常重要。该项目允许学生根据个人志趣选择多样化的选修科目，以共同促进学习和理解化学知识。① 例如，学生可以选择以生物物理学、化学工程、气象科学、环境化学等多个领域作为自己的核心学习领域，该领域的选择可以完全个性化，支持学生选择跨院系、跨学科的核心研究领域。同时，MIT 化学系也为研究生提供了多样化的跨学科项目，包括生物物理学证书计划、生物技术培训项目、微生物项目、聚合物和软物质项目等，为学生提供了接触广泛研究领域的机会。例如聚合物和软物质项目是 MIT 致力于发展高分子科学与工程领域的跨学科研究生培养项目。该项目提供聚合物研究领域的核心课程，涉及生物工程、化学、化学工程、材料科学和工程以及机械工程等多个领域。除了这些正式的跨学科计划，许多研究生还通过与 MIT 各个系的教职员工进行正式和非正式的合作来开展跨学科研究。

美国一流大学的化学学科注重理论和实践相结合的人才培养方式。这样的培养方式能鼓励同学们学以致用，并将所学的显性知识内化为隐性知识，再通过实验室研究的形式输出新的知识。在这个过程中，学科知识同时完成了传递和创造。

四 美国大学一流化学学科建设的组织形式

学科发展至今已经历了四个阶段：单学科、多学科、跨学科、超学科。它们是学科知识融合的不同方式。从一开始的学科内部的知识产生到后来的学科交叉和融合，这既是知识生产发展的规律，也是顺应社会要求的表现。单学科具有以单一学科内部知识累积为目标，不与其他学科领域合作的特点；多学科则涉及多个学科，各学科领域知识的交流比较松散，在同一主题下拥有不同的学科发展目标；跨学科是跨越了学科边界，有共同的发展目标，有各学科的整合以及知识融合的发展；而超学科则跨越了

---

① MIT. Department of Chemistry［EB/OL］.［2019-1-17］. https：//chemistry. mit. edu/.

学科乃至社会和学术的边界，重视学科的融合以及多主体的参与。① 这些学科发展阶段间的区别之处主要在于：合作强度的大小、是否关注学科整合性、是否有非学术领域人员的参与。随着知识型社会的到来，越来越多的知识趋向交融互通，越发丰富的学科发展方式在不同知识文化之间搭建了桥梁，当解决一个复杂的研究问题时，不同领域的学科知识将会交融在一起。跨领域的学科交流会产生丰富的隐性知识，如果我们能对其加以利用，将在很大程度上促进知识创新。

美国大学十分注重学科组织形式的多样性和创新性。哈佛大学很早就捕捉到了跨学科、超学科的必要性，开展了一系列跨学科的合作和项目。据哈佛大学院校研究办公室（Office of Institutional Research）统计，最新的跨学院合作倡议/计划有 28 个（不包括联合实验室、跨学科机构等组织），涵盖学校人文社科、理工科、医学和生命科学等各个学科领域。② 西北大学的化学学科也以跨学科合作和产学研结合为特色，甚至鼓励跨校、跨区域和跨国别的合作，以促进化学学科进一步发展、创新和突破。西北大学也提供了学科联盟、跨学科超学科研究中心、校企联合实验室等多样化的组织形式来支持各个学科的发展。生命进程化学研究所（Chemistry of Life Processes Institute）是西北大学的超学科中心，致力于开展开创性的科学研究并实现人类健康领域的突破。该研究所吸引了来自全校各个学科的研究人员，运用突破性的方法治疗和诊断疾病，从而界定新的领域，并开辟有前途的研究领域。该研究所有超过 60 名教职人员，横跨医学院、文理学院、化学系等 20 个系所。该研究所包括 4 个附属研究中心、8 个核心设施以及 100 多名行政人员、高级科学家和研究人员。③ 高级管理人员都来自领先的生物医学和制药公司，能为研究所的战略计划和举措提供指导，支持建立新的研究所附属公司和慈善机构，并支持研究所进行科学研究、组

---

① 殷朝晖，郑雅匀. 知识生产模式转型与一流学科建设探索——基于哈佛大学学科建设的实践 [J]. 教育发展研究，2019（Z1）.

② Harvard University. Office of Institutional Research. Academic Centers, Initiatives, and Programs [EB/OL]. [2018 - 12 - 11]. https：//oir. harvard. edu/academic - centers - initiatives - and - programs.

③ Northwestern University. Weinberg College of Arts & Sciences. Chemistry of Life Processes Institute [EB/OL]. [2018-12-11]. https：//www. clp. northwestern. edu/about-us/.

织外联和提供培训。

多样化的组织形式为不同背景、不同领域甚至不同地域的化学研究者提供了交流的平台，为捕捉和制造更多隐性知识的碰撞创造了可能。

第三节　建设特点

美国化学学科较为顶尖的大学都十分重视跨学科、多学科研究，他们有的有跨学科研究中心，有的开设跨学科相关的课程。在教师层面，他们会主动寻求和其他领域的学者合作，甚至是其他国家的大学合作，以开拓新的知识领域。在学生层面，许多大学都设置有跨学科的研讨中心，帮助大家交流研究发现，分享学术前沿，促进潜在的合作交流。美国大学都十分重视服务社会的职能，在不断发展原创性突破性研究的同时，也立足于解决社会重大问题，促进科学的进步与发展。总的来说，美国大学一流化学学科建设具有以下特点。

一　学科建设支持知识共享

知识共享是指通过各种交流方式，能够在最佳的时间和地点，以最适合的方式，将最合适的知识传递给组织中最合适的成员的过程。[①] 建立积极的知识共享环境对于整个组织的有效的知识管理至关重要。高质量的知识共享依托于两个条件，一是隐性知识的外化，二是隐性和显性知识的内化。[②] 隐性知识正是在人与人的交互中、在实践应用的环境中产生的，因此学科隐性知识的开发与转化需要创设合作交流的环境和实践的机会，例如小组会议、学术研讨会和面对面交谈都能为隐性知识的外化创造良好的环境。知识共享与沟通息息相关，促进知识分享的关键在于创造一个鼓励交流分享的文化氛围。好的学科建设文化应该鼓励公开的、批判式的交流，以及不同观点的碰撞，从而促进知识共享。美国多数大学的化学学科课程包含化学入门课、化学基础课、化学专业课，实验课程也是其重要的

---

① 杨如安. 知识管理视角下的大学学院制改革研究 [D]. 西南大学，2007.

② Goh S C. Managing effective knowledge transfer: an integrative framework and some practice implications [J]. Journal of knowledge management, 2002.

组成部分。这些课程不但重视对化学基础知识的学习和了解，也强调对与化学相关的其他交叉学科的学习，如生物化学、物理化学等。课堂讨论和学生报告是美国多数大学开展课程教学的主要形式，在充分的交流探讨中，学科知识在各主体间共享流通。而实验课程为学生提供了将隐性知识外化的条件，学生们在实践操作和相互观摩学习中完成对知识的转化和共享。美国大学一流化学学科为学科知识共享创造了良好的条件。鼓励交流讨论的学科文化、跨学科的人才培养方式以及学科组织的协同合作都能很好地支持学科知识共享。

知识共享不但发生在组织间，也发生在组织内部。在组织内部，知识共享强调个体知识的作用，个体通过分享自身的知识、经验和观点，或者在传播自身经验的同时被其他个体吸收、整合和内化来完成知识共享。个体知识的多样性和丰富性能有利于组织内知识的共享。在学科建设中，知识共享可以是来自教师与学生之间、教师与教师之间或学生与学生之间的沟通互动。美国大学一流化学学科的师资队伍普遍具有坚实的主领域学科基础、多元化的学科背景以及丰富的跨学科研究经验，教师间不同学科背景和研究兴趣的碰撞促进了彼此隐性知识的交流互通，在这样的知识共享中，化学更容易同其他领域的知识产生碰撞，从而更有可能产生新的知识。跨学科的人才培养方式为师生之间、学生与学生之间的知识共享创造了条件。在跨学科的学习中，不同学科背景的老师带领不同学科背景的学生开展项目或传授知识，个体知识在对知识共享友好的环境中完成传递，各自的隐性知识得到加强和更新。组织间的知识共享强调组织间的合作伙伴关系，各组织单元间的知识流动能促进知识交流、知识共享和知识创新。学科组织的多样性将使学科知识的共享更为高效。美国一流化学学科的建设主要依托于实验室、研究中心或附属机构，创新多变的学科组织形式为知识共享创造了条件。形态各异的学科组织形式都强调跨学科合作以及同外界的互动，以问题为导向的项目形式更能激发团队成员的参与和知识共享。在学科这个知识的主要载体中，个体对组织内部的知识进行挖掘、跨越不同的学科组织单位、不同个体之间的知识传递都是促成知识共享的方式。

二 学科建设强调知识创获

知识创获为创造新知识的过程，通常来说，知识的创造会涉及以下四个阶段：个体通过学习与他人交流，形成发散性的思维，产生新的想法；创造者将初现雏形的思维逐渐明晰化、丰富化，并对其加以筛选和修改；再将新的知识模型化或产品化；最终知识走向实践，接受实际应用的检验。[1] 知识的创获是知识管理的核心，主要通过显隐性知识的互相作用来实现。[2] 由于显性知识更容易被表达、记录和传播，知识创新的重难点就在于促进隐性知识的转化，这需要不断增强的人际对话、社区合作和实践经验来实现。

学科建设中的知识创新主要来自学科科学研究。学者从产生最初的研究想法，到走入实验室进行研究，最终产出科研成果，这一过程可以被称为实现了知识的创造。其间，学者需要和实验室或者研究中心的人员进行合作、交流、互动，也需要动手使用器具和操作实验。美国一流化学学科的建设从广度和深度两个方面来支持知识创新。从广度上，美国一流化学学科不断拓展学科建设的主体，从跨越学科边界到追求校际合作，再到产学研合作以及国际合作。随着参与学科建设的主体日益多元化，不同主体之间的沟通协作为知识创新提供了更多可能性。在深度上，美国一流化学学科在向外求索的同时，也重视本身基础领域的研究和发展，在自身领域深耕细作有利于将来更好地开展多学科、跨学科合作，丰富学科的知识内涵。美国大学一流化学学科是诺贝尔化学奖等化学领域重要奖项的主要获得者，例如伯克利的教职员工和校友已经获得了 13 个诺贝尔化学奖，9 个沃尔夫奖，这足以说明其在基础研究领域的卓越贡献。

知识创新依赖于良好的环境。在软环境方面，小到实验室文化，大到学科建设理念都将影响知识管理的绩效。支持学科创新、鼓励知识共享的学科文化和学科建设理念能激发学科发展的内生动力。美国一流大学化学学科有着促进学科知识创新和强化学科知识应用的建设理念，这为其提供

---

[1] 杨如安. 知识管理视角下的大学学院制改革研究 [D]. 西南大学，2007：49.

[2] Nonaka I. A dynamic theory of organizational knowledge creation [J]. Organization Science, 1994 (1).

了知识创新的良好软环境。在许多美国大学的官网中，不断探索学科前沿，立足于解决国家社会重大问题几乎是所有学科的使命和追求。学科发展理念为学科建设注入灵魂，始终驱使着美国大学一流化学学科不断拓展知识边界，丰富学科建设内涵。此外，在科学研究方面，美国一流化学学科鼓励大家合作研究探讨，分享彼此新的想法，他们鼓励团队式的合作而不是单枪匹马的做研究，无论在实验室、跨学科研究中心还是在其他研究场所，支持团队协同以及交流互融是永恒的文化主题。此外，完备的基础设施和先进的实验室配置为研究想法的实现和落地提供了必不可少的条件，为学科知识管理创造了优良的硬环境。在世界领先的先进设备和科研平台的助力下，研究人员更容易产出与想法接近的成果，比如发现一种新的化合物或者材料等。这些都为之后可能的成果应用做好了铺垫。斯坦福大学文理学院下属的化学系拥有六座大楼，其中四座是化学系专用大楼，其他两座与其他系合用，都位于生物科学、工程学院和医学院附近，便于这些学科的交流合作、仪器设施共享以及科研合作，以促进学科知识创新。在世界日新月异的信息化时代，教育技术、协作软件、电子数据等信息技术的应用有利于显性知识的传播，也能使隐性知识的共享和传播更为高效。

三　学科建设重视知识应用

知识的应用强调挖掘并发挥知识的价值，具有市场化的特性。它是指将知识作用于组织管理实践，增强组织核心能力的过程。[①] 知识的转移和应用能在学界产生的知识和产业应用间搭建桥梁，是知识创新的关键要素。[②]

学科建设中的知识应用更多地体现在其服务社会的职能上，例如知识转移、科研成果转化等。产学研合作、政企校合作以及大学衍生企业是知识转移的不同形式，美国大学一流化学学科建设十分注重同外界的联系，在与市场的互动中实现其知识的社会和应用价值。斯坦福大学化学系与企

---

① 杨如安. 知识管理视角下的大学学院制改革研究 [D]. 西南大学，2007：55.

② Gera R. Bridging the gap in knowledge transfer between academia and practitioners [J]. International Journal of Educational Management，2012 (3).

业合作开展项目，该项目需要大学和企业双方深度参与，双方会互派联络人员进行交流沟通以了解彼此的需求。企业向斯坦福大学化学系提供长期经费资助，作为交换，斯坦福大学化学系将提供最前沿、最新的化学研究知识，以座谈会、讲座、讨论和培训课程的形式向全校师生以及企业人员开放。这一深度合作极大促进了学科知识应用，知识得以在不同主体间传播和分享。

知识转移的目的在于缩小组织成员或部门之间的知识差距，以实现组织整体发展。① 学科知识在走向应用的过程中也会面临大学与产业界的"知识差距"，大学是生产高深知识的主要场所，但缺乏对市场需求的把控和深入了解；企业拥有市场敏锐度，但同时也需要大学科研产出的支持。知识转移的合作伙伴关系会受到社会关系、共有价值观和文化因素的影响。② 不同知识主体也会存在理念上的"知识差距"，例如大学的发展和学科建设不能像企业一样，一味追求市场导向性，他们还需要关注学科的内涵式发展和学科的人才培养职能。在学科同外界的交互中，我们可能会遇到学术性与市场性的矛盾、各利益相关群体的分歧，这就需要灵活的知识转移机制和政策支持。美国大学一流化学学科建设一直十分注重提高知识转移的效率和效果，以使知识管理服务于学科建设的目标。例如西北大学化学学科在鼓励学生参与产学研等项目的同时，支持他们申请专利和保护知识产权，这一配套服务能在很大程度上为知识转移和应用的过程提供便利。

第四节　建设路径

一　伯克利：全能型的学科知识管理范例

化学一直是伯克利非常重要的学科，自 1868 年建校起，化学就与其相

---

① 谭大鹏，霍国庆，王能元，等. 知识转移及其相关概念辨析［J］. 图书情报工作，2005（02）.

② Gertner D, Roberts J, Charles D. University-industry collaboration：a CoPs approach to KTPs［J］. Journal of knowledge management，2011（04）.

伴而生。不同于很多美国大学将化学单独划在一个系（department）之下，伯克利拥有一个单独的化学学院，学院内部设置了化学系和化学与生物分子工程系，这足以说明伯克利对化学学科的重视。伯克利的化学学科是当之无愧的佼佼者，在 2018 年和 2019 年上海软科世界化学学科排名中，伯克利都居于首位。

（一）学科建设理念促进知识拓展

伯克利的化学学科在 19 世纪 20 年代左右获得显著发展，这得益于它服务社会需求、面向实践、突出应用的学科建设理念。当时在任的院长吉尔伯特·牛顿·刘易斯（Gilbert Newton Lewis）发挥了重要的领导作用。在他的任期内（1912~1941），伯克利化学学科每年授予的本科学位数量从平均 7 个增加到 60 个以上，博士学位也从每年一个增加到十几个。[①] 当时，随着物理学家劳伦斯领导的辐射实验室的建立，伯克利的物理学科得到飞速发展，取得极高的声望。刘易斯充分捕捉到这个机遇，利用伯克利在物理学科方面的优势，将物理和化学进行结合，使得化学学院在物理化学领域以及化学领域做出了显著成绩，打响了伯克利化学学科的招牌。二战后随着工业的发展，社会对于学科在工业领域的实用性越发重视，有机化学在那一时期受到了重视，化学工程也被伯克利列入了新的发展计划当中。在 1957 年，化学学院专门开辟了化学工程系来适应当时社会的迫切需要。在 20 世纪下半叶，诸如电子设备处理和生化工程学等新技术领域的诞生，带动了研究的需要，化学领域也因此增加了几个新领域，比如结构生物学、合成化学等。21 世纪，与技术的巨大进步相关的学科研究和学术研究越来越受到重视，基于社会发展的需要，伯克利又增加了化学生物学领域，提供该领域的学士学位和研究生学位课程。直到今天，伯克利依然在探索化学学科的更多可能性，加强跨学科合作，不断促进这一领域的知识创新。

伯克利的化学学科一直是与社会发展需要密不可分的，它不是一个固化的学科领域，在这里，学科领域的知识是流动的、可延展的。伯克利的

---

① UC Berkley. College of Chemistry［EB/OL］.［2019-1-17］. https：//chemistry. berkeley. edu.

化学学科具有极强的灵活性和适应性，能根据不同时期的具体需求开辟新的知识领域，积极地同其他学科知识领域进行互动交流，极大地丰富了学科知识。

（二） 先进的配套设施支撑知识管理

对于知识管理来说，完备的基础设施能支持知识储存，增强知识共享以及优化知识环境。伯克利的基础设施一直以先进完备而著称。

伯克利化学学院一直重视配套设施的建设。学院在刘易斯时代迎来了学生和教师数量的持续增长，伯克利也因此建造了很多建筑来满足其教学和研究的需要，例如 1913 年建造的化学大礼堂、1915 年建造的生化学实验室、1917 年建成并沿用至今的吉尔曼大厅。20 世纪下半叶，为了满足更多的入学人数和对日益现代化的实验室空间的需求，伯克利又相继建造了新的教学和研究设施。这些世界先进的设施为伯克利开展前沿性的实验和研究工作创造了可能，为化学学科以及其他学科的学生、教师、研究人员创造了沟通交流、跨学科合作的机会，为知识共享和创造赋能。这一切使伯克利的化学学科拥有得天独厚的发展条件。

（三） 多样化的学科组织结构为知识共享创造条件

本书通过整理伯克利官网的资料，总结归纳出其化学学院研究机构的主要特征（见表 4-3）。

表 4-3　伯克利化学学院部分研究机构主要特征

研究机构	跨学科	跨行业	跨国界
伯克利催化中心			
伯克利绿色化学中心	✓	✓	
伯克利全球科学研究所	✓	✓	✓
伯克利纳米科学与纳米工程研究所	✓	✓	
伯克利纳米技术俱乐部	✓		
伯克利量子信息与计算中心	✓		

续表

研究机构	跨学科	跨行业	跨国界
伯克利干细胞中心	✓	✓	
加州研究联盟	✓	跨校	
CalSolv 中心	✓		✓
计算生物学中心	✓		
社会公益信息技术中心	✓	✓	
加州定量生物科学研究所	✓	✓	

信息来源：作者根据伯克利官方网站（https：//chemistry. berkeley. edu/centers-institutes）整理得出。

通过上表，我们不难看出伯克利的化学学科研究以跨学科研究中心为主，提倡化学同各个领域的交叉融合，并与几乎每一个化学的分支学科建立联系。这也使伯克利的化学成果呈现出多样化和全面化的特点。同时，伯克利的学科组织大多都与不同的行业伙伴、社会公众或者其他大学建立了合作关系，在学科组织的构建中充分体现了对学科建设多元主体的包容。化学学院为研究生提供独特的研究经验，他们能与世界一流的教师在化学科学的边界上进行探索。研究生可以在小型的综合研究小组工作，直接面向宏大的社会问题；也有机会参与到与劳伦斯伯克利国家实验室、校园内的其他学院以及国家和国际机构的合作项目中去，教职员工还享有特殊的联合研究的机会。多样化的学科组织形式为学科建设实现显隐性知识的相互转化创设了平台。

（四）基础研究与应用研究相结合促进知识创新

伯克利在化学学科前沿领域取得了卓越的成绩，这得益于它多样化的学科组织形式，为跨学科提供了优越的条件。但与此同时，伯克利也十分注重对化学领域的原创性研究、基础性研究，致力于研发具有突破性的、对世界有重大意义的成果。近年来，随着科学运动的发展，学科涌现出越来越多的知识分支。这些新分支学科正是产生于临近母学科的组合，但却各有侧重和创新，新分支学科为母学科提供了新的知识灵感并丰富了母学科。① 同时母学科的不断丰富和发展也会反哺新分支学科的发展。因此，对于母学科本身（这里指的化学学科）的研究也是至关重要的。基础研究往往耗时长，需要大量的投入和对科学的坚持才能有所突破，但一旦有所突破，它所产生的影响也是不可估量的。劳伦斯伯克利国家实验室的新研究成果发表在《化学：欧洲杂志》（*Chemistry：A European Journal*）上，涉及在伯克利发现的两个化学元素：锫（Berkelium）和锎（Californium）。这两种锕系元素的发现对医学、能源和国防有着至关重要的意义。② 由于研究这些放射性元素和稀有元素有很大挑战性，故而其中大部分成果是曼哈顿项目以来才研究的，还有很多东西需要学习。去深入了解关于锕系元素最基本但尚未知的化学基本知识，例如新发现的这两种元素如何在高氧化状态下形成化学键，有益于核生产场所的环境治理，有助于发展新的核燃料并对其回收再利用。此外，这项发明解决了学界在认识锕系元素方面的不确定性，具有很大的理论和现实意义。而在应用研究方面，伯克利的化学研究也不甘落后，他们通过大力开展产学研、政企校的合作促进了应用研究的发展。近期，伯克利化学学院的研究人员开发的一种新方法可以在没有昂贵磁铁的情况下使用激光增强磁共振成像（MRI）和核磁共振（NMR）的信号。这项技术是由伯克利国际研究小组首席研究员阿肖克·阿乔伊（Ashok Ajoy）和一个国际研究团队合作开发的，它降低了价值数百万美元的医疗成像和光谱仪设备的成本。这一发现的关键之一是松林集团与化学学院机械工厂的密切合作，③ 同时这也是一个涉及多个学科工作的大团队。产学研合作、跨学科交流推动了应用研究的开展。伯克利的化学学科重视基础研究和应用研究的均衡发展，为化学学科知识创新提供了良好的土壤。

①　王建华. 学科的境况与大学的遭遇［M］. 北京：教育科学出版社，2014：211.

②　UC Berkeley. College of Chemistry. Scientists revise understanding of the limits of bonding for very electron-rich heavy elements［EB/OL］.（2018-11-15）［2019-1-17］. https：// chemistry. berkeley. edu/news/scientists-revise-understanding-limits-bonding-very-electron-rich-heavy-elements.

③　Fyson J. Berkeley College of Chemistry. Promising research could lead to new strategies in NMR and MRI using diamonds and lasers［EB/OL］.（2018-5-21）［2019-1-17］. https：// chemistry. berkeley. edu/news/promising-research-could-lead-new-strategies-nmr-and-mri-using-diamonds-and-lasers.

二 MIT：创新型知识管理者

MIT 化学学科的历史可以追溯到 1865 年，其化学系成立的年份。迄今为止，MIT 已经取得了许多重要的化学研究进展，该系也一直处于化学教育创新的前沿。1957 年，MIT 开始发起"本科生研究机会计划"，这一计划意在大力激发年轻人的创造力，给本科生提供优越的研究环境和研究条件，让他们有机会与教授专家一起开展科学研究。[①] MIT 致力于探索新的教学方法，应对现实问题。近几年来，MIT 逐渐增加了小规模研讨式授课方式，增进了师生的知识互动和交流。

（一）面向未来的知识创新理念

一战期间，美国知识分子群体中开始掀起要服务社会和国家事业的风潮。战争催生了美国工业和军工研究的发展。当时 MIT 的两任校长塞缪尔·斯特拉顿（Samuel Stratton）和卡尔·康普顿（Karl Compton）及时对 MIT 的教学方向做出调整，使其可以更好地适应美国社会的发展需要。在当时缺乏资金的情况下，他们在向外筹资的过程中逐渐发现基础性的科学研究在推动技术发展和创造新的应用方向中的重要性。由此，MIT 开始调整支持不同学科发展的比例，加大对基础学科的投入，到二战后，其工业和科学的比例基本达到较为均衡的 1∶1 状态。[②] 而这一决定让 MIT 的基础学科取得飞速发展，在后来的几十年中涌现出十几位诺贝尔奖得主。二战后经济的发展再次推动了大学社会职能的转变，大学开始重视其市场职能。MIT 面向未来的学科建设理念使其能及时抓住时代发展的机遇，满足社会需要，随着社会发展和技术变革，不断调整学科研究的重点，以前瞻性的眼光瞄准知识创新的趋势。

（二）技术赋能的知识创新方式

1998 年，当时的 MIT 校长查尔斯·韦斯特（Charles Vest）和校董事

---

① 陈赛. 创意以一种最纯粹的形式发生——探访 MIT 媒体实验室 [J]. 三联生活周刊，2010（41）.

② 苗炜. MIT 的"有效支出"[J]. 三联生活周刊，2010（41）.

会在赶超者的压力下主动发起变革。韦斯特通过强化 MIT 本科教育,探索新型的研究和教育方向的组织形式,提升了 MIT 的开放程度和国际化水平,增进了 MIT 同企业界的战略伙伴关系。与此同时,韦斯特还创造了网络时代大学教育的一个新典范:将 500 门 MIT 相关核心课程的教材免费放到互联网上。到了 2001 年,这一举措进一步发展为开放课程计划(Open Course Ware),课程数量也拓展到 2000 多个,其中关于化学的课程有 48 个。① 这一举措被人称作"开放源代码式"的教育,它无疑在很大程度上促进了知识在全球范围内的构思、成形、组织和共享,极大拓展了其学科知识的社会影响力。在这方面,化学系还做出了额外努力。"MIT 的幕后"(Behind the Scenes at MIT)是一部化学知识系列短片,内容是 MIT 从前和现在的研究人员解释书本上的化学主题对于研究和未来实际应用多么至关重要。这些视频展示了他们成为科学家的历程、他们遇到的挑战和收获的成果。制作这些视频的目的是将 MIT 的研究成果带入化学课堂,阐明化学的原理和作用,在这样的知识传递和共享中,激发学生对化学的兴趣,鼓励他们利用化学知识来解决未来的社会重大问题。

(三) 多元化的知识创新主体

MIT 的化学研究活动大多是与跨学科实验室联合开展的,如 MIT 材料科学和工程中心,科赫综合癌症研究所、医学工程和科学研究所、等离子融合中心、电子研究实验室、林肯实验室、激光生物医学研究中心和惠特黑德研究所等。这些跨部门的研究实验室为 MIT 几个系的研究项目提供了充分而有益的互动,使学生有机会熟悉除化学以外的其他学科的研究工作。MIT 的创新精神已渗透进校园的方方面面。此外,MIT 一贯鼓励学生们沟通协作,以团队的形式开展项目和各项研究。有一部分化学系的研究生同时也是生物物理学证书计划、生物技术培训计划、聚合物科学和工程计划的成员。此外,化学系的成员还有机会与生物学、化学工程、物理学及地球大气和新兴科学等其他部门展开合作研究。MIT 化学学科在为社区

---

① MIT. Open Course Ware. About OCW [EB/OL]. [2019 - 1 - 17]. https://ocw.mit.edu/about/.

服务方面也做出了卓越努力。"化学俱乐部"（Clubchem）是 MIT 本科生的化学协会，其创办目标是促进学生之间、教师与学生之间以及学生和大波士顿社区之间的互动。协会在周一和周三对所有人开放，大家可以在轻松的氛围中探讨彼此的学习成果、困惑，交流彼此的研究兴趣。同时，他们还会组织学生为当地中小学提供化学魔术课程，以激发孩子们对化学研究的兴趣。为了保证化学领域学者群体的多样性，MIT 也做出了相应努力。1876 年埃伦·斯瓦洛·理查兹（Ellen Swallow Richards）创立了妇女实验室，为妇女提供化学实验方面的培训。如今，为了支持女性科学家，一个由化学系女研究生和化学系女性博士后组成的学生团体——化学中的女性（Women in Chemistry），通过专业发展、导师制、社会服务、社区建设等方式帮助女性的个人成长和发展。就导师制而言，所有一年级的女研究生都将与另一位高年级的女研究生匹配，以在课程和研究小组的选择上获得支持。MIT 正是在促进多样化学术群体交互的过程中获得了源源不断的学科发展动力。

21 世纪人类面临的挑战将无法在单独的领域里获得解决，必须由多学科、多领域不断跨越边界和相互关联，在一种开放互动的环境中共同解决。这样的问题有很多，比如健康、环境保护等，这些重大而复杂问题的解决必须结合对多学科知识的整合、理解，以及多元主体的参与才有可能实现。MIT 随时创新、随时根据社会的需求做出变化、随时做好准备给出最合理的解决方案的特征让它的学科建设拥有可持续发展的能力。

三　西北大学：知识共享型的跨学科践行者

西北大学温伯格文理学院（Weinberg College of Arts and Science）（以下简称"温伯格学院"）下设有化学系，这样的设置给予了西北大学化学学科进行跨学科交流的良好机会。温伯格学院重视对学生的跨学科培养，学院的宗旨是要创造一个多学科的公共场所，作为大学所有部门和师生思想共享和交流的场所。它的目标是要培养具有西北大学价值观的学生，即拥有灵活、适应性强的世界观，力求了解当今世界的紧迫问题，从而更好地应对这个充满机遇与挑战的复杂世界。其化学学科的研究本质上也是创新、协作和跨学科的。西北大学的化学研究领域分为以下七类：生物，环境/能源，无机化学，材料/纳米，有机化学，物理/分析化学和理论化学。

（一）"合作友好型"知识共享环境

西北大学在跨学科领域处于领先地位，这很好地体现在其课程设置、师资队伍和学生构成中。在课程方面，温伯格学院的课程形式丰富多样，演讲大厅、小型研讨会、实验室或艺术工作室都是可能的教学场所。西北大学的跨学科是全校范围内的，这意味着如果你是温伯格学院的学生，你就可以并且会被鼓励选择西北大学任何其他学院的课程，你可以选择单独的课程进行学习，也可以取得其他学院的学位证书。西北大学化学学科考虑到学生们将来不同的就业方向和常见的从业领域，设计了理论与实践相结合、跨学科学习的课程，培养他们学习扎实的化学知识以适应不同岗位的需求。西北大学有深厚的跨学科基础，本科生入学第一年不定专业，鼓励他们广泛选修自己喜欢的课程，帮助他们选到更适合更喜欢的专业。在大学的第二、三年，学生们依然可以很方便地转换专业。

西北大学化学本科生的课程设置和要求包括以下几个方面：其他科学领域中被要求用来理解化学的课程，化学关键分支学科的课程，未来具体研究方向的课程。其他科学领域的课程包括数学、物理、生物化学等相关课程。设置数学和物理课程是为了让化学专业的学生能有一个坚实的数理基础，帮助他们以全局化、整合化的思维学习化学。核心化学课程是学生们必须学习的课程，它提供一系列主要化学分支学科的课程学习，目的是让学生们对于化学领域有更为全面的认识。其课程包括通用化学、有机化学、仪器分析、无机化学、物理化学、高阶实验室操作等。在学习了以上课程之后，学生们会逐渐明晰自己未来想要从事研究的方向。西北大学基于学生们的研究兴趣推出了一系列课程，它们可能是化学系的课程，也可能是其他系的课程。一旦确定研究方向后，每个学生必须完成选定研究方向内的三门课程，这些课程通常体现在他们最后一年的学习安排中。西北大学化学系提供六个研究方向，主要涵盖生物化学、环境化学、无机化学、有机化学、物理化学、材料或纳米科技这六个领域。除此之外，学生还可以自己设计研究方向，化学系的课程咨询主任会协助学生安排最适合其研究方向的课程，从而帮助学生为将来的研究做好准备。与此同时，为了便于其他学科领域的学生体验化学学习，化学系还针对医药背景的学生做出了特别的课程学习大纲。温伯格学院还提供了"综合科学项目"这一可选项目，该项目支持学生在广泛的科学领域中自由选择课程，其中包括化学领域的课程，或者也可以同时选择化学作为第二专业。西北大学的化学学科充分尊重学生的自主性，给予他们广泛探索不同学科领域的机会，激发他们个性化的研究兴趣。在这样的课程安排下，学生们浸润在跨学科的自由学术氛围中，可以与来自不同学科领域的专家、教授以及拥有不同学术志趣的学生进行交流沟通，如此，隐性知识得到充分的交流互通，这将有助于整体科学领域的知识增长和个体知识创新。

（二）开放包容的知识共享理念

1869 年西北大学开始招收女生，是全美最早录取女生的大学之一。[①]西北大学注重学生背景的多样化，以开放包容的态度接纳来自不同国家和地区的学生，其学生包括不同性别、肤色、种族和国籍。如今，西北大学拥有来自 80 多个国家和地区的 5500 名国际学生。[②] 在这个全球化的时代，西北大学的学生群体宛如一个小型"地球村"。西北大学以解决全球所面临的重大挑战为使命，立足于为社会发展做出贡献，这些重大挑战的解决有赖于思想的碰撞和不同学科知识的交流。而开放包容的学科建设理念能帮助它吸引来自全世界的优秀人才，充实学科建设的知识库，这有利于西北大学在知识共享中促进学科知识创新。同时，西北大学化学学科在服务社会和满足国家社会重大需求的过程中，学科隐性知识对外流动、显化和共享的范围进一步扩大。多元化的学生背景能在更大程度上促进隐性知识的共享和传递，使知识趋向多样化。

（三）跨学科合作的知识共享形式

西北大学的研究生化学课程为有抱负的化学研究人员提供了独特的激励、协作和支持环境。由于其拥有卓越的教师队伍、创新的平台和跨学科

---

① 程民科. 美国西北大学：后来居上的"开放型"高校［J］. 教育与职业，2008 (13).
② 金雷，张力玮. 卓越之路：师生为本 使命为先——访美国西北大学校长莫顿·夏碧落［J］. 世界教育信息，2019（07）.

自由，西北大学大力支持并开展同学术界、工业界或政府的合作，西北大学的化学是全社区的科学。正因如此，西北大学十分提倡各学科的交叉合作以及营造合作的环境。例如化学家和生物学家一起探讨解决纳米技术的问题。西北大学化学学科跨学科的合作氛围浓厚，它鼓励本科生参与科研，让他们与所学领域最好的教师合作开展研究，充分发挥学科科研育人的功能。西北大学化学系致力于为师生提供一个"支持合作型"的环境，在这里，师生们都是以团队的形式参与到小组研究中，学校鼓励全校范围内的协同合作，学科间的界限模糊。学生可以独立领导一个小组，用自己的研究想法、研究兴趣去影响他人；组内会采用"导师制"，以培养学生们成为更好的、独立的学者。西北大学化学系的综合分子结构教育与研究中心（IMSERC）于 1968 年在克劳德·卢切西（Claude Lucchesi）教授的指导下成为西北大学的分析服务实验室（ASL），是美国学术机构首批共享分析仪器的实验室之一。凭借最先进的仪器，IMSERC 可为西北大学和大芝加哥地区的学生和研究小组提供快速访问质谱、核磁共振光谱、X 射线晶体学和许多其他常用分析技术。西北大学所有本科生在接受教育期间都可以完全使用 IMSERC 的尖端设备。IMSERC 的使命是把西北大学的学生培养为 21 世纪的科学领导者，并支持其开展世界一流的研究。每年有超过3000 万美元的研究经费依靠 IMSERC 来满足其分析服务需求，这些研究包括结构/分子/细胞生物学、药物发现、化学生物学等多个跨学科领域。

IMSERC 目前拥有八名经验丰富的全职员工，他们将在实验设计，数据收集、解释、分析的各个方面协助研究人员，提供研究建议和协助成果出版。工作人员还会对本科生和研究生以及博士后研究人员进行培训。在接受 IMSERC 员工的正式培训后，实验室的大多数使用者将有能力自己进行实验。西北大学的化学研究提供开放、跨学科的研究平台，鼓励具有不同学科背景但对化学领域感兴趣的研究人员参与研究，给予他们先进的设备支持、操作指导，同时也提供给他们自由发挥、充分探究的机会。在硬软件设施配套如此健全的研究中心，研究人员们有充分互相交流、试验的机会，促进知识在不同学科领域间的传播和流通。

第五节　对我国的启示和借鉴

一　我国大学一流化学学科的发展现状

我国大学化学学科在世界范围内有比较高的声望，仅就科研成果而言，我国化学学科的成果是值得肯定的。根据 2021 年（自 2020 年 1 月 1 日至 2020 年 12 月 31 日）*Nature* 发布的全球各地区科研机构及大学自然指数（Nature Index），在国家和地区排名中，中国加权分值（WFC）排名位居第二，仅次于美国，但在前 10 名中分值增幅第三，潜力巨大。[①] 就化学学科而言，中国大学占据了自然指数排名前十的 8 个席位，分别为中国科学技术大学、南京大学、中国科学院大学、北京大学、清华大学、浙江大学、南开大学和四川大学，这在一定程度上说明我国大学和科研机构的高水平研究成果是比较丰富的。但学科建设并不只是科学研究成果，我国大学的化学学科还可以从培养原始创新能力、发展环境以及条件能力建设这几个方面来提高。

我国大学化学学科就自然指数而言，取得了一些令人满意的科学研究成果。但我国在世界化学领域的获奖者并不多，比如诺贝尔化学奖。有学者关注到了中国化学学科科研成果较为迅猛的发展态势，表明化学是中国具有实力的学科领域之一。有学者指出这是由于资助的大量增加以及高水平人才的引进。也有学者对这种快速发展表示担忧，担心我国学者可能只是关心国外和容易出成果的领域，而缺乏深入的基础研究。[②] 基础研究具有前瞻性、理论性、不确定性等特点，它是一个持续累积的过程，需要对自然界根本性问题进行长期思考，因此除了长期稳定的资金支持外，维护科研工作者不受行政干扰和利益驱动的独立思考也是非常重要的。而我国学科建设的管理和评估过于急功近利，这可能会导致基础学科的研究者更

---

① Nature. Nature Index［EB/OL］.［2021-6-17］https：//www.natureindex.com/annual-tables/2021/country/all.

② Jia H. Nature. Strong spending compounds chemistry prowess［EB/OL］.（2018-12-12）［2019-1-17］. https：//www.nature.com/articles/d41586-018-07693-3.

关注短期的利益和量化指标，如发文量，而忽视了在基础研究领域的深耕细作。但如不尊重基础研究发展的自然规律，化学学科的科研影响力会大打折扣，诸如化学学科等基础学科就难以获得可持续发展的动力和后劲。

知识社会的到来使得创新呈现出更宽广的含义，知识创新越来越建立在学科、组织或机构之间跨边界的知识流动和重构基础上。当前我国高校的学科组织形式较为单一，"大学—学院—系"的科层式组织形式形成了较强的组织壁垒，限制了学科建设资源的共享和学科间的交流合作，也阻碍了学科科研的成果转化。① 这种科层式的学科组织还存在目标分散、行政化色彩浓厚、资源配置分散等弊端，这使得学科隐性知识的发展缺乏有效的组织保障，学科知识转化和应用能力弱。我国大学化学学科实践课程偏少，在现有的实验教学中缺乏同课程内容的有机联系，分科的实验体系忽略了同其他学科的联系，涉及学科交叉实验的项目很少。基础化学实验只注重知识传授和对基本操作的讲解，理论型的实验多，强调探究、创新等的综合型实验课程少。② 我国大学与工业企业、外界社会之间也存在较深的体制性壁垒，协同创新能力弱，这使得化学领域的跨学科、超学科以及同产业界、社会的交流合作不充分。③ 组织形式短板和体制壁垒阻碍了学科知识在大学、产业界、企业以及社会公众等多主体之间的流动，不利于学科创新潜能的释放。

我国化学学科建设还面临着学科建设理念与知识管理的冲突。我国大学化学学科建设缺乏鼓励知识创新和知识共享的发展理念。本科生参与化学科研的机会有限，且在实验室内部缺乏深度的交流沟通和协作。在考评等种种现实压力下，学者们更倾向于单兵作战而非共享合作。在化学学科教学中，教师重视学生对知识的记忆而非对如何获取知识的过程的关注，学生的自主学习和独立思考能力不强，教师和学生的创新意识较为薄弱。

---

① 殷朝晖，郑雅匀. 知识生产模式转型与一流学科建设探索——基于哈佛大学学科建设的实践 [J]. 教育发展研究，2019（Z1）.
② 靳涛，田健，孙海清. 建设一流学科，培养创新型人才——统筹基础化学理论和实验教学 [J]. 化工高等教育，2019（02）.
③ 李培凤，马瑞敏. 三螺旋协同创新的体制机制国际比较研究——以生物化学学科群为例 [J]. 研究与发展管理，2015（04）.

二 美国大学一流化学学科建设对我国的启示

借鉴美国一流大学化学学科发展的有益经验，结合我国大学化学学科发展的特点和现状，我国大学应从明确学科建设内涵、提高学科创新能力和创新学科组织模式等方面加强学科建设。

（一）明确学科建设内涵

学科建设要服务于人才培养和科研的需求，也要对社会做出回应。模式Ⅱ、模式Ⅲ的出现并没有取代模式Ⅰ，它们是互相补充，共同发展的关系。学科建设在满足社会需求的基础上不能摈弃对学科本身知识的追求，更不能否定传统学科知识的价值。美国化学学科发展回应社会需求的做法使它引领社会发展，独占鳌头。但不容忽视的是，它始终没有放弃对真理的追求和对知识本身的探寻。正是因为这份坚持，学科才会拥有支持自身不断发展的力量源泉，才为服务社会、回应国家需求奠定了坚实的基础。因此，我国在建设一流学科的过程中，应始终保持对知识的敬畏、探索和创新，只有学科知识本身的累积才能为更深入的学科交叉融合铺路，才能真正通过解决经济社会和人类发展的重大问题来发展学科。学科的知识逻辑应该放在首要的位置。在此前提下，高校的学科发展要在为当地社会需求服务的同时，向为世界和人类做贡献的目标拓展。学科建设要面向科学前沿，主动适应国家创新驱动发展战略，进一步凝练方向，将一流师资、一流学生、一流办学条件等资源向优势学科汇聚。学校也要给予有潜力的学者或学科团队充分的支持，协助他们开展重大科学研究。还要增强问题意识，以问题为导向进行学科发展，真正围绕重大现实需求组建学科建设团队，明确共同的发展目标和愿景。

（二）提高学科创新能力

为了开辟新的知识领域，利用学科知识解决现实问题，学科建设需要不断提高其创新能力。这可通过吸纳政企业界以及社会公众等多主体积极参与到知识生产的环节中，对接国家战略，开辟新的学科前沿方向，探索新的学科交融方式来实现。学科建设应加强传统学科之间的合作与联系，以一流学科建设为核心，整合相关传统学科资源，促进基础学科和应用学科深入交叉融合。除了加强校企合作，学科发展还应更加关注"社会"这一群体。基层民众既是知识生产的受益者，也是知识生产的参与者。在知识创造中，我们不应忽视他们的作用。高校应与社会各界建立广泛的联系，吸纳不同的社会人群、社会组织，来解决诸如社区环境和公共健康等人类面临的共同问题。在这个过程中，我们不仅能解决问题，更能挖掘并发现新的问题，通过联合更广泛多样的人群，探索更丰富多样的问题解决路径，促进学科知识的不断创新，开辟新的学科知识领域，以促进更多学科开展形式多样的交融与合作。

（三）创新学科组织模式

学科组织模式因学科特征以及研究需要的不同而不同，学科交叉与融合的方式也远不止跨学科、超学科两种。同时，一流学科的建设不应为了"跨学科"而跨学科，应避免简单地"搞平衡、铺摊子、拉郎配"。跨学科一定要有明确的目标设定，各学科紧密联系、协同创新，为了促成共同问题的解决而有效结合，共享资源和知识。学科群联盟的形式无疑是创新学科组织模式的例证，它更能真正促进相关学科的交叉融合以及在社会多领域的应用，从而有利于创造新的学科知识领域。我国"双一流"建设高校的学科组织形式也可以更加多样化，可通过和政府、企业以及社会组织合作来开辟新的组织形式：通过跨学科、跨院系、跨机构的交流，建立全球合作研究中心，集聚全球优质学科资源，加强学科协同发展；围绕重大项目和重大研究问题组建学科群，以不断创新人才培养模式以及学科组织形式，开展学科间的交叉合作，搭建国际交流平台，进而发挥引领带动作用。

综上所述，只有适应知识生产模式转型的趋势，把握机遇，才能为一流学科建设带来源源不断的发展动力。在我国"双一流"建设进程中，我们应关注知识生产模式Ⅱ和知识生产模式Ⅲ对于学科建设的影响，鼓励在多主体环境下开展学科交叉融合，重视基础性、原创性学科知识的探究，把握学科建设方向，对接国家社会需求，以实现学科跨越式发展，进而推动一流大学建设步伐。

第五章　知识生产模式Ⅲ视域下
国外超学科组织建设研究

第一节　知识生产模式Ⅲ及其
与超学科组织建设的关系

一　相关核心概念界定

（一）超学科

超学科也是前期多学科、交叉学科、跨学科发展到一定程度后的产物，因而要梳理超学科的演化过程，需要将三者的概念内涵进行阐述进而比较异同点。多学科（multidisciplinary）是指应用多种学科的知识对问题本质进行探究，多学科研究的目标局限于学科研究的框架内。交叉学科（interdisciplinary）指不同学科间进行概念和方法的交流，最后融入不同的、互补的学科中。跨学科（crossdisciplinary）则涉及方法从一种学科到另一种学科的转移，例如，将数学方法转移到物理学领域产生了数学物理学。[①] 而"超学科"（transdisciplinary/superdisciplinary）一词则指超越学科知识应遵循的组合规程和边界进行重新组合信息知识的过程，这种重组意味着打乱拆分现有的元素组合形式并将它们重新组合，形成新形式（见图5-1）。学科研究最多只涉及一个现实层面，而超学科研究通常作用于多个

---

① Nicolescu B. Manifesto of Transdisciplinarity［M］. Albany, NY: State University of New York Press, 2002: 33.

现实层面或领域。超学科虽然不是一门新学科，但却以学科为基础，而学科又通过超学科使知识以一种新形式得以阐明。从这个意义上讲，学科研究和超学科研究不是矛盾对立的，超学科研究是对多学科研究、交叉学科研究和跨学科研究的补充。

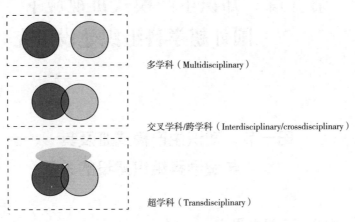

多学科（Multidisciplinary）

交叉学科/跨学科（Interdisciplinary/crossdisciplinary）

超学科（Transdisciplinary）

图 5-1　学科间融合模式①

超学科这个术语的产生可以追溯到 20 世纪 70 年代第一届交叉学科国际研讨会，在这次研讨会上，皮亚杰（Piaget）首次使用"超学科性"的概念，但他是为了统括多学科性和学科间性的概念而使用该词。"超学科需要解构，解构对象可以涉及现实的不同层次，以及随之而来的矛盾、悖论。"② 超学科性同时涉及学科内部，不同学科之间，以及所有学科之外。它的目标是了解当今世界，其中一个必要条件是知识的统一。著名语言学家韩礼德（Halliday）是这样阐述这一术语的："我愿意使用'超学科'一词，来代替'交叉学科'或者'多学科'，因为后两者意味着研究者仍然将认知活动置于学科内，只是架起了桥梁，或者将他们置于一个集合内；而真正的抉择应该是取代这些学科，创造新的、主题式的行为模式，而不是以学科为中心"。③

① 乔伊·德利奥，陈敏. 学会求知：跨越学科界限的视角 [J]. 世界教育信息，2010（06）.

② Klein J T. Prospects for transdisciplinarity [J]. Futures，2004（04）.

③ Halliday M. New ways of meaning：The challenge to appliedlinguistics [J]. Journal of Applied Linguistics，1990（6）.

（二）超学科组织

学科组织作为大学内部的基本学术单位，承担着生产和传递知识的作用。超学科组织这样的新兴学科组织的诞生，有利于突破传统学科壁垒去进一步开展研究和教育活动。相比其他学科组织而言，超学科组织具有鲜明的特征与优势。一方面，在超学科组织中，所有参与者需要达成对于主要目标的共识，他们不再认为自己是在一个单一学科内工作。组织中的每个成员都拥有共同的关注点，他们不再仅仅认同自己的学科或专业，而是通过自身的贡献创造性地解决团队问题，因此可以说团队组织是超学科工作的核心。另一方面，在以往的超学科组织建设过程中可以发现，超学科组织的形成所需要的物质投入非常大，并且在团队建设和运行中存在无法预测的风险，因此当下超学科组织建设面临的主要障碍之一即要防止低绩效伪团队的形成。

（三）知识生产模式Ⅲ

知识生产模式Ⅲ是依据知识生产模式Ⅰ和知识生产模式Ⅱ的逻辑演变而来，以维护社会公共利益为目标，突出四螺旋动力机制、知识集群和创新网络，强调知识内部结构的多维聚合。这个概念最早由埃利亚斯·G. 卡拉雅尼斯（Elias G. Carayannis）提出，主要为破解环境生态、医学健康、高科技发展、冲突与文明、全球化与本土化等人类和社会面临的重大问题。他试图通过引入公共组织、社会力量参与公共事务，减少等级、族群、文化认同等冲突，以形成创新激励机制和持续性竞争优势。[1] 知识生产模式Ⅲ的动力机制为"大学—产业—政府—社会"四螺旋创新生态系统模型。其中大学履行知识传播、与产业衔接满足人才需求、避免知识的市场化对科学可持续发展的影响等职能。"产业"提供商品和服务，与大学合作进行生产研究和科技转化。"政府"在螺旋中的角色定位是"服务型"和"指导型"。"社会"将第三方组织、社会团体和社会力量引入重要事项

---

[1]　黄瑶，马永红，王铭. 知识生产模式Ⅲ促进超学科快速发展的特征研究［J］. 清华大学教育研究，2016（06）.

的决策中，以平衡各方的目标局限性。①

二　相关理论基础

（一）知识生产模式Ⅲ与超学科的映射关系模型

在科学知识的生产活动中，知识的边界会不断地被重新界定。在学科分化和融合趋势中，新的知识生产模式产生，学科发展动因从单纯的个人学术兴趣延伸到产业经济利益、社会公共利益。知识生产模式的变革也对超学科的发展起到推动作用，迈克尔·吉本斯（Michael Gibbons）等人认为，整个知识的生产系统正在经历着深刻的变化，这预示着一种新的知识生产模式的产生。这种新的知识生产模式不是对现有学科的理论、概念和方法的简单借用，而是超越了原有学科的理论和范式。② 针对两者之间的关系，在此引入知识生产模式Ⅲ与超学科的映射关系模型。知识生产模式Ⅲ是由四螺旋动力机制模型推动的新型知识生产方式。③ 针对强调规范性与纪律性的传统学科框架与目前以解决重大现实性问题、情景化研究为主的知识范式不相容的现状，学者们面临着以"超越学科界限"为特征的"超学科"研究任务。超学科研究与多学科研究和跨学科研究相比，不仅需要整合特定学科方法，也需要扩展这些方法从而产生超越其学科的全新概念框架及理论模型，以加速创新和科学知识的进步。

如图 5-2 所示，知识生产模式Ⅲ的特点与超学科的特点密切相关。"大学—产业—政府—社会"四螺旋动力机制模型使参与超学科的研究群体来源和知识背景变得多元；社会作为重要的利益相关群体与超学科的社会公共利益的研究目标相匹配；创新生态知识群强调的就是碎片化的网状

---

① Carayannis E G，Campbell D F J. Open innovation diplomacy and a 21st century fractal research，education and innovation（FREIE）ecosystem：building on the quadruple and quintuple helix innovation concepts and the "mode 3" knowledge production system ［J］. Journal of the Knowledge Economy，2011（03）.

② Gibbons M，Limoges C，Nowotny H，et al. The New Production of Knowledge：The Dynamics of Science and Researchin Contemporary Societies ［M］. London：SAGE Publication，1994：106.

③ 黄瑶，马永红，王铭. 知识生产模式Ⅲ促进超学科快速发展的特征研究 ［J］. 清华大学教育研究，2016（06）.

知识的内在联系所形成的集合，与超学科的知识体系吻合。虽然不能称之为完全对应，但可以说知识生产模式Ⅲ与超学科存在映射关系。

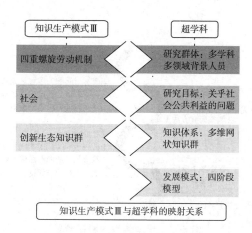

图 5-2 知识生产模式Ⅲ与超学科的映射关系模型

（二）超学科组织建设的阶段框架模型

在超学科组织的科研日常中有必要开展概念性评估以测评对于组织成员需求的满足程度。而作为评估的基础，首先要构建超学科组织进行科学研究的规范性框架，笔者在此结合学者朗（Lang）等人开展超学科研究的设计原则，归纳总结出超学科组织科研阶段图（见图 5-3）。① 它概述了为确保超学科项目取得成功所需要进行的活动，将超学科研究过程分为三个阶段。第一阶段是设定问题框架和建立协作研究小组。具体内容为创建合作型团队，成员对问题的理解达成共识，共同商议并确定边界和研究对象，共同设计方法和理论框架。第二阶段是通过协作研究共同产出可转化的知识和问题解决方案。具体内容为向成员提供并分配角色任务，调整研究方法等。第三阶段是重新整合和应用共同创造的知识。具体内容为对科研和实践中的成果进行整合，从成果完成向产品输出转化，最后进行影响评估。团队在每个阶段都会提出相应的设计要求与原则，这些要求和原则

① Lang D J, Wiek A, Bergmann M, et al. Transdisciplinary research in sustainability science: practice, principles, and challenges [J]. Sustainability science, 2012 (01).

可以作为参与者进行超学科研究的成功指南。且在超学科组织中，这些阶段并不是单次性和顺序性的，根据实际情况可能会出现阶段重复性或者逆向性。

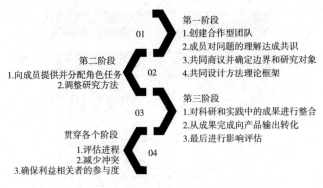

图 5-3　超学科组织科研阶段

当今人类面临的自然与社会是复杂多样的，随着认识水平的提高，我们对于现实复杂问题的解决必须从整体系统的高度去把握，而仅从当前学科分类体系中的某一学科视角去解决现实问题的难度加大，则要求我们在对问题进行分析的过程中避免片面化。除此之外，知识在学科划分的背景下急剧增长，纵深发展的知识体系愈加细化，前沿科研领域的知识越来越突破学科本身的边界。因此，无论在大学的教学和科研活动中追求知识和真理的科学家与学者们，还是在进行自主学习的学生们，都会很自然地接触到其他学科领域。这种驱动力不仅来源于外部的需求，更是一种学术自由精神下对学科边界的自然跨越。相互关联的经济、环境和社会因素正在转变目前知识生产的方式：在经济领域，人们越来越重视知识经济的发展；在环境领域，自然系统与社会系统之间的相互作用使对可持续性问题的研究需求与日俱增；在社会领域，更多的民众正在推动并呼吁具有互动性的、参与性的研究与协商。总之，这些都表明了人们试图通过"特定情境的知识话语"来解决现实世界问题的历史发展趋势，而超学科研究则是人们面对全球性社会问题时的一种超越学科界限进行知识整合的全新路径。目前国外已有在高校内部或是社会范围内成立超学科组织的成功建设经验，这对我国高校的学科组织建设将具有重要的借鉴意义。

第二节　案例分析

国外的超学科研究已经开启了快速发展的时代，尤其是作为承载超学科教学和科研等功能的超学科组织。法国最早在 1980 年成立了科学文化小组，该小组成员日后都成了超学科研究的重要专家学者。1987 年国际超学科研究中心（CIRET）在法国巴黎成立，该机构也成为目前超学科研究的典范。除这个非营利性的超学科组织以外，目前出现更多的是依托大学或科研院所的超学科组织，常见的组织形式有超学科实验室、超学科研究所等。考虑到超学科最早起源于欧洲，存在地域广泛、涉及领域众多、影响因素复杂等因素，在广泛查阅资料的基础上，笔者拟选取国外不同地区不同层次并各具优势特色的超学科组织作为案例，全面探究超学科组织建设发展的模式与规律。

一　国外超学科组织建设案例的选取

目前超学科研究热点区域主要为欧洲、北美和澳洲地区。在综合考量地域差异、发展水平等情况的基础上，笔者最终选择了苏黎世联邦理工学院超学科实验室（Transdisciplinary Lab, Eidgenössische Technische Hochschule Zürich Department of Environmental Systems Science）、悉尼科技大学超学科生活实验室（Transdisciplinary Living Lab, University of Technology Sydney）、得州理工大学超学科研究院（Transdisciplinary Research Academy, Texas Tech University）和瑞士科学院的超学科网络中心（Network for Transdisciplinary, Swiss Academy of Sciences）等四个各具优势特征且具有代表性的超学科组织作为案例进行研究。四个案例的选取主要参考以下原因。

首先是在地域分布的层面上，超学科研究领域发展较为快速和成熟的区域集中在北美地区（特别是美国）、澳洲地区（特别是澳大利亚），以及超学科的起源地——欧洲地区。在美国，得克萨斯州一直以发达的经济实力和严格的教育管理制度而闻名，而且由于得州位于美国的南部地区，其自始便具有不同文化之间交流融合的历史传统，再加上良好的治安管理，得州成为全球赴美留学生的首选地之一。正是这种开放包容的文化氛围，使得州的科研学术氛围兼容并包。作为美国南部公立大学的翘楚，得州理工大学的超学科研究院也是美国目前体系较为完全的超学科组织。而澳大利亚的学术水平和学术交流都处于世界领先地位，其高等教育最初效仿的是英国牛津大学和剑桥大学的模式。作为移民国家，其文化多元且对留学生友好，在超学科发展领域虽然起步要晚于欧洲和美国，但后来者居上，目前成为超学科领域的活跃分子，其中悉尼科技大学以自身强大的变革动力促进了超学科生活实验室的诞生，独创了适应本土的组织发展模式。另外在欧洲这片超学科发源地，诞生了世界上第一个超学科组织——国际超学科研究中心，其创始人之一尼科列斯库（Nicolescu）也是最早在联合国教科文组织引入超学科概念的学者，国际超学科研究中心在1987年成立于法国巴黎，是一个非营利性组织。此外，在以职业教育为特色又有世界一流大学的瑞士，它的教育体制培养了大量应用型技术人才，这与超学科研究解决社会重大问题的目标是一致的。因此，瑞士成为当代孕育超学科的绝佳温床。基于这一特殊性，笔者选择了苏黎世联邦理工学院这一享有"欧陆第一名校"美誉且世界排名领先的公立大学为案例。该校以具有创造性的、活跃的科研环境著称，2013年创立了旨在加强科学与社会联系的超学科实验室。最终将全球大部分超学科研究组织的实践活动连接起来的是瑞士科学院的超学科研究网络中心，在超学科知识生产的工具方法、超学科能力建设及经验分享等方面，瑞士科学院以其研究网络和慕课性质的传播媒介，为全球超学科组织提供技术和方法支持，这也是最后选取它作为案例进行研究的原因。

从组织特征与发展的层面上看，得州理工大学作为一所公立综合类高校，是全美领先的研究型大学，其优势学科涵盖了数学、农业经济学、工程化学、商科和大众传播学等。凭借优势学科的发展，学校早期便已进行了农田试验场、太阳能利用研究中心、自然科学实验室等科研机构的建设，这为日后超学科组织的建设奠定了坚实的基础，同时也在一定程度上影响了得州理工大学超学科研究院的研究方向。另外，得州理工大学崇尚创新创业的学校氛围，也使得超学科研究院的发展总有取之不尽的创新动力。由于超学科研究起步较晚，悉尼科技大学的超学科生活实验室显现出与众不同的发展路径，它的研究方向更加贴近区域需求，以解决区域发展问题和推动学校与社会良性互动为主，研究目的也是实现区域的可持续发展和人与自然的和谐共处。总体上说，悉尼科技大学的超学科生活实验室更具地域特色，偏重成果转化和研究实用性，并且在人才培养方面的眼光更加长远。作为欧洲名校的苏黎世联邦理工学院自建校之初就以营造积极、活跃和有创造性的科研环境为目标，将自然科学、文学和社会科学整合进同一个机构进行管理，这也为后期超学科组织的建设提供了捷径。由于对超学科研究的起步领先世界，学校也针对超学科建设了涵盖各个学位的各个学习阶段的课程，从而在人才培养层面积累了相对充足的经验。另外苏黎世联邦理工学院独创的冬季学校使超学科组织的研究与区域发展紧密结合，成为其一大亮点。学校以首创的勇气和决心使超学科研究打破地域壁垒、团队壁垒和学科壁垒，广泛地与各地区各类学科组织以及各类人群开展合作，这也是苏黎世联邦理工学院时至今日依然迸发着勃勃生机的一大原因。最后选取的瑞士科学院的超学科研究网络中心则是以查漏补缺的功能出现，笔者在查阅外文文献和网络资源的过程中，发现超学科研究网络中心出现频率较高，经进一步探索研究发现，超学科研究网络中心与上述所选取案例有较大的不同。它不归属于某所大学，而是以一种国际性的非营利机构形式存在多年，在该组织的官方网站上，可以查阅到最详尽的超学科理论研究发展脉络以及最新的理论创新。更为重要的是，超学科研究网络中心提出了可供参考的科学且系统的超学科组织评价体系，这对超学科组织日后的建设发展无疑具有一定的引导作用，也为超学科组织的自我测评提供了一个标尺。另外，超学科研究网络中心集结各个领域和各个高校的专家学者设计了一系列超学科慕课课程，这也造福了身处全球各地的超学科研究者们。该中心另一个强大的功能便是，它收集了所有超学科研究所能用到的方法工具，并制作工具搜索引擎帮助学习者有效选取最适宜的工具，且在其后的研究过程中为学习者提供技术指导。

综上，本书从地理因素和组织发展特征等方面进行综合考量，选取了四个超学科组织作为案例研究的对象，通过提炼每个案例的特征优势和经验教训，为我国超学科发展提供一定的借鉴和指导。

二 质性研究分析方法阐述

超学科组织主要对社会现象及重大问题进行分析探究，因此需要在自然情境下，采用多种资料收集方法（话语分析、观察分析、内容分析等），对研究对象进行深入性探究。质性研究作为一种在社会科学领域常使用的研究方法，采用归纳而非演绎的思路来分析原始资料并形成理论，通过与研究对象的实际互动来进行行为分析与意义建构。对比量化研究而言，质性研究注重不同个体之间的理解、人的交互影响以及生活经历和现实情景，以在自然环境中寻求可以被大多数人接受的科研理念和研究方式。针对超学科理论研究尚未达到完备阶段、超学科组织在国内外发展不均衡、组织实践的资料主要来源于国外、因而实地调研难等现状，本书选取了质性分析软件 NVivo 11 对案例分别进行逐句编码再深入分析，最终归纳出国外超学科组织的建设方法与发展模式。

三 质性分析软件的选取

因为质性分析有别于量化分析，其软件应用并不侧重于数字关系，而是侧重于逻辑关系及其处理，一般包括文字处理程序，文字检索程序，文字库建立及管理的程序，编码与检索的程序，建立理论的程序如 AQUAD、QCA，建立概念网络的程序如 MECA，展示资料图表的程序等。NVivo 作为综合了以上功能的软件，主要依据扎根理论来处理资料。本书在对四个国外超学科组织进行现状研究后分析其发展特征与模式，在研究的初始阶段不会提供确切的理论假设，而是直接从原始资料或实际观察入手，再从这些一手资料中进行经验的归纳与概括，最后上升至系统理论的层面。这种研究路径与自下而上建立实质理论的扎根理论研究方法完全契合，这种方法即在系统收集资料的基础上寻找反映事物现象本质的核心概念，然后根据这些概念之间的联系建构相关的社会理论。

另外笔者在对其他质性分析软件进行功能对比时发现：NVivo 强大的分析功能可以兼容来自访谈、调查、现场记录、网页和期刊论文的文字文档、图片、数据、音频与视频、PDF、备忘录和框架矩阵等，这很适合本研究。NVivo 11 软件有三种版本：NVivo Starter、NVivo Pro 和 NVivo Plus。

本研究所选用的 NVivo Plus，是全功能的用于分析各种形式非结构化数据的先进研究工具，相比以往版本还提供了创新的社交网络分析工具和研究自动化功能。它可以从社交媒体数据或已有的项目数据中自动创建可视化的社交网络。除此之外，通过安装 NCapture 浏览器扩展工具，可以在研究中实现网页剪辑并将其作为 PDF 材料来源导入自己的 NVivo 项目中。也可以从 Facebook 或 Twitter 平台中抓取社交媒体会话，并将其作为 PDF 或数据集材料来源进行储存，之后再进行排序、筛选和自动编码。还可以抓取 YouTube 视频，然后在 NVivo 中对视频进行处理。另外 NVivo 11 还可以实现通过 Evernote 与 OneNote 导入数据的功能，在收集资料阶段可以通过智能手机或平板电脑等移动设备采集数据，再通过将 Evernote 或 OneNote 账户与 Microsoft 账户相连接，导入个别笔记页面或者整个笔记本，这使初始阶段的音频视频材料、网页文章、现场笔记以及想法等可以更直接地转录入质性分析软件中。最后，由于本研究资料复杂且涉及领域众多，因此笔者需要利用 NVivo 11 的查询功能整合所有资源，包括查找和分析材料来源、主题节点、案例和关系中的词或短语。查询功能可以查找特定的词或出现频率最高的词，根据编码结果探究问题的内部逻辑与规律，例如文本查询可以搜索来源材料中的某个词或短语并在预览节点中查看所有的匹配项，显示词的树状结构图，而词频查询可以列出在材料来源中出现频率最高的词并在单词云、树状结构图或聚类分析示意图中可视化结果。

四　案例信息的收集归纳

虽然本研究是针对四个国外超学科组织所进行的案例研究，但在资料收集的初始阶段，为了更确切地了解超学科理论研究的动态以及超学科组织发展动向，笔者分别以超学科（transdisciplinary/superdisciplinary）、超学科理论（transdisciplinary theory）、超学科研究（transdisciplinary study）、超学科实践（transdisciplinary practice）、超学科组织（transdisciplinary organization）与超学科案例（transdisciplinary case）等作为关键词，在谷歌（Google）、必应（Bing）和爬虫网（WebCrawler）等大型搜索引擎进行搜索，剔除掉无用的网页信息后将有效信息网页通过 Ncapture 工具截取并保存为 PDF 文件，导入 NVivo 项目中。其后通过查阅超学科国际论坛

（World Congress of Transdisciplinarity）、国际超学科－跨国－跨文化会议
（The ATLAS International Transdisciplinary-Transnational-Transcultural（T3）
Conference）与国际跨学科研究中心（International Center for
Transdisciplinary Research）等主要的超学科官方学术网站以及一些国家科
学院网站，将往届超学科主题论坛会议的文件资料、图片新闻等进行截取
整合，并收集相关的学术文献、学位论文及书目进行分析。另外，通过使
用 Ncapture 浏览器辅助工具在 YouTube 网站上抓取保存有关超学科组织理
论与案例的讲座或会议视频，并导入 NVivo 软件中做进一步处理，从而便
于对国外超学科组织的起源与发展进行脉络梳理，结合在谷歌学术
（Google Scholar）以及 Web of Science 查阅收集的外文文献，再通过 NVivo
的文本查询和词频查询功能进一步缩小定位研究所需要的编码节点，这对
于之后建立并补充案例编码架构都是十分必要的。

在完成资料收集的初始阶段后，笔者对于超学科的理论基础以及超学
科组织的发展概况有了大致的掌握，下一步将对四个超学科组织进行案例
资料的收集，主要通过苏黎世联邦理工学院、悉尼科技大学、得州理工大
学及瑞士科学院的官方网站进行搜索选取，在官方网站完成网页抓取之后
对苏黎世联邦理工学院超学科实验室（ETH TdLab），悉尼科技大学超学科
生活实验室（UTS TDLL），得州理工大学超学科研究院（TTU TRA）和瑞
士科学院的超学科研究网络中心（td-net）这四个超学科组织创建四个案
例编码，本研究共截取了 116 项有效网页，其中苏黎世联邦理工学院超学
科实验室 38 项，悉尼科技大学超学科生活实验室 21 项，得州理工大学超
学科研究院 30 项，瑞士科学院的超学科研究网络中心 27 项（见表 5-1）。
不同案例的有效网页项数存在差距的主要原因在于案例中超学科组织建立时
间不同，时至今日的发展程度与组织成熟度不一，在官方网站上所展示的可
提取有效信息也有多有少，因而在下一步编码过程中，本研究通过收集初始
阶段的图片视频文件以及相关外文文献进行材料补充，在案例研究中兼顾组
织系统性与自身发展特色，尽量均衡四个案例的编码节点。以案例为单位的
编码项数及编码参考节点数量见表 5-1，各自的占比见图 5-5。

表 5-1 案例编码项数与编码参考节点数

单位：项，个

案例	编码项数	编码参考节点数
ETH TdLab	38	132
UTS TDLL	21	108
TTU TRA	30	127
td-net	27	115
Total	116	482

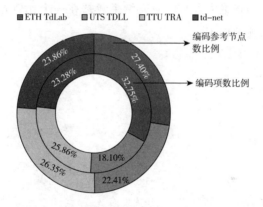

图 5-5 案例编码项数与编码参考节点数占比

五 基于 NVivo11 质性分析的案例节点编码

（一）案例资料的编码方式

在上文关于超学科组织的初步资料收集过程中，通过对 Web of Science 数据库中相关外文文献的关键字进行词频分析可导出词频共现网络图（见图 5-6），词频较多的关键词一般意义上可反映目前超学科组织领域的研究重点。由此可见，与超学科组织相关的研究主要集中于理论基础、人才培养、课程设置、组织制度、组织发展、应用创新、科学范式、学科整合与学科方法等方面。遵循扎根理论的操作程序，将原始资料进行逐级登录，通过对资料之间理论问题的反复对比，建立概念与概念之间的联系。其中对资料进行逐级编码是最重要的一环，常用方法即三级编码法。在一级编码操作（又称开放式登录，Open Coding）中，需要将收集到的资料全部打散，赋予概念，再以全新的方式重新进行组合，在此过程中要明确资料中的概念类属，对类属加以命名，并确定其属性与维度。在二级编码操作（又称关联式登录或轴心登录，Axial Coding）中，主要任务在于发现和建立概念类属之间的各种联系，以明确资料中各个部分之间的有机关联，这些联系包括且不限于类型关系、结构关系、功能关系、因果关系、过程关系、策略关系等。在三级编码操作（又称核心式登录或选择式登录，Selective Coding）中，对所有已发现的概念类属经过系统分析后选定核心类属，其功能在于将绝大多数的研究结果囊括在一个比较宽泛的理论范围内，起到提纲挈领的作用。

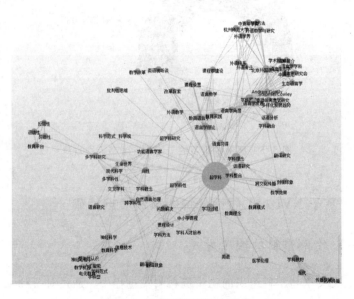

图 5-6　文献关键词共现网络

其后是针对四个案例进行具体节点编码的过程，对收集到的原始资料中的有效经验信息进行逐个节点编码，为使节点编码尽量全面而不遗漏，不仅要参考上文已有的关键词共现网络，同时也要不断对自由节点进行反复的适应性调整，在完成归纳总结之后确定概念类属。经过以上的思考与推敲，本研究将以下四个层面定为一级主题，即组织文化层面、组织制度层面、组织架构层面和组织动力与发展层面。之后通过二级主题、三级主题与四级主题对资料进行逐级细化设置，再根据项目数据生成的演示工具如图表、聚类分析示意图及矩形式树状示意图中参考点数量所占面积比较节点。

　　以下是对本研究三种级别主题的详细阐述（四级主题不做详述）。（1）在组织文化层面一级主题下共分为能力建设、课程设置、教学培养和理念意识等四项二级主题。其中能力建设包括沟通价值、自我反思、概念实际应用、共同构建问题、现实世界研究和解决方向与后果等六项三级主题。课程设置包括学位课程（本科课程、硕士课程、博士课程）、继续教育课程、暑期/寒假课程、线上课程（MOOC）、师资培训课程、研讨会、专家学者演讲/讲座和讲习班等八项三级主题。教学培养包括教学目标、教学计划和教学方法理论等三项三级主题。理念意识包括创建宗旨、组织氛围、校园文化和个人价值等四项三级主题。（2）在组织制度层面一级主题下共分为管理制度、监督评估和激励机制等三项二级主题。其中管理制度包含人员管理、培养计划、知识产权、组织手册、机构维护、科研规范和生命周期等七项三级主题。监督评估包括论文产出、专利成果、质量检测、学分计算、阶段考核、改进意见、级别评定、奖惩标准、个人参与贡献程度、研究潜力、信誉级别和合法有效性等十二项三级主题。激励机制包括目标激励、参与激励、培训与发展机会激励、荣誉与提升激励、工作科研激励和组织长效资助扶持六项三级主题。（3）在组织架构层面一级主题下共分为人力资源、财力资源和物力资源三项二级主题。其中人力资源包含专家学者、利益相关者、校友、合作团队、社会人员（第三方）、合伙人、教师、学生、志愿者、政府部门人员和行政管理者等十一项三级主题。财力资源包括财政拨款、社会投资、学校拨款、校友捐赠、科研贷款、项目收益、项目基金、补贴和公开募资等九项三级主题。物力资源包含会议（年会）、论坛、项目计划、学术期刊、科研设备、工作室、实验室、图书馆、共享中心、数据管理系统、学术资源、孵化平台、互助空间、辅助工具、校园开放日、竞赛、学术沙龙、创新中心和商业化办公室等十九项三级主题。（4）在组织动力与发展层面一级主题下共分为领导型人物、战略决策与规划、内外部驱动和发展趋势等四项二级主题。其中领导型人物包含引领学科方向、吸引招揽人才、加强行业/产业联系和筹集吸纳资金/经费等四项三级主题。战略决策与规划包括国情社情、制度特性、传统文化和自身优势等四项三级主题。内外部驱动包括社会需求、国家投入、政策导向、行业/企业发展、学科知识的互补协同效应、成员探索兴趣和成员交流合作等七项三级主题。发展趋势包括边界模糊/弱化、组织边界扩展和可持续发展等三项三级主题。

通过整合所有现存资料，筛除无参考价值的部分资料后，总计有 102篇文献来源，3 个案例节点，118 项自由节点，参考点数量总计 1578 个，因案例存在个体差异，三级主题会根据不同案例进行修改增删，但上文所设定的一级主题与二级主题可普遍适用于四个案例研究，因此下表仅统计一级主题与二级主题的资料来源与参考点数量情况，并展示总体编码参考点数的矩形式树状示意图（见表 5-2、图 5-7）。

表 5-2　超学科组织资料来源及一级、二级主题参考点数量

单位：项，个

一级主题	文献数量	参考点数目	二级主题	文献数量	参考点数目
组织文化层面	67	385	能力建设	13	98
			课程设置	67	176
			教学培养	9	30
			理念意识	34	81
组织制度层面	82	404	管理制度	24	112
			监督评估	53	201
			激励机制	17	91
组织架构层面	91	528	人力资源	85	156
			财力资源	81	204
			物力资源	96	168
组织动力与发展层面	56	261	领导型人物	7	79
			战略决策与规划	15	39
			内外部驱动	17	98
			发展趋势	38	45

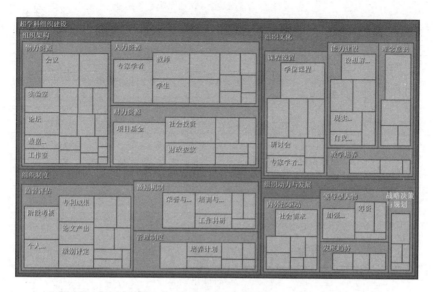

图 5-7　超学科组织组织建设总体编码节点数占比示意图

（二）案例编码的比较汇总

在完成总体编码节点矩阵图分析后，可观察得出超学科组织建设的主要内容和共同点，接下来需要以案例为单位具体分析每个超学科组织的不同特征，以便总结各个案例不同的建设方式与发展侧重点，因而将 NVivo 11 中四个案例的编码主题表截取主要内容和特色特征，并分别导出（见表 5-3、表 5-4、表 5-5、表 5-6）。

表 5-3　苏黎世联邦理工学院超学科实验室主要编码主题汇总表

一级主题	二级主题	三级主题	四级主题
组织文化层面	课程设置	继续教育课程	无
		讲习班	无
		师资培训课程	无
		暑假寒假课程	无
		线上课程	无

续表

一级主题	二级主题	三级主题	四级主题
组织文化层面	课程设置	学位课程	本科课程
			硕士课程
			博士课程
组织制度层面	激励机制	培训与发展机会激励	无
		荣誉与提升激励	职位晋升
组织架构层面	人力资源	成员	无
		合伙人	无
		校友	无
		战略咨询委员会	无
		主任	科学家/专家
	财力资源	项目基金	无
		学校拨款	无
	物力资源	工作室	无
		共享中心	无
		科研设备	无
		论坛	无
		实验室	无
组织动力与发展层面	内外部驱动	成员兴趣	无
		合作交流	无
		社会需求	无
	发展趋势	边界扩展	地域边界
			团队边界
			知识边界
		可持续发展	无

表 5-4　悉尼科技大学超学科生活实验室主要编码主题汇总表

一级主题	二级主题	三级主题	四级主题
组织文化层面	能力建设	概念实际应用	无
		共同构建问题	参与式观察
			访谈
			调查
		沟通价值	批判性思维
		设想解决方案与后果	系统映射
		现实世界研究	无
		自我反思	无
	理念意识	组织氛围	无
		个人价值	无
组织制度层面	管理制度	生命周期	无
		培养计划	无
	监督评估	个人参与度	无
		改进意见	无
组织架构层面	人力资源	教师	无
		合伙人	无
	财力资源	项目基金	无
		学校拨款	无
	物力资源	科研设备	无
		论坛	无
		实验室	无
组织动力与发展层面	内外部驱动	成员兴趣	无
		合作交流	无
		社会需求	无
	发展趋势	可持续发展	无

表5-5　得州理工大学超学科研究院主要编码主题汇总表

一级主题	二级主题	三级主题	四级主题
组织文化层面	能力建设	创新	无
		现实世界研究	无
组织制度层面	管理制度	知识产权	无
		培养计划	无
	监督评估	专利成果	无
		奖惩	无
	激励机制	奖学金催化计划	无
		目标激励	无
		培训与发展	无
		荣誉与提升	创新奖
			会议杰出奖
			杰出研究教授奖
			商业化卓越奖
组织架构层面	财力资源	项目基金	无
		学校拨款	无
		财政拨款	无
		公开募资	无
		科研贷款	无
		社会投资	无
		提案援助计划	无
		补贴	居住津贴
			旅行补助金
		项目收益	无
	物力资源	科研设置	材料表征中心
			地球分析
			计算中心
			生物中心
			影像中心

续表

一级主题	二级主题	三级主题	四级主题
组织架构层面	物力资源	论坛	无
		学术赛事	无
		商业化办公室	无
		实验室	无
		数据管理系统	无
		校园开放日	无
		出版物	无
		创新中心	无
		孵化平台	无
		工作室	无
		共享中心	无
		学术沙龙	无
组织动力与发展层面	战略决策与规划	产学研结合	无
		创新创业	
	内外部驱动	行业发展	无
		合作交流	无
		社会需求	无

表 5-6　瑞士科学院超学科网络中心建设情况主要编码主题汇总表

一级主题	二级主题	三级主题	四级主题
组织文化层面	课程设置	线上课程（MOOC）	无
		研讨会	无
		专家学者讲座	无
	教学培养	方法理论	无
		教学计划	无

续表

一级主题	二级主题	三级主题	四级主题
组织制度层面	管理制度	知识产权	无
		培养计划	无
	监督评估	合法有效性	无
		级别评定	无
		阶段考核	无
		论文产出	无
		信誉级别	无
		质量检测	无
		专利成果	无
组织架构层面	财力资源	项目基金	无
		财政拨款	无
		公开募资	无
		科研贷款	无
		社会投资	无
		项目收益	无
	物力资源	辅助工具	德尔菲法
			设计思维法
			批判法
			矩阵法
			结果空间框架法
			场景整合法
			系统方法
			故事回顾法
			维恩图工具法及其他
		论坛	无
		实验室	无
		数据管理系统	无
		出版物	无
		共享中心	无
		学术沙龙	无

　　由此可见，四个超学科组织虽然可被放在同一框架下进行分析，但每一个组织在建设过程中都有不同侧重点或是个体差异性导致的不同特征，例如苏黎世联邦理工学院超学科实验室比较注重组织文化层面的人才培养方面，因而其超学科课程的设计更加科学多样且覆盖广泛；悉尼科技大学的超学科组织考虑到学校情况与地区特色，侧重在关于社会公共问题的超学科项目过程中，通过具体实践去提高研究成员们的超学科能力；得州理工大学超学科组织主要利用学校现有资源与经验，在物力资源和财力资源方面较为成熟，且拥有较为系统的激励机制和产学研转化能力；超学科网络中心收纳了最全面的研究方法和工具，进一步规范了监督评估机制，因此它更多地体现了国家科学院在超学科研究领域的辅助指导功能。

六　超学科组织建设案例的分析

（一）苏黎世联邦理工学院超学科实验室

　　苏黎世联邦理工学院的超学科实验室隶属于学院的环境系统科学系，是在前院长彼得·爱德华兹（Peter Edwards）博士的倡议下于2013年成立的。其初衷在于使学院拥有一个内部实验室来不断加强科学与社会之间的联系，并希望该实验室可以在日后为学院开发相应的超学科教学课程，并提供超学科服务。该实验室于2013年启动，最初为期三年，后经不断发展而成为独立实验室。其总体编码参考点数占比如图5-8所示。

　　从图5-8可以看出，它的组织建设更多集中于组织文化层面当中的课程设置方面和组织架构层面当中的人力资源整合方面，即专注于组织的团队建设和人才培养，在组织建设中不断拓宽边界以寻求长远发展。以下是其主要特征。

　　1. 多层次多元化的团队组建模式

　　苏黎世联邦理工学院超学科实验室的稳定构成包括：主任3名，成员20名，合伙人14名，战略咨询委员会委员5名，校友若干名。为了更直观地分析超学科组织团队的组建模式，现将实验室成员以职位（主任、成员、合伙人、战略咨询委员会委员、校友），学科背景（环境系统、可持

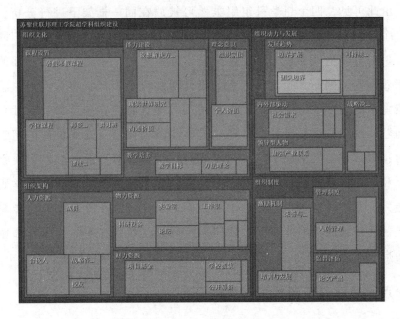

**图 5-8 苏黎世联邦理工学院超学科实验室建设情况
总体编码参考点数占比示意**

续发展、林业与环境研究、气候政策、人类社会学、人文地理学、生物学、文化研究、电气工程），职称学历（高级科学家、教授、博士后、博士、硕士），所属单位（格拉纳达大学、苏黎世联邦理工学院、剑桥大学、慕尼黑大学、能源研究中心、其他非欧洲地区）进行二级编码，分析其参考点数的情况（见图 5-9）。

苏黎世联邦理工学院超学科实验室会集了来自不同学科、专业和文化领域的研究人员、博士和硕士研究生及行政管理人员。设计师和 IT 专家也通过不同形式支持或参与到实验室研究当中。团队成员来源于瑞士和附近的其他欧洲国家，甚至远至哥伦比亚和美国，包括环境科学家、心理学家、哲学家、工程师、地理学家和人类学家等。这体现了团队组建模式上的多层次和多元化特征。超学科实验室由三位主任 Pius Krütli, Christian Pohl 和 Michael Stauffacher 共同管理，他们每年轮流作为超学科实验室的首席代表，共同开发新的超学科概念和方法，并反思其成果，以进一步开展超学科教学和研究。

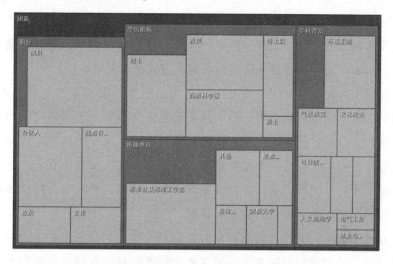

图 5-9 团队组建情况二级编码参考点数占比示意

2. 涵盖各阶段的超学科课程设置

在苏黎世联邦理工学院的超学科实验室，其课程的重点是自然科学，但也包括社会科学课程。由学生进行案例分析研究是超学科研究的主要形式，例如，一条河的生态恢复或是否要建一座风电场等。这里的超学科性意味着整合不同学科的知识。当面对现实世界的问题，如河流修复或风力公园时，不同的学科之间必须相互整合，学校之外的参与者也必须整合，且为达到对超学科人才多项能力培养的目标，实验室针对不同学习阶段，有不同形式的课程安排（见表 5-7）。

表 5-7 ETH 超学科实验室课程安排

学习阶段	课程名称	课程形式	课程周期	是否跨越学科壁垒	是否需要团队合作
本科	环境问题追踪	必修课	1 年	是	是
硕士研究生	超学科案例研究	选修课	1 学期	是	是
博士研究生	科学与现实的碰撞	冬季学校	8 天	是	是

在本科学习阶段，学生除了主要学习数学、物理、化学和生物学等基础课程，通常还要进行一个环境问题的案例研究。作为新人，他们不能在

个案研究中对具体学科知识做出显著贡献。因此，案例具有一定的基础性。例如，将系统动力学模型用于开发一个风力发电站的例子。此外，学生需要从相关的社会、法律、经济和环境方面，对利益相关者进行基本的分析，从而全面评估并最终决定建设或不建设风力发电站。

在硕士阶段，学生们专攻七个专业中的一个，比如森林和景观管理，动物科学或生物地球化学等。超学科实验室提供另一个案例研究作为选修辅修课程。目前，该案例研究正在进行修订，因为这一案例研究在早年的研究分析进程中是专为一个专业量身定做的，而现在来自所有七个专业和学院的学生在共同努力重新设计该案例研究，这样，所有专业的学生都可以在此案例研究中贡献他们的专业知识。

在博士阶段，开设"科学与实践"课程。这是超学科实验室为博士生们开设的一门为期两周的冬季学校课程，冬季学校的目标是为参与者提供知识和经验，与学术界以外的人们进行有益的对话，并为参与者提供时间和空间，让他们学习如何在科学与自己的研究之间建立有意义的联系，从而使广大公众受益。除了为超学科研究提供理论基础，超学科实验室还将提供机会使参与者们探索将要在自己的研究中实施的技巧和策略，以与社会公众互动。参与者将具有与利益相关者交流和互动的实践经验。该计划是为来自不同学科的博士研究生和博士后设计的，致力于与可持续发展相关的主题研究。

由于超学科研究所针对的问题大多属于社会重大问题或涉及多个领域的综合性复杂问题，苏黎世联邦理工学院找到最佳突破口即通过案例研究进行人才培养，并且根据不同学历水平的参与者设计难度不同、侧重点不同的学位课程，这种科学高效的培养方式也为学院超学科研究输送了源源不断的后备人才。

3. 开放边界的实验室科研模式

MIT 首先使用实验室（Living Lab）一词来指代集合创造、创新和服务的协作现实环境。作为超学科研究的核心机构，苏黎世联邦理工学院的超学科实验室也是一个具有启发性和创造力的学习空间，在这里，来自不同背景的人们得以聚合、分享想法并创造新知识。其超学科实验室的革新之处在于对不同形式壁垒的打破：首先是对实验室壁垒的打破，他们对三个规模不一的实验室做出长期合作的承诺；其次是对地域壁垒的打破，他们所合作的地域涉及城市地区、村庄以及岛屿等；最后是对研究者背景的打破，具体体现在生活实验室的研究过程中，他们致力于与居民、从业人员和利益相关者们共同努力以构建框架来分析问题，设计研究，制定并测试潜在的解决方案。下面将结合三个项目案例做简要说明。

第一个案例是在城市地区进行的创新城市生活形式的研究，研究方案主要为通过人类行为方式的改变减少资源消耗，从而提高生活质量并减少生态足迹（例如减少肉类订购量等）。该研究还通过制定建筑结构标准（例如减少停车位配置）等方式降低能源消耗。这些措施的结果是，该地区资源消耗比往年同期降低了25%，从而进一步验证了通过基本的行为转变来降低能耗的可行性。为了确保相应的措施在项目结束后得到广泛接受并继续有效，研究者们正在与感兴趣的居民和行政部门一起商榷制定长期计划。

第二个案例是在苏黎世附近的村庄维斯利科芬（Wislikofen）进行的燃料燃烧问题研究。此研究主要由超学科实验室的冬季学校学员完成。冬季学校的主要参与者是博士研究生，他们与村民进行沟通对话，对维斯利科芬的燃料燃烧问题做出评估并为解决该问题做出贡献。实验室通过这类案例研究，训练年轻的科学家与学术界以外的人们进行对话，让他们学习如何在科学和自己的研究领域之间与更广泛的社会公众建立有意义的联系。而实验室也通过冬季学校在维斯利科芬这一地区的反复实践，不断发展完善其超学科研究方法。

第三个案例是与塞舌尔大学的可持续发展实验室（SLL）进行合作。塞舌尔位于印度洋的西南部，该群岛也面临着诸多挑战，例如发展规模、资源和能力有限、与全球市场隔绝、面对气候变化影响的高度脆弱性和敏感性。因此，超学科实验室为来自塞舌尔的地方行政部门、私营部门、大学和社会等提供了一个学习和活动的共享平台。通过其在超学科实践层面积累的经验为塞舌尔地区提供案例研究和方法课程，并指导相关硕博群体进行论文写作与实习。它们的合作运行机制如图5-10所示。

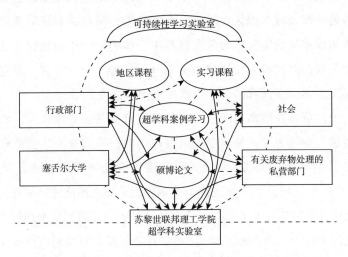

图 5-10 超学科实验室与可持续发展实验室合作机制①

在这些实验室合作中，苏黎世联邦理工学院超学科实验室还进行了可持续性领域的综合教学和研究活动，在案例研究中讨论了从废物管理到可持续消费或规划的各种主题。多年来，他们与政府行政部门、私营部门和民间社会等各类合作伙伴进行了合作。

（二）悉尼科技大学超学科生活实验室（UTS TDLL）

悉尼科技大学超学科生活实验室诞生于 2015 年。自成立后，该实验室通过引入超学科研究方法而不断促进实验室的创新与变革。其核心项目包括处理悉尼的食物垃圾并进行生产再利用。来自纺织、视觉传播等专业的学生和专家以及利益相关者组成四个到六个成员为一组的团队进行分工合作，以系统性的思维、批判性的反思和服务性的设计方法，共同制定计划措施，并进行三个阶段的超学科实践。② 该实验室倡导以可持续发展为导向的持续学习和适应挑战，此外，它鼓励参与者自主进行学习项目的构

---

① USYS. TdLab［EB/OL］.［2019-03-24］. https：//tdlab. usys. ethz. ch/livlabs/seychelles. html.

② Crosby A，Fam D M，Lopes A M. Wealth from waste：A transdisciplinary approach to design education［J］. A study of the multi-generational relationship with making through mediated designing in collaborative，digital environments，2017.

建，而不是每次主题都由学校提供。由图5-11可见，悉尼科技大学超学科组织专注于在组织文化层面通过超学科实践切实提高参与者的各项能力。

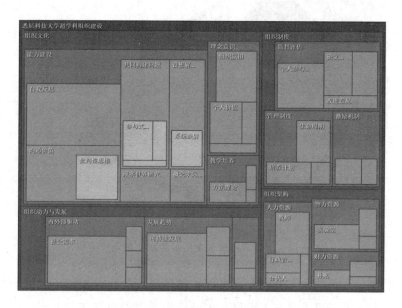

图5-11　悉尼科技大学超学科生活实验室建设情况
总体编码参考点数占比示意

悉尼科技大学（UTS）的"超学科生活实验室"（TDLL）所提出的"理想超学科过程"的概念围绕三个主要阶段进行。虽然系统性思考是超学科研究和实践中常用的方法，但它并不是核心组成部分。目前在TDLL使用的关键方法是整合技能，包括协作、沟通和知识整合①。现以悉尼科技大学废弃物价值生活实验室（Wealth from Waste Living Lab）为案例分析超学科组织的具体运行进程（见图5-12）。

1. 生活实验室的初始规划设计阶段

在此初始阶段，实验室邀请来自各个学科的研究人员和学生组建合作团队。他们主要通过个人视角审视所面临的问题，以锻炼其超学科问题的

---

① Wealth from waste [EB/OL]. [2017-06-10]. https://wealthfromwaste.wordpress.com.

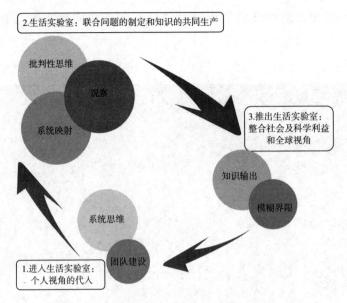

图 5-12　"废弃物价值生活实验室"的运行进程

设计技能，并培养参与者自我反思、系统思考、自我审视和环境识别的能力。在此阶段还要求参与者反思并记录他们计划如何合作，个人的优势和劣势，以及作为一个小组，他们将如何进行协作研究和决策。实验室首先邀请参与者从个人的角度来分析食物垃圾的生产和管理问题，对产生的食品废弃物进行拍摄、记录和定量计算。其后规范定义环境审核的概念并由参与者对大学进行环境审核。该环境审核工作培养并拓展了学生观察、绘图和制表的能力①。参与者们学会信任他们的感官和直觉②。从技能发展的超学科视角来看，审核练习使参与者学会分辨什么是有效数据，并且逐渐重视其自身观点。

2. 生活实验室的知识整合生产阶段

实验室通过第一阶段专注的技能培养帮助学生认识到"挖掘并确定你所处的位置"是一个可以作为成为处理复杂问题的优秀组织者的开始的绝

---

① Frascara J. Diagramming as a way of thinking ecologically ［J］. Visible Language，2001（02）.

② Hummels C C M. Teaching attitudes，skills，approaches，structures and tools ［M］. Amsterdam：BIS Publishers，2011：162-167.

佳方法①。一旦参与者反思并确定了自己在系统中的角色，下一阶段便开始进行协作和研究。当参与者们进入生活实验室，他们就会在其中扮演自己的角色并学会协调团队状态，从多学科的角度出发共同创造新的知识。其主要研究方法包括访谈、调查和参与式观察。这个阶段的生活实验室有以下特征。（1）批判性思维，倾听和反思对食物浪费问题的不同立场观点。例如实验室曾邀请来自地方议会的代表、新南威尔士州环境保护局的技术开发人员和悉尼科技大学设施管理人员共同提供对食物浪费问题的看法，并确定目前哪些方面正在进行创新，预计在不久的将来会发生的状况。这些利益相关者提供了多样化的观点、价值观和方法，从而培养学生的批判性思维和能力。（2）观察。在观察用于处理校园废弃物的基础设施系统，并听取废弃物管理人员（清洁工人等）的意见后，参与者们确定了主要的研究方法。各种形式的观察是迄今为止最常见的方法，它不仅在整个过程中至关重要，也是创建项目计划的必要条件。（3）系统映射。研究所涉及的一系列有关可视化的技能被广泛地定义为"系统映射"。在研究进程中，参与者们被引导进行系统思维练习。对于参与者来说，系统图表成为理解系统之间复杂关系所必需的用于记录超学科思维过程的组件。在此次案例研究中，以视觉方式审核和绘制废弃物系统图表成为一种行之有效的方法。

3. 生活实验室的后期评估及社会服务阶段

生活实验室的最后阶段要求参与者对科研实践的成果进行整合，证明此次科研的合理性以及设计面向团队的解决方案，并对解决方案进行可能性的影响评估，将研究结果转化为无障碍的知识产品输出。② 参与者在学习的最后阶段将审视自己在整个过程中获得的知识和超学科技能（如协作、多种形式的沟通和知识的整合等技能）。生活实验室希望通过反思学习的过程，为学生发展提供更广阔的视野，并鼓励他们将超学科实践的知识和技能运用于以后的研究中。

---

① Fry T. Design futuring［M］. University of New South Wales Press，Sydney，2009.

② D Fam，Palmer J，Riedy C，et al. Transdisciplinary Research and Practice for Sustainability Outcomes［M］. London：Routledge，2016：25-38.

（三）得州理工大学超学科研究院（TTU TRA）

得州理工大学超学科研究院的宗旨是促进卓越研究。该研究院将来自多个学科的方法、数据、理论和信息结合在一起，这对增进知识和解决实际问题来说至关重要。研究院提供种子资金来刺激这种类型的研究，以建立可持续的伙伴关系，并在教育和宣传方面推广超学科活动。研究院鼓励超学科团队根据研究计划，研究来自现实社会的复杂问题并提出对策建议，或在可能具有外部资金潜力的新领域发挥自身的实力。虽然大部分研究人员来自得州理工大学本部，但研究院仍鼓励团队与其他高校和机构的教职员工合作。2012 年，超学科研究院首次选择了 34 名成员成立了研究组，这些成员来自 9 个不同的机构，他们共同开发新的研究项目，为代理商和基金会撰写白皮书，或者制定计划以促进超学科的交流。参考图 5-13可以看出，得州理工大学超学科组织建设的特点在于其成熟的物力资源与财力资源整合系统，另外学校创新创业发展以及科研商业的高融合度也为超学科组织的发展提供了源源不断的动力。

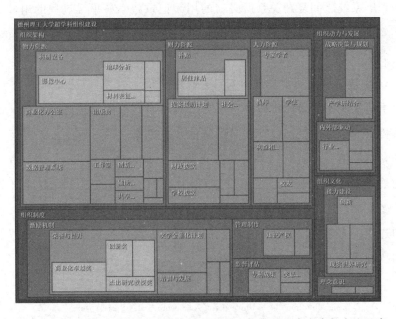

图 5-13　得州理工大学超学科研究院建设情况总体编码参考点数占比示意

1. 贯穿全程的经费支持体系

得州理工大学超学科研究经费的管理体系成熟。在超学科研究项目前期，团队可结合过去被授予的赠款、资助人和资助机会的相关数据，通过关键字词频或多层次搜索和跟踪功能确定新的资金来源，评估本项目的资助前景，并通过基于事实的决策确定最合适的项目成员和合作者，以提高筹资的成功率。之后团队可以与业界建立伙伴关系，以寻求解决实际问题的方法或开发需要超学科专业知识的创新产品或服务。

在超学科项目运行期间，为了帮助研究人员获得有竞争力的研究经费，研究院建立了许多内部支持计划。（1）提案援助计划。通常提供约4000美元的研究资金作为种子资金，以启动新的研究领域或重新提交以前被拒绝的提案。（2）奖学金催化剂计划。由校长、教务长和研究与创新办公室赞助，以促进艺术、人文或社会科学学院的创造性研究工作。（3）设立专项资金支付出版物的费用，以加快研究成果的传播。（4）差旅补助金。协助项目研究人员支付出席重大会议、访问交流或进行现场调研的费用。

在超学科项目研究后期，研究院设立了杰出研究奖、会议组织奖、商业化卓越奖以及创新奖等公开表彰在各领域因研究或创造性活动而受到认可的各个学科的个人和团队，以资助研究人员日后的科研活动。此外，研究院还组织了一个论坛，方便来自校园和社区的人员了解得州理工大学正在进行的各类高质量的研究创意活动。

2. 精确细致的资源管理系统

得州理工大学在资源管理与支持系统层面充分发挥了其领先学科的优势，早年因优势学科的发展而诞生的机器人与人工智能实验中心、服装与纺织研究所、农田试验场、太阳能利用研究中心和自然科学实验室等科研机构为超学科研究院提供了丰富的资源储备。

在核心设施和资源层面，得州理工大学各校区均提供许多核心设施和其他资源，以协助教职员工和学生进行研究。这些设施包含专用仪器并提供技术支持，一些核心设施甚至还提供配套的教学课程，以培训师生如何使用仪器。有关设施、工具以及这些设施的可供使用时间和服务的更多信息，可在官方网站上查询或通过设施负责人找到。这些设施来源于材料表征中心、生物技术与基因组学中心、影像中心、地球分析实验室、高性能计算中心和动物护理服务中心等。

在学术数据资源管理的层面，得州理工大学的图书馆数据管理团队向超学科的研究人员提供个别咨询，帮助教师制定数据管理计划，以申请研究经费和其他资助机会。数据管理团队会对数据进行专业评估，评估项目包括数据外观类型（数字数据、图像数据、文本序列还是建模数据）、数据增长速率、数据变化频率、数据受众对象、数据操控者（学生、教师还是共同所有人）、数据保留期限等。而一套科学有效的数据管理系统能有效地增强研究的影响力（影响研究的发现难度和相关性），节省时间，保存科研成果，维护数据的完整性，以及促进新的发现产生。

3. 良性长效的动力机制

得州理工大学的超学科研究院根据自身的优势特色为超学科研究提供了源源不断的动力。最主要的举措在于两个方面：一是促进创新创业的活动，二是促进科研与商业融合。

在促进创新创业的活动方面，超学科研究院与大学研究园区创新中心进行合作，该中心培养了大量创造社会或商业价值的企业家，还曾协助成立了对地区经济至关重要的技术创业公司，这些创业公司创造了 80% 以上的新型工作机会和新型行业解决方案。

在促进科研与商业融合方面，得州理工大学研究商业化办公室（ORC）为研究院提供了高效的技术转让支持。ORC 通过识别高潜力研究、确保专利权以及与有能力的商业伙伴执行许可协议的过程，促进研究院发明的商业使用，并发扬企业家精神，促进初创企业和西得克萨斯社区的经济发展。

（四）超学科网络中心（td-net）

超学科网络中心与上述三个案例有所不同，它不属于任何高校，而是一个非营利性质的国际组织。超学科网络中心每两年与各合作伙伴发起一次"国际超学科会议"，以促进来自世界各地的超学科学者的交流。另外，中心每两年还会组织一次"瑞士超学科交叉日"（ITD-CH）。结合图5-14，超学科网络中心的特征主要集中在以下三点。

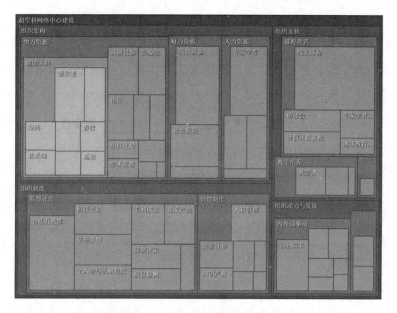

图 5-14　超学科网络中心建设情况总体编码参考点数占比示意

1. 科学严谨的监督评估体系

如何评估和提高超学科研究的质量，尤其是考量研究过程与其社会影响之间的关系，一直是学者关心的话题。大量研究结果显示超学科评估的标准和方法的重点应放在设计、过程和影响上。超学科研究的一个突出特征是研究人员和社会利益相关者之间的合作，以及这种合作可能带来的新知识和可持续的研究成果。而对超学科的评估主要看重四个关键方面，即相关性、信誉、合法性和有效性。

依据这四个关键方面，超学科网络中心对超学科研究提出了具体的评估体系。第一，制定评估项目流程。包括参与者的加入，不同知识源的整合及其与环境的联系。项目的质量取决于项目制定、执行和实施的参与程度及责任分担程度。第二，项目参与者要基于实践的特定环境评估项目的结果。在评估过程中，首先要确定评估的价值观，再把价值观归因于特定的项目产出、结果和影响。第三，收集项目内部和外部的影响条件，以及支持或阻碍项目成功实施的相关因素的信息。第四，分析成功的超学科研究过程及其产生的积极社会影响。

2. 新颖开放的课程形式

超学科网络中心汇集了发展中国家伙伴关系委员会、瑞士热带与公共卫生研究所、瑞士应用科学大学和苏黎世联邦理工学院的研究人员共同制作的大规模在线公开课程。该课程将超学科研究作为一种生活体验，内容涉及我们通过研究应对社会挑战的各种方式。这些课程在超学科理论和方法论的基础上，通过五个研究项目展示了应对复杂社会挑战的不同方式。这些项目涉及：（1）为游牧者提供医疗保健；（2）阿尔卑斯山地区水资源的短缺；（3）应对山区村庄的衰落；（4）劳务移民；（5）抗生素的耐药性应对。课程通过这些研究项目，使学习者熟悉超学科研究项目的主要研究阶段和研究步骤。

该课程无论整体还是部分，都可以很好地集成到研讨会、讲座、翻转课堂和其他形式中。它使来自不同学科的研究人员、学生都有机会学习如何为复杂的社会挑战寻找解决方案。课程作业形式包括讨论、测验和论文。这种课程学习，将为参与者科普超学科项目中的问题、研究阶段和研究步骤，超学科项目的陷阱和机遇，如何将超学科方法应用于社会相关问题等。

3. 种类多样的方法工具

超学科网络中心作为超学科研究工具和方法的在线辅导平台，囊括了最全面的超学科研究方法。它旨在以系统和可追溯的方式帮助科学和实践领域的专家与利益相关者之间建立合作，并针对超学科研究具有复杂性和多样性的特点，制作了在线工具搜索引擎，研究人员可以按研究问题或研究阶段有针对性地找到适合自己的工具和方法。

这些工具和方法包括德尔菲法（一种反馈匿名函询法，对所要预测的问题征询专家的意见）；设计思维法（一种使用视觉思维和原型设计框架来共同创造解决方案的方法）；批判法（支持利益相关者对专家提出的问题设计解决方案以及评估解决方案的社会和生态影响）；矩阵法（一种用于超学科项目和超学科项目的子部分之间共享知识的工具）；超越概念法（超越各学科、专业和文化界限交换观念与理解的启发式工具）；结果空间框架法（规划超学科项目中优先结果的框架）；场景整合法（通过使用方案规划，使参与者集体起草社会未来发展的可能性）；系统方法（一种基于系统思维的工具，用于建立对问题的共识，制定可能的改进措施并确定要实施的解决方案）；故事回顾法（一种定性方法，用于在评估过程中组合重要事件）；维恩图工具法（根据参与者的学科背景、专业知识和兴趣，围绕主题形成小组的示意图）等多种方法。当研究人员找到适配方法后，超学科网络中心还可以提供工具使用说明或是方法在线指导。

第三节 建设经验

通过对上述四个超学科组织案例的深入剖析，并参考 NVivo 软件的质性分析结果，对比分析不同案例的优劣势，现将知识生产模式Ⅲ背景下国外超学科组织的建设经验归纳如下。

一 设计全面立体的人才培养方案

知识生产模式Ⅲ背景下，大学与社会经济的联系日益紧密，这使基础研究、应用研究与实践开发三者达到了一种平衡的状态，具体表现为大学与企业共同构建了以知识为导向，具有科研协同网络属性的团队组织。这样的团队组织例如超学科组织颇为注重学术文化与价值，组织建设不仅要达到知识创新最大化的目标，还要兼顾所创造的商业利润与价值，因此超学科组织在组织成员的能力培养、对应的课程设置以及教学模式方面都体现了对协同合作及创新的重视，并鼓励支持个体进行终身学习并接受继续教育。

首先，加强对超学科研究人员的能力培养。超学科的研究发展不能离开参与者的共同协作，但超学科的研究目标和发展进程不断对参与研究的人员提出更高水平的能力要求，笔者总结超学科组织的四个案例经验得出其对于参与者的能力素质主要有以下六个方面的要求。（1）沟通交流。研究者能够在与可持续发展概念相关的主题下交流探讨共同价值。（2）反思自我和他人。研究者反思自己与其他人对可持续发展的看法。（3）在现实世界中应用概念。研究者能够适当地应用针对特定情况的概念知识，同时锻炼实践技能（例如项目组织和时间管理）以完成所要求的最终成果。（4）与他人共同解构复杂问题。通过探究一个现实世界的问题及与之相随的冲突和不确定性，研究者能够与观点相反的人共同确定并解构相关问题。（5）在现实世界中进行研究。研究者能够将现实世界中的问题转化为可行的研究问题，他们还能选取适当的研究方法来调查这些问题并共同产出知识。（6）设计解决方案。研究者能够为解决现实世界的问题开发方案，同时对这些解决方案的可能后果承担责任。例如悉尼科技大学超学科生活实验室在研究的第二阶段开始培养参与者的观察和批判性思维能力，这些在现实世界中进行研究的技能，对于参与者来说仍然是一个重大挑战。对悉尼科技大学超学科生活实验室参与者研究过程的分析表明，将多个视角融入一个最终研究设计中是非常具有挑战性的。因此，超学科组织要求参与者们必须达到超学科研究所需的六个方面的要求，尤其是对于解决方案可能产生的潜在问题有一定的预估能力。

其次，建立匹配的课程体系。在人才培养的能力建设中提出的新要求也为超学科课程设计规划提供了目标。从欧洲两所老牌大学的超学科组织可以看出，除了根据不同阶段学生的理解接受能力完善其在本科、硕士、博士各个学位阶段以及继续教育阶段的超学科课程规划与设置外，苏黎世联邦理工学院超学科组织还独创性地开发了冬季学校和暑假学校。不仅如此，其在与塞舌尔大学的合作中还共同开发了针对当地学生的地区课程与实习课程。而瑞士科学院超学科网络中心首次开设了超学科网上慕课课程，悉尼科技大学则针对研究课题领域开设了超学科组织的岗前培训课程，得州理工大学超学科研究院依据自身学科优势，针对超学科研究可能用到的方法工具而特别开设课程对参与者进行指导。综上所述，现有的超学科课程呈现出因地制宜、形式灵活和贯穿始终的特点。

最后，改变现有的教学模式。超学科研究能力培养的每个方面都对研究者提出了新的学习目标，这也成为设计超学科课程的教学目标、教学计划和教学方法的基础。在为超学科人才规划设计不同阶段和不同层次的超学科课程的同时，超学科的师资培养也需要同步进行。例如苏黎世联邦理工学院超学科实验室不再遵循传统的"教师教，学生学"的授课模式，而是将实验室打造成一个具有启发性和创造性的学习空间；悉尼科技大学的实验室将授课模式转化为师生与专家形成的小团队在调研过程中完成知识构建；瑞士科学院的超学科网络中心集合多个地区不同机构的专家学者共同打造超学科的教学计划与目标，教学方式也呈现出研讨会、讲座和翻转课堂等形式，通过在线指导和教学的模式让超学科教学过程成为一种生活体验。

二　建立科学有效的管理体系

知识生产模式Ⅲ的发展对学术研究产生了深远的影响，新的知识生产模式推动着超学科组织的管理制度、监督评估以及激励机制的不断改革完善。因此，超学科组织需要对多种组织行为主体以及多维度要素聚合和调配，在制度建设方面总体表现出系统全面、标准多元化以及方式多样化的特征。

首先，建立完善的组织管理制度。在对国外超学科组织的案例研究中可以发现，管理制度的建立直接影响了组织运作的效率与规范程度。此处提及的制度管理包括：（1）人员的管理（包括对参与者的培养计划、调动和分配以及学术科研规范做出相应的要求）；（2）机构的管理（包括起草修订组织手册、组织的日常维护措施等）；（3）成果的管理（包括知识产权保护，成果转化方式与效率等）。例如得州理工大学超学科组织在成立之初会通过成员共同撰写白皮书以制定组织规范，另外其内部也针对知识产权保护和成果转化问题分设了职能部门，通过设立实体机构以有效地解决超学科组织成果管理的问题。

其次，建立科学的组织监督评估机制。参考以往的学科评估方法，评估要素不外乎论文产出、专利数量、所获学分、质量检测或是阶段考核水平。而超学科组织鉴于其不同的阶段运作流程，参考瑞士科学院超学科网络中心公布的评价体系，其评估的标准和方法重点在于超学科组织的研究设计、研究过程和研究影响等三个方面，因而除了上文提到的量化指标，还需关注参与者对项目制定、执行和实施的参与程度与责任分担等，这使超学科组织的评价过程更为复杂也更加全面科学。

最后，形成有效的组织激励机制。有效的激励机制将使组织的功能发挥最大化。因此，组织激励的标准应规范化，激励的方式应多样化。应有效融合参与激励、培训与发展机会激励、荣誉与提升激励等方式，以调动组织成员的积极性。即在超学科组织发展过程中适时考虑成员个人的需要、职业规划、能力与素质等，形成全过程的激励模式而不仅局限在阶段性评价激励，并对突出人才适时实施个人发展促进计划程序，使激励机制涵盖不同个体，激励作用更加长效。

三 形成系统高效的资源整合体系

知识生产模式Ⅲ作为一种知识创新生态系统具有多维聚合性，这种多维聚合性具体体现为多边、多层次、多形态等特征，例如在地域空间维度上有地方、国家、超国家等聚合形态，在研究维度上也分为研发和科技创新等多方面。参照知识生产模式Ⅲ与超学科研究的映射关系，超学科组织的建设过程也是对主体和客体多维度资源的全方位整合。

首先，对人力资源的整合。科研人员是跨学科组织的核心要素，四个超学科组织的人员构成都具有广域多样化的特点。它们基本都集结了本领域优秀的科学家、教师、硕博群体、利益相关者和社会公众等人员，这些参与者来自不同的地域，具有不同的研究领域和文化水平，扮演着不同的社会角色。在悉尼科技大学超学科生活实验室，研究人员在团队内角色的认知与确定是人员整合过程中非常重要的一环，完成这一步才能保证组织的协调运行。

其次，对财力资源的整合。即对于财政问题的统筹规划（包括对国家项目基金、学校拨款、生活补贴、个人或项目贷款、社会投资、校友捐赠及项目收益的申请与管理体系）。在财政规划方面，得州理工大学超学科研究院不仅提供种子基金以促进研究的发展，更建立了贯穿项目研究过程始终的经费支持体系，同时研究者也可以通过得州理工大学自建的搜索引擎分析未来的资金来源，这使项目的拨款率得到显著提升。除此之外，研究院的各类支持计划涵盖了超学科研究的项目资金、差旅费用、出版费用和居住津贴等，从而在各个方面减轻研究人员的财政负担。

最后，对物力资源的整合。在物力资源的统计与分配方面（包括学术资源、科研设备、实验室、工作室、数据平台、共享中心与会议室等资源），苏黎世联邦理工学院超学科实验室通过与各地区实验室的合作实现学习与研究的共享平台建设，并无偿地分享实验室的超学科案例经验和理论成果。有学者曾将超学科组织比喻成会聚各类人才，发出各类声音，整合和创新多种知识的开放型社群。正因为超学科组织相较于以往的学术组织更加敢于打破学术、地域以及文化等壁垒，所以它开展活动的形式也更加丰富。例如国际性的论坛或会议、冬令营、夏令营、各种规格的研讨会、学术沙龙或讲习班等。在几个国际性超学科组织的领导下，世界超学科大会一直定期举行，瑞士的超学科组织会组织冬令营或夏令营，超学科团队会到目标地区进行走访调研，以形成与当地行政部门和居民的良好互动机制。此外悉尼科技大学和得州理工大学则开展了不同主题的讲习班和学术沙龙，以进一步打破超学科研究人员之间的知识与思维隔阂。

四　建立可持续发展的长效机制

在知识生产模式Ⅲ的"大学—产业—政府—社会"四螺旋动力机制的作用下，超学科组织建设过程也相应显现出知识性与公益性相统一的发展趋势，知识生产不仅服务于学术共同体的兴趣需求，同时也要考虑社会层面的其他利益主体，包括但不限于这些利益相关者们的价值观、生活方式、交际方式和发展诉求等，这需要超学科组织研究者们以长远的眼光为组织设定兼顾自身发展与社会公益的目标，保持对社会发展趋势预测的敏感度，通过变革与创新寻求组织发展的长效机制。

社会面临可持续发展的挑战，需要选择恰当的研究方法高效地应对这些问题。由于可持续发展领域的研究是问题驱动且以提供问题解决方案为目标的，故而在许多情况下，旨在弥合解决问题和科学创新两者之间差距的超学科研究是可持续发展议题的最优解决路径。例如在苏黎世联邦理工学院的历年冬季学校中，博士生参与的超学科课题大部分都涉及区域生态发展或居住环境改善等议题；悉尼科技大学的废弃物生活实验室也通过超学科研究方法探究经济发展与生态保护之间的平衡点。

另外，超学科组织也积极探寻一种长效机制以促进其长远发展。如悉尼科技大学超学科生活实验室项目的参与者在学习的最后阶段将审视自己在整个研究过程中获得的知识和超学科技能，这样，当他们以原本的普通人、学者或专业人士身份退出实验室时，仍可以将他们对于可持续发展的研究以及超学科的知识和实践技能应用于社会生活中，以应对未来的工作和社会变革。

第四节　对我国的启示和借鉴

我国目前存在诸多类型的学科组织，除教研室一类的基层学术组织外，还存在科学研究所、学科创新平台、重点实验室、联合实验室和协同创新中心等形式的交叉学科或跨学科组织。然而在社会变革与知识生产模式Ⅲ的背景下，我国现存的学术组织逐渐暴露出组织定位模糊、组织内部分工不明确、组织制度不完善以及组织资源浪费等问题。本研究的四个国外超学科组织案例的不同行为主体通过多种维度的协同创新和共同演进，推动知识生产资源的生成、分配和最终的应用，形成形态各异的知识网络集群，促进资源的动态优化整合。具体到超学科组织建设过程中，来自不同学科的参与者需要以一种共同的语言进行问题陈述，并以一种共同认可的研究范式开展研究。现从组织文化、组织规划与制度、组织动力与发展等三个层面阐述国外超学科组织建设的经验对我国的启示。

一　组织文化层面：巩固人才中心地位，发挥组织优势特色

人才资源作为经济社会发展首要资源的特征越发明显，我国也一直将实施人才强国战略作为党和国家的重大战略决策。从知识生产模式Ⅲ的角度看，要推动政治、经济、文化各方面的社会变革，促进现代社会知识生产，就需要巩固人才中心地位，以人为本，重视个人价值，发掘每个人的才能与特长。而四螺旋中"社会公众"的引入，也启示我们在组织建设过程中，知识生产和创新不应仅限于科研工作者的参与，而应是多种社会主体的协同演进，尊重多领域人才也为组织发展提供了有利的文化氛围和基础环境。

（一）营造积极的组织氛围，树立长远的人才培养目标

组织的文化氛围对于组织发展以及组织内部成员有着直接的影响。营造积极健康的组织氛围需要从以下两方面入手。一是要明确组织的创建宗旨与原则，这对于组织内部的人才培养和组织发展方向起决定性作用。在知识生产模式Ⅲ的背景下，知识生产要遵循自身逻辑与人类发展的规律，

才能保证知识产品与服务的价值与品质，从而避免对绩效和经济效益的过分追逐。二是要妥善处理组织与个人之间的关系，在组织建立初期以及团队建设过程中充分考虑个人价值理念与组织建设宗旨是否匹配，营造鼓励交流合作的组织氛围的同时也要将"以人为本"的理念注入组织文化建设中，对于个体价值的关注与尊重将有效提高个体的自我效能感，从而在组织建设过程中将个人价值发挥到最大。

解决重大社会问题时，要使参与者具有社会责任感和危机意识，使其做好准备以应对未来复杂且不确定的现实世界问题；在知识传授过程中，要引导参与者广泛地学习各领域的知识技术，为今后市场对于具有超学科性、协作性和全球性特征人才的需求做好准备；要培养参与者有效参与各种合作组织的能力，培养其识别、构建和解决跨越学科界限的重要实际问题所需的综合思维和技能，使其养成终身学习的能力和习惯；积极培养成员的学术共同体意识，增强参与者的身份认同感，这也是形成学术文化、产业文化和超学科文化的重要因素。

（二）建设完备的课程体系，倡导多样化的教学方式

超学科组织在动力机制中最新引入的第四重螺旋——社会公众，体现了变革与创新的主体范围在不断扩大的趋势，这对我国教育发展提出的要求是要尊重主体多元化和个体差异性，在课程设置和教学方式上要以多样化的方式鼓励主体的个性化发展，彰显其自身优势特色。无论基础性课程的设置还是综合性课程的开发，在课程设计之初都应尤其重视课程受众之间的差异与交流，将来自不同学科的研究人员聚集在一起，根据研究问题的理论框架，完成自本科至博士学位阶段的超学科课程的设计规划，课程设置同样要兼顾继续教育阶段。组织成员合作研究能力的培养，可以通过暑期学校或冬令营等形式，针对实际案例开展小组调研。另外，随着"互联网+教育"的发展，慕课（MOOC）这种网络在线课程也成为帮助学习者克服时空限制的学习途径，同时慕课"免费、分享、合作"的价值观也符合现阶段学习者的需求，因此可以尝试以慕课平台为媒介进行知识与观点的分享交流。此外，还应注重地方课程和校本课程的开发，在研发过程中有效地整合地方与社区环境的资源，凸显所在社区和学校的自身特色，

从而帮助学习者以社会复杂问题为切入点开启超学科的学习和探究。

国外超学科组织的发展模式打破了曾经存在于国家之间、组织之间和学科之间的壁垒，为来自各个领域、拥有各种身份的学习者提供了一个整合资源并形成新知识的场所。在国外超学科的案例中，超学科组织一般采取在社区或大学开设讲习班的方式为参与者们提供开展经验交流和学习的创新场所，讲习班的成员来自各个阶层，既包括大学的师生，也包括大学以外的科研机构和企业界的研究人员、政府部门的管理者以及普通群众。讲习班的教学方式灵活，具体采用翻转课堂、文化沙龙、研讨会等形式进行知识传授或分享。

（三）发挥组织主导型人物的核心作用

组织主导者的领导能力对于组织的运作效率和长效发展而言是至关重要的，有效的组织领导行为将激励参与者们跟随领导者共同研究以达成组织目标，而不是盲目简单地服从。在知识生产模式Ⅲ的影响下，知识生产的主体范围不断扩大，知识生产场所日渐增加，新兴知识机构不断涌现，这要求组织的领导者应具有较强的灵活度和敏捷性以适应正在发生的变革。综观国外超学科组织的领导者可以发现，优秀的组织领导者需要具备：科学决策的谋略能力，这要求领导者不仅要对全局工作有长远规划，更要在组织运行过程中集思广益，严谨认真；处理冲突的能力，这要求领导者能够通过日常的交流充分掌握参与者们的价值观、需求期望以及对待问题的看法等；凝聚成员的组织能力，领导者需要通过自身影响力、号召力和凝聚力，有效提高组织决策效率；工作创新能力，在组织中领导者需要根据不断变化的研究现状灵活制定方案，这需要具有创新意识的人才引领组织的变革发展；现状诊断力，即领导者要有较高的观察能力、获取信息的能力和信息加工的能力。除了以上方面，在具体的超学科组织建设实践中，组织主导者还需要具有引领学科方向、吸引招揽人才、加强组织与产业行业之间的联系以及筹集经费的能力。

二　组织规划与制度层面：优化组织管理结构，实现组织资源整合

知识生产模式Ⅲ是一个具有多形态、多节点、多主体、多层次特征的创新知识生态系统，它通过融合现存的创新网络与知识集群，对人力资本、知识资本、社会资本和金融资本等进行优化整合。在组织建设过程中，面对现存的多维度资源，超学科组织需要科学设定组织管理制度，高效利用多种资源，促进知识创新与再生产。

（一）打造"数据云"管理网络，推动多维度资源整合

"集群"、"网络"和"创新生态系统"是知识生产模式Ⅲ的三个核心要素，其中，"集群"包括地域集群、部门集群和知识集群；"网络"是不同种类集群的联合体；"创新生态系统"则是在长期的协同演进后，各要素之间相互作用的资源共同体。在知识生产模式Ⅲ的背景下，面对复合化程度不断加强的数据生态系统以及数据资源平台的涌现，以"数据云"的方式实现资源管理网络化必将成为超学科组织发展的重要竞争力。在得州理工大学的超学科组织发展过程中，他们就已经将资源管理进行网络数据化处理，不仅避免了资源闲置浪费，而且可以进一步提供数据挖掘、数据分析、数据整合以及数据分配的专业指导。

打造"数据云"应包含但不限于以下方面。一是人力资源的整合，如人员的背景、领域、专长特质、聘用、培养、分配和升迁调动等。二是财力资源的整合，对于申请国家项目基金、项目贷款、生活补贴、学校拨款等的个人或组织要有明确清晰的申请流程与考核要求。三是物力资源的整合，每个学术组织都会面临学术数据资源、科研设备、工作室、实验室等资源的管理，针对设备与场地类的管理，组织可以通过建设物联网系统实时采集需要监控、连接、互动的物品的位置、性能和状态等信息，找寻实施网络化的各种可能性与途径，实现物与物、物与人的内在关系连接，以这样的方式达到对资源的智能化感知、识别与管理，从而有效地提高资源的利用率，减少人力投入，简化管理流程。另外对于数据资源的管理，建议各组织可以与院校图书馆或专业数据管理机构合作，对数据进行专业评

估，评估内容包括数据外观类型、数据增长速率、数据变化频率、数据受众对象、数据操控者和数据保留期限等。一套科学有效的数据管理系统将有效增加研究影响力，减少科研投入时间，维护数据完整性，促进新知识的发现。

（二）注重第四重螺旋，构建全面评估体系

评估评价体系的功能不只是衡量科研产出成果，还应该包括对组织建构、组织运行过程以及组织的发展与影响进行评估判断。在知识生产模式Ⅲ的背景下，超学科组织接受评估和监督的范围进一步扩大，不仅包括大学、产业和政府这三方评价主体，社会中广泛存在的利益相关者都可以成为组织在进行知识生产过程中的监督者和评价者。我国学科组织的评价体系往往更注重对组织产出成果的评估，而综观国外超学科组织，在组织建构之初，需要评估组织成员的构成是否科学以及角色、任务分配是否合理等问题；在组织运行过程中，需要观察成员在组织中的活跃程度与贡献程度，考察成员们是否有全局观念及责任意识，团队内部的整合效果如何，团队领导者是否发挥了领导与配置的职能，大家能否求同存异发扬集体协作精神等方面；在组织发展后期对组织进行成果评估，常见的评价指标有论文数量、专利数量、学分获得情况、质量检测报告以及阶段性考核等量化分析要素。并且可以尝试加入较为客观的第三方评审，在评审过程中要做到对评审标准、评审专家和评价结果等信息全程公开、公示，切实保证科技成果评审评估的公正性、客观性和权威性。定期的第三方系统性评估将对超学科组织形成有效的监督机制，对于未达标的"僵尸型"学术组织可依据评估结果决定是否继续保留。另外需要强调的是，超学科组织的研究目标以及评价标准和指标都是随着知识生产模式的转型而不断发展的，这就要求我们要随着现实情况的变化不断地调整评估标准或评估策略。

（三）保护知识产权，创新激励机制

知识经济时代，知识日渐成为人类社会发展进步的主要推动力。在知识生产模式Ⅲ的生产活动中，知识集群不断向广域化演进，创新网络也体现出竞争与协同合作并存的特征，在不同层次的网络界面，知识创新时时

都在发生。在我国超学科组织的建设过程中，要通过完善组织规范以及相关的法律来明确知识产权的归属，避免出现知识产权纠纷。特别是当今知识生产出现越来越多的组织间协作，组织团队与个人之间知识产权归属问题也应予以明确。对知识产权的保护是对研究人员基本权益的保障，将有效提高参与者们的研究热情和积极性。

建立人员激励机制，首先要做到对研究人员群体的全面覆盖。给予的嘉奖和激励不应因研究人员的所属单位和职称资历的不同而区别对待，而应依据每个个体在团队中的贡献程度。另外，激励要以不同的形式存在于研究过程的各个阶段，例如在组织运行之初，学校层面可以为其提供种子基金或启动基金，帮助组织正常起步运转；还可通过申请项目基金、生活补贴、科研贷款、社会投资和校友捐赠等方式解决科研进程中的资金难题。另外，在给予科研人员物质激励的同时，应进一步强化精神激励，大力培育尊重知识、尊重人才的科研环境与学风。一个优秀的超学科组织会让参与者们在其中重新塑造他们的个人和职业抱负，要为科研人员量身定做人才培养或发展计划，打通职称晋升渠道，从而激发科研人员的科研积极性，有效推动知识生产进程。

三　组织动力与发展层面：形成多方联动机制，促进组织长效发展

知识生产的不同阶段也代表了个人学术兴趣、产业经济利益和社会公共利益的不同需求。这些需求共同构成了超学科组织的发展动力。

（一）挖掘个人学术兴趣，发挥知识协同效应

在全球学术资本主义浪潮下，学术组织发展的动力更多来源于实现知识的经济价值，而不是基于对知识本身的探索。因此，超学科组织建立的目的正是在知识生产模式变革的背景下以社会重大问题为导向，突出研究者的主体地位，发掘个人学术兴趣，激发研究热情，以促进知识创新和社会的可持续发展。

知识建构是一个创建、分享个人知识并不断修正公共知识的过程。在此过程中，超学科组织通过引入"协同知识建构"的理念为组织建设汇入

源源不断的动力。知识协同效应有以下特征：注重与个人已有的知识与经验相结合；关注个体与集体的双重建构；以知识和观念的持续改进为最终目标；强调协作中的共同目标与共同参与；强调建构任务的情境性。该效应体现了以学习者为中心的建设理念，以学习者的实际需求为出发点，激发学习者自身的潜能，既注重个体建构，又强调组织集体，最终推动超学科组织的优化发展。

（二）激励创新创业，加强科学与产业良性互动

当前我国经济正处在转变发展方式、优化经济结构、转换增长动力的攻关期。习近平总书记在党的十九大报告中明确提出，"深化科技体制改革，建立以企业为主体、市场为导向、产学研深度融合的技术创新体系，加强对中小企业创新的支持，促进科技成果转化"①。产学研深度融合，是深化科技体制改革的一项重要内容，在宏观层面能推动经济增长方式由要素驱动向创新驱动转变，在微观层面能实现企业、高校和科研院所等产学研主体的深度融合，形成创新合力。根据国外超学科组织的建设经验，推动科学与产业良性互动需要注意以下方面。

一是要加大对科技创新和自主创业的扶持力度，可以通过建设创新创业孵化器为处于创业起步阶段的科研人员提供创业者培训、孵化投资、技术支持和运营管理、产品设计与发展策略等帮助，通过传授企业运营意识降低创业风险，从而建设"科研人员/科研机构+基金+场地"的孵化器模式。二是在科研活动与行业企业之间搭建桥梁。超学科组织要充分利用全球化的先进信息系统和科学技术手段，构建全面的、面向社会公众的产学研信息采集和汇总发布网络平台；建立产学研深度融合项目评估信息网络，为企业、高校和社会公众提供有关合作项目的技术咨询、产业动向和市场报价信息，打造集咨询、检索、申请、评估、审批、交易、投融资等功能于一体且具有权威性的产学研服务平台。

---

① 习近平. 决胜全面建成小康社会夺取新时代中国特色社会主义伟大胜利——在中国共产党第十九次全国代表大会上的报告 [R]. 2017.

（三）明确政府职责，积极引入第三方力量

政府在组织建设发展中的角色定位兼顾服务功能和指导功能，同时它也是国家与学校和组织之间的联系纽带。在超学科组织建设过程中，政府需要分析国家政策导向并做出判断，即在明确国家建设目标与方案后，结合所在地方的经济社会形势，对组织发展提供政策支持和平台建设，进一步在人员、财政、物资等层面面向学校与组织进行资源调节与分配。

知识生产模式Ⅲ的四螺旋动力机制相比之前的三螺旋动力机制吸收了社会作为知识生产的主体，将知识发展的内部驱动与公共利益紧密相连，由此社会资源的分配以及社会对知识的认知也在很大程度上受到社会参与者的影响。四螺旋的参与群体打破了国界、区域、职业和文化的束缚，共同参与知识的生长和创新。而在超学科组织建设过程中出于对社会公共利益的考虑，我们需要不断创新变革组织建设模式，引领社会健康发展，促进文化、价值等因素的融合，构建创新型的生态环境，从而推动经济社会的可持续性发展。

第六章　我国一流学科建设
面临的机遇与挑战

　　学科作为大学基本的知识生产单位，在知识生产中扮演着极其重要的角色，它是大学生产各种知识及其产品的"车间"。因此，各方都极其重视学科建设尤其是一流学科建设。而现有的研究表明，一流学科建设与知识生产模式转型存在相互映射、相互依存的共轭关系。① 尤其值得注意的是，知识生产模式的现代转型对于一流学科建设产生了极其深刻的影响，具体表现为对于一流学科建设的主体（谁来建）、建设客体（建什么）以及建设载体（如何建）等三方面产生的影响。

第一节　知识生产模式转型对我国
一流学科建设的影响

一　知识生产模式转型对我国一流学科建设主体的影响

　　由于知识生产模式Ⅱ、知识生产模式Ⅲ相较知识生产模式Ⅰ，更加强调知识生产的社会弥散性、学科知识的实际应用性以及知识生产来源的广泛性等，因此知识生产模式的转型使大学、企业和政府的界限变得相对模糊，这使得当下一流学科建设应由传统的知识生产模式Ⅰ下的单螺旋动力机制（强调学科建设主体的单一性、同质性）转向更加强调知识生产模式Ⅱ下的三螺旋动力机制（强调学科建设主体的多样性、异质性），甚至知识生产模式Ⅲ

---

　　① 杨岭，毕宪顺."双一流"建设的内涵与基本特征［J］.大学教育科学，2017（04）.

下的四重螺旋动力机制（强调学科建设主体的关联性、公益性）。此时，一流学科建设主体已不再仅仅存在于学科共同体内部，而是涉及范围更为广泛的"大学—产业—政府—社会"，即新知识生产模式的出现，使一流学科建设主体不断扩充，一流学科建设已不是大学这一单一主体能独立完成的，还需要发挥多方主体建设的合力。而这一扩充又使一流学科建设与发展的动因从单纯个人学术兴趣逐渐拓展为产业经济利益和社会公共利益。[①]

二　知识生产模式转型对一流学科建设客体的影响

在当今知识生产模式快速转型的时期，知识生产的异质性与融合性成为知识生产模式现代转型的关键所在，也是一流学科建设客体进一步丰富的内在动力。这就要求我们积极关注知识生产模式转型背景下，一流学科建设内容的不断扩展、丰富甚至复杂，即关注一流学科建设客体由单一化、简单化逐渐走向异质化、复杂化的新兴趋势。具体而言，模式Ⅰ存在于"象牙塔"内，注重学科建设中学科自身的发展；模式Ⅱ强调社会弥散性，使当代大学面临理念和结构危机，强调学科建设中学科的应用性和现实性；模式Ⅲ产生于范围更广阔的社会网络系统，是自然社会环境下的可持续发展要求，使大学在知识生产和文明引领上重新站到了重要位置，强调学科建设中的公益性等。随着知识生产模式的现代转型，对世界一流学科建设客体而言，尤其应当强调学科在价值观念、制度文明和科学技术等多方面对于人类进步的贡献度。当前，人类面临诸多困境，如果世界一流学科不具备推动人类社会进步的能力，怎么能称为世界一流学科呢？[②] 因此，在知识生产模式转型的影响下，一流学科建设应尤为关注其在帮助解决人类面临的困境、影响和改变人类社会进程的能力提升方面的作用。

三　知识生产模式转型对一流学科建设载体的影响

由于知识生产模式转型与一流学科建设存在相互依存的关系，那么从

---

① 黄瑶，王铭."三螺旋"到"四螺旋"：知识生产模式的动力机制演变 [J]. 教育发展研究，2018（01）.

② Cooper I. Transgressing discipline boundaries: is BEQUEST an example of the new production of knowledge? [J]. Building Research & Information，2002（02）.

知识生产模式的现代转型中探寻一流学科建设的举措（即一流学科建设载体）是较为明智的选择。区别于传统的知识生产模式 I，知识生产模式 II 下的跨学科形式重新创造了学科发展的情境，其知识生产方式呈现社会弥散性①，而知识生产模式 III 下的大学知识生产情境是跨学科、跨组织的，注重破除大学、企业、政府深度合作的体制壁垒，构建各类利益相关者之间的知识联盟。② 因此，知识生产模式转型使各高校注重一流学科建设载体的创新。但在此背景下，并非所有学科都遵循"单学科—多学科—跨学科—交叉学科—超学科"的演变规律，其中存在递进式和跨越式超越，一流学科亦是如此。这就要求一流学科建设注重将普遍性与特殊性相结合，既要"弱化"知识生产模式 I 下"故步自封"的学科建设方法，又要注重顺应知识生产模式 II 与知识生产模式 III 的现代转型，在建设方式上强调学科交叉、学科融合以及跨学科平台的搭建，使一流学科建设面向市场、面向社会重大需求，引导"双一流"建设高校在推进学科导向研究的同时，重视并推进问题导向、跨界行动的研究。而且知识生产模式 I、知识生产模式 II、知识生产模式 III 之间并不是非此即彼的关系，三者之间是可以相互结合的，因此，不同类型一流学科的建设载体也可以有其特色和特殊性。

第二节　面临的挑战

知识生产模式在应用语境、跨学科、非线性等方面的多重转型，引发了一流学科建设的一系列变革。从国外的经验看，世界一流大学之所以能够在一流学科建设方面取得突出成就，都源于它们能够积极应对知识生产模式转型带来的挑战，并采取一系列切实可行、有针对性的措施（如调整办学理念、选择正确的学科方向、重组学术机构及变革相关机制体制等）。但对比世界一流大学，我国的一流学科建设存在迎合大学排行榜口径与评估指标体系和执着于 ESI 学科、国家重点学科排名等不良现象。因此，知

---

① 蒋文昭. 基于模式3的大学知识生产方式变革 [J]. 黑龙江高教研究，2017（04）.
② 刘小强，彭颖晖. 一流学科建设就是建设一流的学科生产能力 [J]. 学位与研究生教育，2018（06）.

识生产模式转型对于我国世界一流学科建设来说，带来的挑战与机遇无疑是并存的。

我国"双一流"建设坚持以学科为基础，强调一流学科建设的基础性地位，引导和支持高等学校优化学科结构，凝练学科发展方向，突出学科建设重点，创新学科组织模式，打造更多的学科高峰。但我国大学的学科建设表面上虽然很繁荣，实质性的成果与所付出的努力却并不成正比。[①]问题的根源在于，对于知识生产模式转型对一流学科建设带来的影响关注不够，即对大学生产什么知识、知识如何生产、知识探索所置身的情境、知识组织的方式、知识的质量监控机制等问题的研究不够。具体而言，知识生产模式转型对一流学科建设中过于注重排名的形式化倾向、"粗放型"的投入方式以及单一化的评价模式带来了剧烈的冲击。

一 知识生产模式转型对我国一流学科建设过于注重排名的挑战

不容置疑的是，我国当前"双一流"建设中排名的导向作用十分明显，除了官方排名，各类民间排行榜也层出不穷。在关注大学排名的导向下，我国"双一流"建设高校通常的做法是关注林林总总的大学排行榜，导致一流学科建设往往会忽视知识生产模式的转型，忽视学科发展的现实需求。知识生产模式Ⅰ下学科之间的边界较为明显，其学科建设是关在"象牙塔里"的，强调学科的纯洁性和真理性，不注重社会和经济发展需要；但知识生产模式Ⅱ、知识生产模式Ⅲ下的一流学科建设逐渐突破了学科边界、拓展到更为广阔的领域，学科逐渐走向融合，出现交叉学科、跨学科甚至超学科，此时的一流学科建设既要以学科排名的名次作为参照，也要更充分考虑一流学科对于学科自身发展、科技进步的作用，以及解决社会发展过程中面临的重要现实问题的能力。

二 知识生产模式转型对于一流学科建设投入方式的挑战

当前我国"双一流"建设高校倾向于将一流学科建设看作一流的学科

---

① 龚放. 把握学科特性选准研究方法——高等教育学科建设必须解决的两个问题 [J]. 中国高教研究，2016（09）.

生产投入要素（即经费、人才、设备、平台等资源）的建设。从以往的学科建设情况来看，由于教育经费投入不足，学科发展的硬件支撑落后，招生规模和学者队伍规模相对较小，学科生产规模也相对有限。在这种情况下，学科建设强调学科生产投入要素的建设是较为合理的，即通过加大经费投入、吸引人才、扩大教学科研规模等，有效提高学科产出。但随着政府对高教经费投入的加大，各种"工程""计划"的实施，"双一流"建设高校的办学条件和硬件设施等各种生产要素已有很大程度的改善，经费不足、设施陈旧、规模有限等问题已不再是学科发展的主要瓶颈。① 因此，我国中央和地方政府对"双一流"建设高校的高额集中投入，会在一定程度上使高校及其教师无视知识生产模式转型的要求，把重心放在推进学科导向的研究上。显然，我们不能再继续将一流学科建设的注意力聚焦到学科生产各种投入要素的建设上，因为这种"粗放型"的生产要素建设最终会造成一流学科建设的边际效益递减。

三 知识生产模式转型对于一流学科建设单一、片面的评价方式的挑战

我国"双一流"建设的指导原则是："以学科为基础、以绩效为杠杆"。而一流学科建设的"绩效"通常以高影响因子学术期刊发文量，以及完成国家级、省部级课题的数量等指标作为评价的标准。而这极有可能会在强化以学科为导向、为中心、为基准的知识生产模式Ⅰ的同时，极大地抑制和阻碍我国高校向知识生产模式Ⅱ、知识生产模式Ⅲ转型的趋势。当前，这种在一流学科建设中注重考核评价指标单一性和同质性的现状，与知识生产模式转型强调学科建设评价多元性和异质性的理念背道而驰，不仅会导致学科同质化发展的倾向，而且极易导致"千校一面"现象。因此，在知识生产模式转型的冲击下，我国一流学科建设重数量轻质量、重形式轻实质的做法，会导致一流学科建设方向偏离，根本无助于一流学科建设进程的推进。

---

① 刘小强，彭颖晖. 一流学科建设就是建设一流的学科生产能力 [J]. 学位与研究生教育，2018（06）.

第三节　面临的机遇

在知识生产模式Ⅰ中，知识被认为是完全自主的，学科建设仅服从于真理的要求；而在知识生产模式Ⅱ、知识生产模式Ⅲ中，学科建设还必须考虑到研究可能带来的社会影响和社会后果以及知识需求者的要求。知识生产模式转型在给我国一流学科建设带来挑战的同时，也为我国一流学科建设提供了科学、合理的理论指导和发展思路。

一　知识生产模式转型促进一流学科建设理念的创新

知识生产模式Ⅰ下的知识生产以"学科导向"为逻辑，学科或知识产生于实验室、研究室。这一模式下的学科建设理念仍然是传统的、单一的、封闭的。而知识生产模式Ⅱ强调知识生产的应用语境，学科或知识产生于社会实践。这意味着学科建设应打破传统封闭、保守的建设理念，注重学科建设的情境性，并强调社会和现实的需求。互联网和媒体催生下的知识生产模式Ⅲ，其学科或知识生产突破了地域限制，增加了知识的受益与参与群体，回归了知识本身的公益性。它将点状、线性、非线性的知识相连接，对知识进行合理组合，形成多维网状知识系统。相较知识生产模式Ⅰ、知识生产模式Ⅱ，知识生产模式Ⅲ下的学科关联性和知识关联性更强，更有利于知识的创新整合；学科、知识发展也更多考虑可持续发展和公共利益的维护，对于解决现实复杂问题更具针对性。[①] 因此，知识生产模式的现代转型带来了新型的一流学科建设理念：它要求我们在一流学科建设中，不能只强调一流学科发展的自身逻辑和真理性（知识生产模式Ⅰ），忽视一流学科对于满足社会需求、解决社会现实问题的作用（知识生产模式Ⅱ）和一流学科的社会公益性与可持续发展（知识生产模式Ⅲ），而是要积极顺应知识生产模式的转型，以系统、全面的眼光来看待一流学科。

---

① 黄瑶，王铭."三螺旋"到"四螺旋"：知识生产模式的动力机制演变 [J]. 教育发展研究，2018 (01).

二 知识生产模式转型促进一流学科建设组织形式创新

我国一流学科建设由政府财政拨款驱动，为争取到拨款，"双一流"建设高校往往采取"拉郎配"的方式把来自不同学院的相关资源临时拼凑起来，组成学科建设的方案，并没有实质性的合作。这也是学科组织化程度低，学科建设效率低下的原因。知识生产模式的现代转型要求一流学科建设不断创新学科知识生产方式和组织形式，遵循自身演进和外部适应的双重逻辑提升学科建设水平。① 从世界一流大学学科组织建设的经验来看，一流学科建设应由传统的知识生产模式 I 下"故步自封"的、零散的、无序的组织形式走向知识生产模式 II 与知识生产模式 III 下学科交叉、跨学科乃至超学科的组织化、系统化合作；要从组织无序、低效率，走向组织有序、高效率，成为学术共同体、知识共同体，即一流学科建设应着力于优化学科整体结构，把握学科发展走向，关注学科交叉取向，创新学科组织模式，实现一流学科建设能力和水平的总体跃升。

三 知识生产模式转型促进一流学科建设评价方式的创新

人类认识所形成的知识系统是复杂多样的，是有各自的特性、特质的，因此不能用狭窄的口径、单一的尺度去观照、衡量复杂多样的一流学科建设成果。不同类别的学科及其研究方法，不仅因软、硬科学而有别，还因知识生产模式的不同而不同。② 由于知识生产模式 II 与知识生产模式 III 强调知识生产的问责制与质量控制，与此相适应，一流学科建设应由自主性走向反思性，其评价标准应由过去的单一评价标准转向注重评价的多元化、多维度。根据知识生产模式转型给一流学科建设带来的影响以及一流学科自身的演变规律，当前的一流学科建设应深刻地认识到不同学科有其不同的使命和功能，它们的历史轨迹、发展思路与优化路径也不是千篇一律的。因此，我们应遵循知识生产模式转型的轨迹、立足学科的社会性

---

① 吴立保，吴政，邱章强. 知识生产模式现代转型视角下的一流学科建设研究 [J]. 江苏高教，2017 (04).

② 龚放. 把握学科特性选准研究方法——高等教育学科建设必须解决的两个问题 [J]. 中国高教研究，2016 (09).

和知识生产的社会需要，从一流学科发展、社会进步以及现实需要等方面来评价一流学科建设的成效。

第四节　我国一流学科应对知识生产模式转型的建设策略

我国高校的知识生产方式演变与西方国家不同，主要受到国家政策和计划的影响，而不是内生的结果。因此，模式Ⅱ、模式Ⅲ不是在模式Ⅰ充分发展成熟的基础上产生的，三种知识生产模式之间也没有明显的继承与超越的关系。因此，我国一流学科建设应将三种知识生产模式相结合，尊重一流学科发展的多样性，走出一流学科建设的"窄化胡同"。总体而言，在一流学科建设中，应紧紧围绕"一流学科谁来建"——一流学科建设的主体，"一流学科建设建什么"——一流学科建设的客体以及"一流学科如何建"——一流学科建设的载体三方面展开举措。

一　我国一流学科建设主体的多元化

一流学科建设的主体回答的是一流学科"谁来建"的问题。在知识生产模式转型的背景下，一流学科不再是某一个学者的学科，也不是某一个学院的学科。① 一流学科建设不能是"自己建自己"，而是必须统筹规划，以大学本身为平台，主动构建学科之间、学院之间等多方合作。② 因此，一流学科建设主体应遵循"单螺旋（大学）—双螺旋（大学、政府）—三螺旋（大学、企业、政府）—四螺旋（大学、企业、政府、社会公众）"的发展轨迹，构建多重主体之间互动和合作的架构，并积极促进"大学—产业—政府—社会公众"四螺旋动力机制中各部分利益相关群体作用的互补，以维护社会公共利益。

在一流学科建设涉及多方建设主体的情况下，要明确不同建设主体的责任意识和确定其应该承担的责任。面对一流学科建设在知识生产模式转

---

① 王建华. 基于学科，重构大学——读《大学变革的逻辑》有感 [J]. 教育研究，2011（10）.
② 王建华. 学科的境况与大学的遭遇 [M]. 北京：教育科学出版社，2014：216.

型冲击下面临的困境，大学、政府、企业和社会公众对一流学科建设所负有的责任是不同的。具体而言，政府应遵循知识的内在逻辑管理大学，系统地构建宏观的调控体制和科学的投入机制，给一流学科建设充分的自主权和自由度，并协调和促进各学科建设主体之间的合作和交流；大学要积极回应社会对于新兴学科的需求，特别关注学术资源共享平台的搭建，而搭建平台可以通过建立学科联盟、学科群以及发展交叉学科等方式实现；企业和社会公众应积极为一流学科建设提供助力，企业应积极采取在大学建立联合实验室/研发中心、设立企业特聘教授岗位、共建教育基金会以及共同开发新课程、开拓新的研究领域和研究方向等方式推动一流学科建设面向企业的生产实践需求；社会公众应唤起一流学科社会责任的回归，关注人类社会和全球可持续发展，提升其预见和解决全球区域性战略性问题的能力。总之，一流学科建设应顺应知识生产模式转型的需求，进行合理的学科布局，以社会需求带动一流学科的持久发展。

二　我国一流学科建设客体的多维度

一流学科建设客体回答的是一流学科"建什么"的问题。亚伯拉罕·弗莱克斯纳（Abraham Flexner）曾强调，研究和解决问题与增进知识两者不可偏废其一，它们在任何领域的重要性都是不言而喻的。[①] 同样的，一流学科建设的客体也应包括问题研究及学科知识本身两个方面，尤其是在知识生产模式转型背景下，由新型知识生产方式引发的优势学科培育模式的转变越发明显，高校不再仅仅关注一流学科知识本身，亦关注外部社会和市场的需求。倘若一流学科建设客体仅局限于一流学科知识，而忽视其对于满足人类发展和社会需求的能力，那么学科建设的最终结果仍然不过是产生或创造出一个个新的学科，这无助于推动现实世界的发展，因此，此时的学科也不能被称为真正意义上的"一流"学科。实际上，学科的成熟主要由问题驱动，对于一个学科而言，学科建设与问题研究原本就是一

---

① Flexner A. Universities: American, English, German [M]. New Jersey: Transaction publishers, 1994: 5.

回事。① 如 MIT 的学科发展思维是：寻找世界上最难的难题，然后攻克它。② 因此，聚焦国家战略和人类社会发展重大需求，更好地服务经济社会发展，既是世界一流学科必须肩负的重要使命和责任，也是世界一流学科的根本价值追求。③

在知识生产模式转型背景下，一流学科应成为一个系统的、开放的共同体，一流学科建设应将研究和解决我国改革与发展中的重大现实问题、关系我国社会发展与进步的重要议题摆在重要位置。与此同时，一流学科建设还应积极顺应知识生产模式的转型，加强建设关系国家安全和重大利益的一流学科，并采取一系列措施鼓励新兴学科、交叉学科并布局一批国家急需、支撑产业转型升级和区域发展的学科。只有这样的一流学科定位，才能使一流学科建设内容（即一流学科建设客体）平衡好"学术性"与"实践性"两者的关系，从而真正兼顾其应有的学术使命和社会责任。

三　我国一流学科建设载体的多样性

一流学科建设载体回答的是一流学科"如何建"的问题。在知识生产模式转型的背景下，近些年来主要的科学进展，大多来源于世界一流大学在面对经济社会发展新需求和重大问题研究的需要时做出的恰当调整：不断巩固自身的学科优势与特色，着力打造世界一流学科群；有效整合相关学科，建立开放、灵活的组织形式，促进基础研究、应用研究和开发研究的有机结合和协同发展；建立学科间的交叉融合机制，促进学术人员开展跨学科、跨领域的高水平研究工作，提升学科群的原始创新能力和解决重要战略性问题的能力。

因此，在知识生产模式转型的背景下，对于任何一个学科特别是一流学科来说，只有积极关注并敢于挑战当前最新最前沿的科学问题，在相应学科领域引领世界科技发展的新方向，善于解决那些事关国际但又是本国发展所亟须解决的问题，才能实至名归地走向世界一流。譬如，当前我们

① 王建华. 学科的境况与大学的遭遇［M］. 北京：教育科学出版社，2014：203.

② 陈赛. 追寻大学精神［J］. 三联生活周刊，2014（34）.

③ 刘国瑜. 世界一流学科建设：学术性与实践性融合的视角［J］. 现代教育管理，2018（05）.

正处于"互联网+"的信息化时代，党的十九大报告强调，要"推动互联网、大数据、人工智能与实体经济深度融合"，且人工智能的迅速发展也日益凸显出其对于改变人类社会与世界的重大作用。为进一步推动人工智能的发展，截至 2017 年 12 月，全国共有 71 所高校围绕人工智能领域设置了 86 个二级学科或交叉学科，其中，浙江大学计算机科学与技术、软件工程是国家一流建设学科，在教育部第四轮学科评估中均被评为 A+学科，为人工智能的创新发展提供了有力的支撑。以上举措为一流学科建设载体的多样性提供了经验。但值得注意的是，三种知识生产模式之间的关系并非割裂的，而是紧密联系、互为补充的，因此，知识生产模式的现代转型并非要求我们在一流学科建设中只注重学科的"实践性"而忽视其"学术性"，相反，两者应该贯穿于一流学科建设过程的始终。

总之，一流学科建设应积极顺应知识生产模式的现代转型，并在建设过程中把三种知识生产模式恰当结合起来，把学科发展和满足国家、社会需求恰当结合起来，顺应世界高等教育发展的趋势，促进一流学科建设，从而推动"双一流"建设。

第七章　我国一流大学学科群建设研究

——以国内 W 大学为例

学科群建设是新时代背景下学科建设的一种新趋势。它是指学科群建设的主体根据学科发展的规律与社会发展的需要对学科群进行有目的、有计划的建设的过程。学科群建设是"双一流"学科建设的重要途径，是我国"双一流"学科向世界一流学科迈进的必由之路。

第一节　W 大学一流学科群建设的现状

以应用语境、跨学科、异质性、组织多样性为基本特征的新的知识生产模式，对高校的学科组织形式以及相关评价方式都产生了极为显著的影响。学科群建设对于学科建设来说是一种新的发展趋势，已然成为"双一流"学科建设的特色与亮点。而我国高校凭借其重点学科高度集中、先进的实验条件和多学科背景的人才优势等必然成为学科群建设的重要基地。

本书选取国内 W 大学水利与土木矿业工程学科群作为案例研究，主要有以下两点原因。一是案例选取的典型性。本研究探讨复杂系统视角下学科群的建设路径。在复杂系统视角下，学科群的建设是一个自组织的过程，在案例选取上，需要选择有一定历史沿革的学科群来探讨其自组织的过程。W 大学水利与土木矿业工程学科群始于 1928 年 W 大学的工学院土木系和矿冶系，至今已经有 94 年的办学历史。经过全国高校院系调整，W 大学集中了国内近 20 所高校的水利类专业。经过 60 余年的发展，形成了以水利为优势的水利、土木、能源动力、机械学科群。同时，学科群建设也是一个他组织的过程，学科群在自组织的同时也受到外部多重因素的影响，W 大学水利与土木矿业工程学科群于 2017 年被成功选入国家"双一流"学科建设名单，国家、高校等政策的颁布也直接影响了该学科群的建设，此案例具有典型性，便于我们探讨学科群他组织的过程。二是案例资料的可获取性。我国高校具有典型性的学科群案例有很多，在满足所选案例切合研究主题的前提下，也需要考虑到案例资料的可获取性。对于案例获得的资料越多，从案例中看到的问题也就越多。拥有丰富的资料是本书选择案例的重要标准之一。W 大学水利与土木矿业工程学科群由土木工程、水利工程、矿业工程等学科聚集而成，本书通过对校发展规划与学科建设办公室（以下简称"校学科规划办"）领导与相关院系领导和教师进行访谈获得一手资料，同时在学校官网、学校的"双一流"高校建设方案中获取该学科群的相关资料来支持本书进行研究。因此，考虑到案例资料的丰富性和易获取性，本书选取 W 大学水利与土木矿业工程学科群作为研究的案例。

本研究选取 W 大学水利水电学院、土木建筑工程学院、动力与机械学院三个学院各一名相关领导，两名一线教师，以及校学科规划办两位行政管理人员作为访谈对象，访谈人员具体信息见表 7-1。校学科规划办主要负责 W 大学"双一流"建设方案的牵头和组织实施，统筹规划水利与土木矿业工程学科群的建设。而各学院的相关领导与一线教师作为学科群建设的主体，对于学科群建设有着更直观的体验。本研究采用半结构式访谈，力求挖掘更多有效的信息，以深入探讨 W 大学水利与土木矿业工程学科群的建设现状及其存在的问题。

表 7-1　校学科规划办领导与相关院系领导和教师的具体信息

编号	性别	单位	职务及主要工作
A1	男	校学科规划办	学科建设办公室主任，主要负责编制学校学科建设发展规划以及指导各院系实施规划等。
A2	女	校学科规划办	学科建设办公室副主任，负责开展各学科建设调查研究，为学科建设提供政策建议及咨询等。
B1	男	S 学院	S 学院党委副书记，分管学院本科生招生、人才培养及思想政治教育工作。

续表

编号	性别	单位	职务及主要工作
B2	男	S 学院	S 学院教授，曾主持水利部"948"项目、"十二五"国家科技支撑计划课题等。
B3	女	S 学院	S 学院副教授，主要承担本科生和研究生的培养和科研工作。
C1	男	T 学院	T 学院副院长，分管本科生教学管理、国际交流及合作办学工作。
C2	男	T 学院	T 学院教授，曾主持国家自然科学基金项目，"973"计划项目、技术创新基金项目、国家科技支撑计划项目等。
C3	女	T 学院	T 学院教授，曾主持中交二公局项目建设，"十二五"国家科技支撑计划课题子项。
D1	女	D 学院	D 学院副院长，分管学科建设和科研工作。
D2	男	D 学院	D 学院 J 系主任，教育部重点实验室主任。在研项目有国家自然科学基金项目及水利部"948"项目。
D3	男	D 学院	D 学院教授，主持国家自然科学基金项目1项，并作为主要研究骨干参与过多项国际合作科研项目。

一　W 大学水利与土木矿业工程学科群建设的发展历程

1987 年，W 大学农田水利工程学科首次被批准为国家重点学科。2001 年，W 大学的水利水电工程、水文学及水资源等两个学科也相继被批准为国家重点学科。2007 年，W 大学水利工程一级学科首次被批为国家重点学科。动力工程及工程热物理、机械工程、木土工程等一级学科也分别于 2008 年、2013 年被批准为 H 省重点学科。在学校"985 工程"建设中，水利工程一级学科被列入世界一流学科创建计划、岩土工程二级学科被列入特色学科建设项目。经过 60 余年的发展，通过全国高校院系调整，W 大学形成了以水利为优势的水利、土木、能源动力、机械学科群。2017 年，W 大学水利与土木矿业工程学科群成功入选国家"双一流"建设学科，回顾其发展历程，学科建设办公室主任 A1 表示："国家在选择'双一流'学科的时候有一个专家建议名单，W 大学 10 个建议学科的名单中就有矿业工程。但从 W 大学本身的学科建设来说，我们的矿业工程并不是很强。W 大学当时比较突出的是水利工程，在全国排第三，在校内也是优势发展学科，所以后来经过多方面的考虑，把水利工程也纳入了学科群。然后土木工程是一个和水利工程紧密相连的很重要的学科，矿业工程既然是国家点的，当然也不可能脱离。它们三个之间其实也有内在的联系，所以就把这三个学科组成了一个学科群。"W 大学进入一流学科的是"矿业工程"，但根据 W 大学实际特点和优势，该一流学科其实是按照水利与土木矿业工程学科群的形式建设的，而且 W 大学"水利工程"一级学科作为国家首批重点学科，对其他学科的发展也起到了引领和示范作用。D 学院受访者 D1 也表示："其实当时组建水利与土木矿业工程学科群一方面是因为'双一流'政策的影响，学校就有了以学科群为学科建设口径的想法，通过融合相关的学科来组建学科群；另一方面是因为在一些重大基础设施建设、水资源开发利用、能源矿山开采的过程中会面临一些技术方面的难题，所以也有了整合相关学科的想法，通过集合相关学科的力量来解决问题，并推动传统工科的转型升级。"W 大学水利与土木矿业工程学科群的建设既是国家相关政策的要求，也是为了满足现代社会科学技术发展的需求，其组建具有目的性和功能性。

　　W 大学水利与土木矿业工程学科群在生成演化的过程中，首先是受到来自外部力量的积极推动，具体表现为在国家层面，有"双一流"等相关政策的推动，在院校层面，有学校相关政策的支持及规划；其次是为了服务国家重大战略的实施，解决重大基础设施建设、水资源开发利用、能源矿山开采的过程中面临的重大科技难题；最后是考虑到学校自身的学科发展需要，依托学校的水利水电学院、土木建筑工程学院和动力与机械学院的相关学科建设。

二　W 大学水利与土木矿业工程学科群的人才培养

　　培养高层次拔尖创新人才是高等教育的出发点和落脚点，也是学科群建设的基础工作。随着新一轮科技革命以及产业变革，高新技术蓬勃发展，学科发展速度也越来越快，社会发展所面临的实际问题已呈现多领域、多层面和综合化的趋势，对我国高校的人才培养模式提出了更高的要求和标准。如今依托孤立的学科开展研究已难以适应学科高速发展的趋势，通过高校学科群的建设，综合多学科的优势力量培养复合型的拔尖创新人才是解决社会生产实际问题的迫切需要。W 大学水利与土木矿业工程学科群自 20 世纪 50 年代以来共培养了 4 万余名各级各类人才，其中包括以 6 位两院院士为代表的一批知名学者，以 20 余名省部级领导干部为代表的一批党政干部，为水利水电、岩土工程、能源矿产等行业培养了一大批领军人物。

但在对学科群一线教师进行访谈时笔者发现，W 大学水利与土木矿业工程学科群在人才培养过程方面也存在一些欠缺，譬如以交叉人才培养为核心的观念意识较为欠缺，具体表现为学科群在建设过程中更加关注科研成果的产出而轻视交叉人才的培养。就对科研人员的评价而言，承担国家重大科研项目、产出行业前沿成果显得尤为重要，学科群科研水平是学科群综合实力的直接显现。在对学科群一线教师进行访谈时，他们都提到了相比人才培养，科学研究对学科群建设的重要性。W 大学 S 学院受访者 B2 谈道："对于我们这种工程学科来说，科研成果转化速度较快，通过不断地参与国家重大战略的实施过程，承担重大科研项目，可以不断产出科研成果直接为学科群的建设带来显著的成效，而人才培养相对来说是一个缓慢的过程，它出成效的时间太长，作用也不是很明显。"受访教师 C2 也在访谈中强调："大家的目光主要还是集中在做课题与发表论文上，集中在如何将科技成果转化为实际生产力，来为学科群建设创造更多的社会价值和经济价值上，而对于人才培养的关注度则相对不够。"人才培养既能为行业的可持续发展提供充足的后续力量，又可以提供智力支撑促进国家的发展，因此，学科群的建设既要关注科学研究，也要重视人才培养。

W 大学水利与土木矿业工程学科群在人才培养模式上也进行了改革，自 2020 年起以一流学科群"工科试验班"的方式进行联合招生培养，进校后推行了"1+3"培养模式，即"大类招生、大类培养"，改变了传统的单一学科背景下的培养模式。"大类招生"是在招生报考时，学生不再填报具体志愿，而统一以"工科试验班"的方式进行招录。"大类培养"即学生在初期教学阶段课程一致，通过广泛涉猎确定自己兴趣所向之后再进行专业分流。学科群通过实施新型的人才培养模式，以期能发挥 W 大学多学科的优势。同时学科群多学科的背景也为追求不同成才目标的学生提供了成长路径，目标在于培养在通识教育与专业教育、科学理论教学与实践教学相互融合基础上的"重基础、高素质、宽口径、强能力"的创新型复合人才。但在实际的学科群建设过程中，这种新型的人才培养模式尚处在起步阶段，与之相匹配的课程设置并不健全。W 大学 T 学院受访者 C1 在访谈中谈道："学校实施大类招生宽口径的人才培养方案，初衷肯定是好的，能让学生有一年的时间去发现自己的兴趣爱好，然后再进行专业分流，而且一年基础课程的学习也能帮助学生打好基础。但在'1+3'模式中'1'的课程设置主要为专业基础课与学校通识课程，'3'的课程设置主要为各自学院的专业课程。'1+3'模式总体上缺乏跨学科课程的设立。如此一来，我们培养出来的人才依然存在学科背景单一、学术研究视野狭窄的问题。"跨学科课程设置的缺乏，使得学科群"大类培养"的人才培养模式无法落到实处，培养复合型拔尖创新人才的目标难以实现。

除了缺乏跨学科课程的设置，W 大学水利与土木矿业工程学科群各学科间的专业基础课程不一致，各学科对于人才培养的不同要求与统一联合培养模式之间存在矛盾。对于目前学科群的课程设置，W 大学 D 学院受访教师 D2 表示："水利与土木矿业工程学科群采用的是土木建筑工程学院、水利水电学院、动力与机械学院联合招生培养的方式。但这也存在一个问题，就是我们不同的学科，即使大一上的是同样的基础专业课程，但实际上我们不同专业面临的需求是不一样的。比如说你同样是学化学，那可能我偏向物理化学，而你偏向分析化学。这样到了大二的时候有些课程我们需要重新来上，这就很麻烦。"专业基础课程的设置能为学生在专业领域进一步学习奠定基础，但也需要考虑学科群内不同学科的具体要求，避免增加学生不必要的课程压力。

W 大学水利与土木矿业工程学科群在课程设置上还存在通识课程与专业课程间的矛盾。W 大学 S 学院受访教师 B1 表示："目前在课程的设置上存在很多问题，比如规定了学生现在专业课程要上多少学时，但 W 大学同时还有通识课程的课时要求，两者相加就导致现有的课程体系非常庞大。然后专业评估里教育部对于专业培养有一个规范标准，要上什么课，多少学时，这些都是硬性要求，导致我们专业只剩三分之一不到的学分。"通识课程的设置是 W 大学的办学特色之一，通过发挥综合性高校多学科的优势，有利于创新型复合人才的培养。但通识课程不是越多越好，要坚持以优质教学资源为核心，提升通识课程的质量，平衡通识课程与专业课程的比重。

除此之外，教育部对于专业培养的标准与市场的实际需求之间也存在矛盾。W 大学 D 学院受访教师 D3 表示："我们的课程体系要过关的话就必须按照教指委的规定，什么专业必须上哪些课程。我们专业有些课程已远远落后于行业的发展，但现行的规定不允许你有特色或者根据市场需求去调整，我们目前不能自由地根据需要去完善自己的培养方案。"这也反映了学科群在课程设置上自主权不足的问题。

W 大学水利与土木矿业工程学科群自 2020 年起以一流学科群"工科试验班"的方式进行联合招生培养，通过充分发挥 W 大学多学科的优势，为追求不同成才目标的学生提供了相应的成长路径，以培养复合型拔尖创新人才。但在人才培养的实践过程中，存在注重科研轻视人才培养的问题，以人才培养为学科群建设核心的观念意识淡薄。同时由于"1+3"人才培养模式尚处在起步阶段，与之相匹配的课程设置并不健全，因此，存在通识课程与专业课程之间的矛盾，各学科对人才培养的不同要求与统一联合培养模式之间的矛盾，以及教育部对于专业培养的标准与市场的实际需求之间的矛盾。

三　W 大学水利与土木矿业工程学科群的师资队伍

师资队伍建设是高校建设与发展的重中之重，它既关系到学生的培养质量，也关系到教师的专业成长与自我提升，更关系到学科的内涵式发展与学校的跨越式发展。截至 2002 年 3 月，W 大学水利与土木矿业工程学科群有教师 286 人，其中教授 104 人，副教授 100 人。各类"国字号"人才 38 人次，其中中国工程院院士 2 人，中国科学院院士 1 人，"973"项目首席科学家 5 人，国家杰出青年科学基金获得者 6 人，新世纪千万人才国家级人选 2 人，优秀青年科学基金获得者 6 人，长江学者特聘教授 5 人，全国百篇优秀博士学位论文获得者 2 人，教育部新世纪优秀人才 16 人。

目前，W 大学水利与土木矿业工程学科群的师资队伍建设在体系建设、制度建设、过程管理等诸多方面都有较为明显的优势，但在推进师资队伍建设过程中也存在一些突出问题。学科群所承担的科研项目往往具有复杂性，需要整合不同学科背景的教师集思广益共同攻关。W 大学水利与土木矿业工程学科群依托土木建筑工程学院、水利水电学院、动力与机械学院的相关学科建设而成。在组织结构上，学科群"校—院—系"科层式的结构明显，教师有着明确且固定的院系归属，教师招聘与考核隶属各个学院，教师若想参与跨学科研究合作，会遇到来自各方面的阻力，不利于提高教师参与学科群建设的积极性。W 大学 T 学院受访教师 C3 表示："传统的'校—院—系'这样的学术组织结构，对于我们老师来说，就意味着你的教学和科研是固定在一个院系里的，不便于我们与其他学院教师进行交流。我们的评估考核也是固定在一个院系。你如果在一个跨学科研究的领域取得了科研成果，那么能不能得到同行的认可其实是个问题。对你进行考核评价的责任人是你所在的院系，这样就会打击我们教师参与跨学科研究的积极性，长此以往不利于学科群的发展。"

同时，作为传统的工程学科，学科群专业设置往往按照具体的工程行业、工程产品和工程对象划分，存在"多、杂、细"的现象。不同学科、不同专业的教师之间存在学术壁垒，阻碍了教师之间进行跨学科的交流。S 学院受访教师 B3 表示："我们沿用的是苏联的体系，它是直接服务于工程生产的，学科之间分割很严重，我们如果跳出了自己的专业门槛就感到很无助。很多时候不是我们不愿意和不同学科的教师进行交流合作，而是像现在一个学院就有七、八个专业，每个专业下面每个老师又有不同的研究方向，教师的专业边界十分清晰。专业划分过细过深，就导致了不同学院之间的教师进行学术交流十分有限。比如说我们在实践研究的过程中涉及土木专业，但我们只能拿它下面非常小的一个点来用，而这个点往往是非常基础的，即使存在交流合作，学科间也难以摩擦碰撞出新的东西，所以教师跨学科交流的积极性并不高。"

关于师资队伍结构方面，W 大学水利与土木矿业工程学科群起源于 20世纪 30 年代，至今已有 90 年的历史。目前其师资队伍的老龄化问题严重，出现了年龄断层现象，中青年教师（45 岁以下），尤其是具有正高职称的中青年教师的占比明显偏低，而 50 岁及以上的教师占比偏高，人才队伍年龄结构不合理。老教师长期受传统观念的影响，接受新生事物较慢，缺乏创新意识和开拓精神。青年教师则存在教学经验和承担重大科研项目能力不足的问题，学科群缺乏可持续发展的能力。S 学院受访教师 B3 表示："对于我们这种传统学科来说，建设和发展具有历史积累性。目前我们教师老龄化的现象较为严重，出现了教师年龄结构断层的现象，老师年纪普遍在四五十岁以上。学院很多重大科研项目都是老一辈的教师在领头，而这批教师马上就要面临退休的问题，急需年轻教师顶上来，但学校现有的职称评审制度使得每年能评上正高职称的教师数量极为有限，导致了目前教师职称结构的不合理。"学科群发展是一个持续性的过程，必须有合理的师资年龄和职称结构，才能使学科群健康、稳定、可持续地发展。

领军人才梯队建设作为学科群师资队伍建设的重要内容之一，对于提高学科群整体科研实力，增强学科群学术团队的创新能力与凝聚力发挥着至关重要的作用。但目前领军人才队伍建设无法满足学科群发展的需求，缺乏具有较大影响力的学术领军人物，部分学科缺乏高水平的学术带头人，学术团队的整体实力也有待提高。D 学院受访教师 D1 谈道："水利与土木矿业工程学科群在整体师资队伍方面存在一定优势，但缺乏年轻一辈的强有力的领军人物，特别是对于土木工程、矿业工程等相关学科来说，学科整体水平包括师资队伍、科学研究、社会服务与国内其他高校相比存在一定的差距，水利水电学院的情况相对好点。我们需要一大批具有较大影响力的高水平学术带头人去承担相关的科研项目，并积极带动学科的跨越式发展。"

高教国际化是经济全球化发展的客观要求。教师是学科群发展的主导力量，学科群师资队伍的国际化对于把握行业发展前沿、产出具有国际影响力的科研成果、提升学科群建设水平尤为重要。但目前 W 大学水利与土木矿业工程学科群存在海外高层次人才引进不足的问题，受访者 A1 表示："我们一直在招聘国际学术大师，不仅学校给予津贴和项目经费支持，学院每年都会设立专门的引进人才的经费，但是留下来长期任职的很少，多数是来做学术讲座或进行短期交流的。"不仅海外人才引进的数量有限，学科群在引进人才保障机制方面也存在不足，有关师资队伍国际化建设的相关措施落实不到位，导致引进的海外人才留不住，学科群尚未形成适宜海外人才发展的环境。T 学院受访教师 C2 表示："在学院各项激励政策下，海外人才的占比在逐步提升，但一方面，外籍学者无法适应学校这种以项目数量、发文数量等短期成果为要求的考核方式，另一方面，有关外籍学者的国籍、养老保险、医疗等方面保障机制还不健全，没法按事业编制人员的方式来为其缴纳社会养老保险，同时也不能享受同等的退休金待遇，人才引来了也难以留住。"

从访谈结果来看，W大学水利与土木矿业工程学科群师资队伍建设主要存在以下问题：第一，人事制度缺乏弹性，教师招聘与考核隶属各个学院，阻碍了教师参与学科群建设的积极性；第二，教师之间存在专业壁垒，阻碍了不同学科之间教师进行学术交流；第三，师资队伍老龄化，年龄断层现象严重，学术队伍的后备力量不足；第四，学科群建设缺乏前沿领军人物；第五，学科群师资队伍的整体国际化水平不高。

四 W大学水利与土木矿业工程学科群的组织结构

如今学科之间交叉融合已成为高等教育的发展趋势。而在高校实践过程中，往往出现学科交融的困境，这一部分是源自知识系统的问题，但更多是受制于高校僵化的组织结构。学科组织是高校积极构建并承担人才培养、科学研究和社会服务的平台。W大学水利与土木矿业工程学科群的组织结构依然遵循的是"校—院—系"的纵向布局结构。这种布局结构在学科建设中常会将学术组织割裂开来，具有鲜明的单一性和专业性特征，只注重学科领域的细致划分而忽略学科之间的相互整合，不利于学科群交叉体系的相互融合。

在科研上，从事某一学科领域研究的教师往往被局限于固定研究范围的组织中，很难与不同学科研究背景的学者进行沟通与合作。甚至在同一个院系，不同的基层学术组织之间也缺乏学术交流。受访教师D1表示："我们老师往往被局限在过细的学科划分和单一的专业之中，每一个学院不同专业的老师又有各自的研究方向。虽然学科之间存在联系，但实际上不同学术组织之间界限分明，彼此很难融入，在这种情况下我们就缺乏一个相互交流和合作的环境，难以在学科边缘区域产出创新性的学术成果。其实还有一点，如果我们专业领域过窄的话，就很难去胜任其他研究领域的一些工作，只能局限在自己的学术圈子里。"W大学水利与土木矿业工程学科群这种组织结构不仅使部分教师的研究视野狭窄、思想僵化、缺乏创新意识，同时学科群边界固化的组织结构将教师固定在单一学科之中。S 学院受访教师 B3 表示："其实老师之间都会有各自小的学术组织，相对来说老师会更依赖于这种小的学术组织，像一个小单位一样。老师在自己的小群体里进行交流互动非常频繁。其实不同的小群体之间存在竞争关系，大家都为实现各自小群体内部的目标而不断为自己谋取利益，因而排斥和其他的学术群体进行实质性的交流合作。甚至出现当群体小目标与学院目标之间存在分歧时，大家往往更关注自己的小群体，而忽视了学院层面的学术组织，使得各个学术组织之间缺乏凝聚力，各自为政。"如此一来，学科群的学术科研创新能力被削弱，与学科群建设的初衷背道而驰。

在教学上，知识的传播同样被局限于狭窄的范围内，不利于学生形成开阔的研究视野与综合能力的培养，无法满足市场对拔尖创新人才的需求。S 学院受访教师 B3 表示："W 大学水利与土木矿业工程学科群实际上还是沿用苏联那一套'校—院—系'的学术组织结构，组织结构比较单一。在现行的学术组织框架内，我们培养出来的学生往往也是缺乏灵活性和差异性的，不能满足如今市场对于创新型和复合型人才的需求。"同时，随着行政以及学术管理权过度集中于学校或学院层面，基层的学术自主权进一步缩小，在学术研究和教学活动上缺乏自治权力，这将不利于学术的自由发展，并阻碍学科群内部学科的交叉发展。

另外，W 大学水利与土木矿业工程学科群遵循的"校—院—系"的纵向组织结构，权力过度集中于顶层结构，同时"学院"与"学系"两个相邻层级间的权力与职责容易混淆，在实际运行过程中容易造成部门冗杂、工作重复和效率低下的问题。T 学院受访教师 C1 表示："其实像这种单一纵向式的学科管理模式还是有一定优势的，比如说它上传下达的效率高，学校的各种政策实施起来也比较快。但可能对于学科群来说并不适用，学科群的体系太庞大了，它涉及不同的学院、不同的专业、不同的部门，要完成不同的教学科研任务。如果你继续沿用原先的组织结构模式的话，就必然会出现协调困难等一系列问题。"

从访谈内容可以看出，W 大学水利与土木工程学科群沿用旧有的"校—院—系"纵向管理模式。单一的组织结构与学科不断交叉融合发展、知识体系扩大之间存在矛盾：一是无法满足复合型拔尖创新人才的培养需求；二是僵化的组织结构使不同学术组织间界限分明，学术组织成员的归属感薄弱；三是出现部门冗杂、工作繁复和协调困难等问题。

五　W大学水利与土木矿业工程学科群的科学研究

高校是推动科学研究、发展高新技术的重要场所。高校秉持高质量立校、科研强校、人才兴校的宗旨，积极开展科研工作。W大学水利与土木矿业工程学科群一方面积极开展和应用基础研究，先后承担了若干项"973"计划项目、国家重点研发技术项目、国家科技支撑计划项目和国家科技重大专项；另一方面也积极参与了重大工程项目的建设，如三峡、小浪底、南水北调、西电东送和长江黄金水道建设等工程的科学研究和技术咨询工作，在水利水电、土木工程和能源矿产等行业产生了广泛影响。

当前新一轮的科技革命以及相关的产业变革与我国不断加快经济发展方式的转变逐步形成历史性的交汇，国际产业分工的格局也同样在不断重塑。新一代信息技术与制造业的深度融合，逐步引发影响深远的产业变革，形成新的产业形态、生产方式、商业模式和经济增长点。全面深化改革和进一步扩大开放，将不断激发制造业的发展活力和创造力，促进制造业的转型升级。W大学水利与土木矿业工程学科群本身的学科发展历史悠久，具有深厚的底蕴。但作为传统工程学科，在新的时代背景下，其存在学科自主创新能力薄弱的问题，在支撑国家创新驱动发展战略方面存在不足。受访教师D2表示："现在随着我们整个国家经济的发展，大家对于行业的创新、新业态新技术方面关注得更多，'新工科'的发展对于像水利、土木和矿业这些传统学科的发展带来了不小的冲击。W大学水利与土木矿业工程学科群作为传统的工程学科，其自主创新能力还是比较薄弱的，在如何通过学科创新发展来支撑国家创新驱动发展战略方面还需要努力。"

科技进步是推动产业创新、加快产业发展的突出力量，基础研究和应用研究的融合与发展则是推动科技不断进步的重要途径。[①] W大学水利与土木矿业工程学科群目前在应用基础研究和前沿研究方面都存在不足。基础研究可以产生新的科学发现，生产新的原理性的科学知识，在提升学科

---

① Romer P M. Endogenous Technological Change [J]. Journal of Political Economy, 1990 (05).

群的自主创新能力方面起到极为重要的支撑作用。但目前，W 大学水利与土木矿业工程学科群基础研究的创新性不足，T 学院受访教师 C2 表示："现在经济发展与产业变革都要求学科提高创新能力，对于我们传统工程领域来说，新技术一般源自施工一线人员的探索和工程设计，施工一线人员通过一定的程序论证对实际施工过程中出现的问题进行探索，从而产生技术需求。但我们学科群的教师对于新技术相关的基础研究是滞后的。"同时在前沿研究方面，作为传统工程学科，学科群存在自身学科发展的局限性的问题，受访教师 D1 表示："我们仅靠自身学科的知识无法解决实践过程中遇到的技术难题，如今智能制造是很多传统工科行业进行转型升级的必由之路，我们需要与地球、生态、环境、信息等相关学科进行深度交叉，以此弥补自身学科发展的局限性。"

W 大学水利与土木矿业工程学科群本身学科发展历史悠久，具有深厚的底蕴。但作为传统工程学科，在新的时代背景下，其存在学科自主创新能力薄弱、在应用基础层面滞后行业发展、在前沿研究层面存在学科发展局限性的问题。

第二节　生成逻辑

逻辑是事物演进和发展的客观规律。W 大学水利与土木矿业工程学科群的生成逻辑即指学科群从水利工程、土木工程、矿业工程这三个相对独立的学科组织发展到具有整体功能的学科群的过程中所遵循的客观规律。一方面，学科群是一个相对独立于外部环境而存在的复杂体系。在没有外界指令的情况下，该体系各主体间通过相互作用使系统从不稳定到稳定的过程所遵循的客观规律，即学科群的内生逻辑。另一方面，学科群并非完全封闭的系统，其与外部环境之间存在积极的信息和能量交流，在外部力量的推动下，学科群在从无序转为有序的过程中所遵循的客观规律即为学科群的外生逻辑。在生成演化的进程中，学科群是系统内部各相关主体互相作用的结果，这一进程是主动自发进行的。但学科群处在高校、政府和市场等多重因素作用的大环境中，其发展也离不开外部组织权力的积极推动，在外部力量的推动下学科群从不平衡的状态到平衡的状态，这一过程是被动完成的。学科群在源于系统内部的自发驱动力和源于系统外部组织权力的外部驱动力两者的共同作用下实现从不稳定到稳定的动态良性循环。

一 W大学水利与土木矿业工程学科群的复杂性表征

所谓复杂系统就是系统内各个组成部分之间相互联系，相互作用，最终形成内外部信息能量交换交流的系统，其系统内各主体间的活动呈非线性分布，并形成具有无数层级的复杂组织。

学科群由多个相关学科构成，在系统内部，资源、知识及学者等各个主体之间存在相互作用。与此同时，学科群与外部环境包括国家战略、科技发展和高校政策之间也存在相互作用。学科群与学科之间存在自相似性，同时学科群将不同学科聚集在一起，学科间通过相互作用产生协同效应，形成新的关系网络。学科群由学科聚集而成，学科作为一种知识的分类体系，其生成源自学者们对于高深学问的渴求，学者们聚集在一起形成学术共同体来研究高深学问，体现了学科的自组织性。学科各构成主体之间的相互作用并不满足简单叠加的原理，而是具有明显的非线性特征。从组织形式来看，学科同时也是一种在政府、市场及高校三者互相作用的条件下产生的特殊社会建制，其发展呈现出动态演化的特征，学科具有自组织性、非线性和动态演化等复杂特征。而学科群由不同学科聚集在一起形成，学科的复杂性同时也决定了学科群的复杂性。学科群具有自组织性、异质性、非线性、聚集性和动态性等基本特征，是一个典型的复杂系统。

（一）自组织性

在没有外界环境的特定干涉下，一个系统形成了在时间、空间、功能上都有序的结构，我们便可以说这个系统的生成是一个自组织的过程。[①]这里"特定"是指该系统的结构以及功能是系统本身自有的，并非外界强加于系统的。从系统论的观点来说，自组织性就是系统通过其内生动力，

---

① Haken H. Information and self-organization: a macroscopic approach to complex systems [M]. New York: Springer-Verlag, 1989.

自行发生由简单到复杂的发展进化，并逐渐提高自身系统精细化程度的过程。对于一个系统来说，其自组织性越强，那么它保持以及产生新功能的能力就越强。系统内部各主体具有主动性、目的性、积极性，而各主体之间自发进行的相互作用是系统自组织的根本动因。从系统的内部视角来看，W 大学水利与土木矿业工程学科群由水利工程、土木工程、矿业工程等一级学科聚集而成，不同学科的学者由于对异质性知识的需求而自发形成学术共同体，学者、知识和资源等多主体通过相互作用促使学科群从不稳定到稳定、从非平衡到平衡的状态，体现了学科群的自组织性。

（二）异质性

对于复杂系统来说，系统的各组成成分之间存在差异性，一个系统成分构成越复杂，系统内的物质能量交流活动性越强，随之而来的系统自我调节能力和平衡能力也就越强。在 W 大学水利与土木矿业工程学科群所依托的学科中，水利工程一级学科属于国内前三，处于国内领先水平，部分学科方向已达到国内一流水平，而其余学科目前在国内同领域尚有一定的差距。各学科在学科方向、学科层次、学术队伍和科研基础等诸多方面都存在差异，同时不同的学科在知识体系、研究范式、理论方法等方面也存在差异，这体现了学科群组成主体的异质性。在学科群这个复杂系统中，学科之间交叉融合，会激发出新的学科增长点，学科间形成优势互补，从而取得整体功能大于各部分功能的效果，学科间的异质性也是复杂系统"涌现"的重要前提。

（三）非线性

非线性指系统内部各主体间以及各子系统之间的相互作用是协同、立体、交互式的网络状结构，而不是由各组成部分进行简单叠加组成的整体系统。各子系统之间的相互作用不满足简单的叠加原理，具体表现为各子系统之间存在相互依存、相互作用、相互制约的关系，任何一个系统主体所做的任何一个决策都必然是与其他系统主体进行协同博弈而成的，并且需要子系统的配合与支持才能完成系统的整体目标。同时系统内部任何一个主体的调整与变化都势必会影响到系统内部的其他主体，甚至产生无法预测的后果。W大学水利与土木矿业工程学科群内各学科之间存在学者、知识、资源的相互作用，并非遵从简单的线性关系。任何一个学科的发展都势必会给其他学科带来影响。整合水利工程、土木工程、矿业工程等一级学科的过程是一个互相适应、动态调节的过程，存在复杂的正负反馈机制，体现了复杂系统的非线性特征。

（四）聚集性

系统是由相互依存、相互作用、相互制约的若干组成部分由低层次往高层次聚集，从而形成的具有特定功能的有机整体。W大学水利与土木矿业工程学科群将水利工程、土木工程和矿业工程等学科聚集在一起，同时也将各个学科的学者、知识和资源等要素聚集在一起，促进各个学科之间相互联系进而产生新的关系网络，促进学科群网络的共同演变，使学科群的系统功能得以体现。

（五）动态性

系统是一个动态和复杂的整体，随时与所处的环境之间存在物质和信息的交换。W大学水利与土木矿业工程学科群由不同的学科组成，学科之间尽管存在一定关联，但不同学科之间的差异是巨大的。学科群各主体间的异质性，使得学科群在知识整合的过程中处于不稳定状态，各学科主体无时不在与外部环境进行知识和资源的交流，而不是保持静态，一成不变。同时各学科主体也在不断进行自我调整以适应外部环境。学科群作为一个复杂系统，其生成演化始终处于动态发展、不断变化的过程中。

二 W大学水利与土木矿业工程学科群的内生逻辑

W大学水利与土木矿业工程学科群作为一个复杂系统，由水利工程、土木工程和矿业工程等三个独立的学科聚集在一起，其生成逻辑具有自组织性。W大学水利与土木矿业工程学科群的历史始于1928年的W大学工学院的土木系和矿冶系，至今已有90多年的办学历史。20世纪50年代初，经过全国高校院系调整，W大学集中了国内近20所高校的水利类专业，经过60余年的发展，建立了水利、土木、能源动力和机械等多个学科，其学科群于 2017 年成功入选为"双一流"建设学科。随着现代科研逐渐向以一定规模、多学科综合的方式开展研究的方向发展，以及"一带一路"倡议、"长江经济带"区域重大战略等的实施，单一学科领域的知识无法解决这一系列的复杂问题，不同学科学者之间对于异质性知识的需求能有效促使学科间的相互联结。学科间知识、资源的频繁交流是学科群生成的重要动力来源，也是学科群发展的内生驱动力。建设学科群的目的是生产新知识，知识生产则是学科群生成演化的内在逻辑。

　　就知识生产来说，学科既是大学的基本组成单元，也是知识生产的一种外在的制度形式，其建设的过程同时也是知识生产的过程。学者基于对高深知识的学术兴趣，不断完善学科的知识体系、研究范式、理论方法，进而实现知识的生产与创新，这便是知识生产模式Ⅰ。知识生产模式Ⅰ主要在单一学科的认知语境中进行，它强调科学的边界划分，以及精细化的学科分类。随着现代科学研究逐渐向以一定规模、多学科综合的方式开展研究的方向发展，各学科也不断分化、融合，传统学科间的界限变得越来越模糊，由此产生了知识生产模式Ⅱ。知识生产模式Ⅱ聚焦于知识应用以及基于知识的问题解决，其知识生产的需求也不再限于某一单一学科的知识框架，而是来自企业、政府和高校所面临的现实问题。[①] 在知识生产模式Ⅱ下，学科之间的界限越来越模糊，促进了跨学科的出现。近年来，随着全球经济的进一步发展，人们对知识生产方式也有了新的认知。具有典型系统逻辑的知识生产模式Ⅲ产生，"集群"（cluster）、"网络"（network）和"生态系统"（ecosystem）是模式Ⅲ的核心概念。模式Ⅲ强调学科、产业、政府以及社会之间进行多节点、多层次、多形态的协同创新，促进新型知识生产组织内部各要素之间团结协作，协同创新。[②]

　　随着当今世界科学研究逐渐向大规模、多学科、综合化的方向发展，传统单一学科的知识生产模式难以解决当前科学生产所面临的多方面、多

---

① 〔英〕迈克尔·吉本斯，等. 知识生产的新模式：当代社会科学与研究的动力学 [M]. 陈洪捷，沈文钦，译. 北京：北京大学出版社，2011：12.

② Carayannis E G, Campbell D F J. Open innovation diplomacy and a 21st century fractal research, education and innovation（FREIE）ecosystem: building on the quadruple and quintuple helix innovation concepts and the "mode 3" knowledge production system [J]. Journal of the Knowledge Economy, 2011（3）：327-372.

层次的复杂问题，知识的相互融合和知识生产主体间的协同创新就成为新的需求。但中国高校目前的"校—院—系"制度是经过长久发展而来的，其还不能脱离原有的学科制度而创建全新的组织模式。在知识生产模式转型的背景下，学科群以学科作为基本单位，遵循知识生产的相关规律，拥有异质性知识的相关学科开始跨越学科的边界鸿沟，学者、知识、资源也在学科之间进行频繁交流，并形成学科新的增长点，进而实现新知识的创造。学科之间的互动会形成新的关系网络，并在逐渐制度化的过程中形成学科群。

三　W大学水利与土木矿业工程学科群的外生逻辑

W大学水利与土木矿业工程学科群既是一个相对独立的复杂系统，也嵌入政府、高校及市场组成的开放系统当中。虽然学科群生成演化的本质是在知识生产内生驱动力下系统自组织的过程，但来源于外部环境的推动力对于学科群生成演化的作用同样不可小觑。学科群在外部指令下从无序转为有序的过程所遵循的客观规律即学科群的外生逻辑。学科群建设的主体是高校，高校决策又受到当前经济社会发展和国家战略规划的影响。对于高校这样高度制度化的机构，权力自上而下越来越多地规划知识，政治性权力直接进入了学科这一大学学术的核心地带。[①] 习近平总书记在北京大学师生座谈会上的讲话中曾经指出："大学要瞄准世界科技前沿，加强对关键共性技术、前沿引领技术、现代工程技术、颠覆性技术的攻关创新。要下大气力组建交叉学科群和强有力的科技攻关团队，加强学科之间协同创新，加强对原创性、系统性、引领性研究的支持。"[②] 《中共中央关于制定国民经济和社会发展第十四个五年规划和二〇三五年远景目标的建议》中也提出："加强基础研究、注重原始创新，优化学科布局和研发布局，推进学科交叉融合，完善共性基础技术供给体系。"[③] 由此，以学科群的方式来推进高校的相关学科建设，是有明确的政治导向和政策支持的。

---

① 王建华. 知识规划与学科建设 [J]. 高等教育研究，2013（05）.
② 习近平. 在北京大学师生座谈会上的讲话 [R]. 2018.
③ 中共中央关于制定国民经济和社会发展第十四个五年规划和二〇三五年远景目标的建议 [EB/OL]. [2020-11-03]. http://www.gov.cn/zhengce/2020-11/03/content_5556991.htm.

从国家战略角度上看，党中央、国务院提出"双一流"建设，其主要任务就是将我国打造成国际的学术交流中心，推动教育强国战略任务的完成与实现。随着"双一流"建设进程的推进，学科群建设已成为高校发展的主要着力点和新高地。因此，应坚持优势学科引领带动相关学科建设这一主旋律，通过优势特色学科这一主体，积极促进学科交叉融合，并组建学科集群。W 大学在其一流大学建设方案中提出要按照"一流牵引、基础支撑、交叉突破"的学科建设思路建设水利与土木矿业工程学科群，以不断优化学科结构，突出学科建设重点，积极打造学科服务平台，努力创新学科组织模式。围绕国家"一带一路"倡议、"长江经济带"区域重大战略实施过程中的水资源开发利用、重大基础设施建设以及能源矿山开采面临的重大科学问题和重大工程技术难题，W 大学瞄准国际工程学科前沿，发挥学科特色优势，整合学科资源，加快现代信息以及人工智能等新技术的应用，加强与生态、信息、社会、环境等相关学科的交叉融合，推动传统工程学科快速转型升级，以水利工程这一优势学科为主体，带动土木、矿业等工程学科的快速发展。

当前，科学生产过程中遇到的问题大多涉及多方面、多层次，因此必须改变原有的依靠单一学科进行知识生产和传播的模式。原有的模式在推动社会发展、促进国家战略目标实现等方面已后劲不足。为了迎合经济社会发展的需求，满足国家战略发展的需要，高校必须与时俱进改进自身学科发展模式，通过对优势资源进行整合，实现学科交叉式、跨越式的发展。此外，为了满足经济社会发展的需求以及解决国家重大战略实施过程中的工程技术难题，在外部组织权力的作用下，学科群将不同学科聚集在一起，各学科要以共同的战略目标为核心，积极响应国家、高校的指令，服务国家创新驱动发展战略，促进国家经济快速增长。

第三节　推进策略

W 大学水利与土木矿业工程学科群的演化既是源自知识生产内生逻辑的自组织过程，也是在外部组织权力积极推动下的他组织过程。立足 W 大学水利与土木矿业工程学科群建设现状及存在的问题，本书将从激发学科群建设内生驱动力与加强学科群建设外部推动力，以及如何平衡内外动力的角度提出 W 大学水利与土木矿业工程学科群建设的相关对策和建议。

一 激发 W 大学水利与土木矿业工程学科群的内生驱动力

W 大学水利与土木矿业工程学科群的生成演化主要受到外部组织权力的积极推动，其以解决国家重大战略实施过程中所面临的重大科学问题和工程技术难题为目标。但该学科群内部不同学科间的知识关联度较弱，在学科交叉融合的过程中呈现相互疏离的状态，学科群的内生动力不足。本书将从人才培养、师资队伍建设、组织结构、科学研究等方面提出相应的对策，从而推动 W 大学水利与土木矿业工程学科群内各学科间知识和资源进行更频繁的交流，进而促进知识的生产，激发学科群建设的内生驱动力。

（一）优化培养方案，提高人才培养质量

自 2020 年起，W 大学电气与自动化学院、动力与机械学院、水利水电学院和土木建筑工程学院等学院的 15 个专业以一流学科群"工科试验班"为方向进行联合招生培养，进校后推行"1+3"培养模式，即"大类招生、大类培养"。W 大学作为一所综合性研究型大学，在人才培养方面注重发挥多学科优势，积极构建在通识教育与专业教育、科学理论研究与实践教学相互融合基础上的高端应用、复合型跨学科及国际化的人才培养模式。但在 W 大学水利与土木矿业工程学科群的人才培养实践过程中，由于要同时满足通识课程和专业课程的学时，学科群课程体系过大而专业课课时占比不足三分之一。另外，各学科的基础课程不一致，导致其与联合培养模式之间存在矛盾。由于相关行业技术问题日趋复杂化，传统的人才培养模式已远不能满足当今行业发展对创新人才的需求。基于以上情况，W 大学水利与土木矿业工程学科群应明确学科群的人才培养目标，形成高水平的人才培养体系，跨越学科壁垒，设置跨学科课程，调整课程结构，加强课程建设。

1. 明确学科群的人才培养目标，健全高水平的人才培养体系

W 大学水利与土木矿业工程学科群的人才培养应有明确的目标定位，

以更好地引导课程内容、课程结构和教学方式的安排。人才培养体系涉及学科、教学和管理体系等各个方面，必须立足于学科群的目标体系来科学培养人才。随着新一轮科学技术革命和相关产业变革的深入推进，当今社会的产业结构已经发生了巨大的改变，高校的改革应该顺应行业的变化，对于人才培养目标提出新的要求。W 大学水利与土木矿业工程学科群应紧紧围绕国家"一带一路"倡议、"长江经济带"区域重大战略等需求，瞄准国内外水利水电、土木建筑、能源矿产等行业的发展趋势，根据 W 大学综合性研究型大学的特点，发挥工学、理学和人文社会科学等多学科交叉的优势，优化培养方案，构建新型的工科人才培养模式，即培养出具有较强的创新创业能力和跨界整合能力的国际一流的新工科人才，从而助力传统行业的转型升级。

2. 跨越学科壁垒，设置跨学科课程

W 大学水利与土木矿业工程学科群联合培养的专业设置以基础专业课程为主，跨学科课程意识不强，跨学科课程的实践活动较少。要培养具有多学科背景和跨界整合能力的新型工科人才就必须推行跨学科教育。跨学科课程的设置可帮助学生形成开阔的学术视野和多维度的思维习惯，从而学习不同学科的知识、方法、理论，促进学生知识观念的整合。同时，不同学科的教师在开发跨学科课程时，可以增加其自身对其他学科的认识和理解，跨学科课程开发人员之间频繁的交流沟通也有助于学术共同体的形成。

对于 W 大学水利与土木矿业工程学科群来说，要构建跨学科课程和跨学科课程体系，一方面要加强跨学科课程重要性的宣传力度，改变教师、学生传统的教育观念，让大家充分了解跨学科课程对于创新人才培养、学科课程建设的重要意义；另一方面要不断提升学生参与跨学科研究的兴趣，鼓励学生参与到多学科背景的课题实践中。通过跨学科课程的开设和跨学科研究的实践，培养多学科不断融合发展的复合型创新人才。具体而言，在设置跨学科课程时，必须从跨学科知识的整体性、逻辑性出发，如学科群开设的"道路与桥梁"课程，以建筑学为主要学科，与此同时还涵盖工程制图、工程力学、工程测量、工程监理、建筑材料、工程造价与招投标等相关学科的内容。通过发挥主干学科的带头作用、协调相关学科，可以实现不同学科之间的整合优化。

3. 调整课程结构，加强课程建设

针对 W 大学水利与土木矿业工程学科群实际人才培养过程中存在的问题，应积极组织和开展相关学科领域的理论与实践研究，督促学校强化专业建设，根据学科群的发展特色以及行业的实际发展情况对学科群的课程设置进行调整，针对课程设置滞后行业发展的问题要及时纠正，及时淘汰陈旧的课程，减轻学生的课程压力。在院校层面，应根据 W 大学综合性研究型大学的特点以及对于创新型人才培养的新要求来设定学科课程目标，从而更好地引导课程内容、课程结构、教学方式的安排，实现人才培养的目标。为提升学生的综合素质、开阔学生的学术视野、提高学生的创新能力，应及时更改旧有的"通识课程+选修课+专业基础课程+专业课程"课程体系。结合 W 大学水利与土木矿业工程学科群工程学科课程发展情况，学科群课程体系可向"通识课程+选修课+专业基础课程+专业课程+跨学科课程"方向发展。同时作为传统工程学科，学科群课程既要有基础理论课程与应用研究课程，同时还应设置与行业前沿关联紧密的应用技术课程。

（二）会聚学科领军人物，加强师资队伍建设

针对 W 大学水利与土木矿业工程学科群师资队伍建设存在的主要问题，W 大学水利与土木矿业工程学科群应创新教师聘任制度、实施分类管理、会聚学科领军人物、鼓励教师国际交流。

1. 创新教师聘任制度，促进教师交流

由于 W 大学水利与土木矿业工程学科群的教师聘任和考核在各自学院进行，教师若想参与跨学科的合作研究，会遇到来自各方面的阻力，因此需要创新教师的聘任制度。各学院可以根据学科群的知识领域选拔一批教师组成学科集群，集群内的教师摆脱旧有的管理束缚，由学校层面的专门人员统一进行管理支配，为教师提供相应的岗位设置，明确其晋升、聘用机制，使教师在学科群研究中能够得到归属感，促进教师间的沟通交流，以推动跨学科研究的开展。

2. 实施分类管理，调动教师积极性

W 大学水利与土木矿业工程学科群教师队伍规模大，但是年龄断层现象严重，师资队伍老龄化。大部分 45 岁以上的教师工程实践经验扎实且教学经验丰富，但在开拓创新意识方面有所欠缺；而 45 岁以下的教师在理论知识储备方面基础扎实，但工程实践经验不足。因此需要根据教师的年龄和特点来实行分类管理。对于青年教师，要鼓励其参与学术科研团队，参与承担重大科研项目，提升青年教师的科研能力与组织协调能力，促进青年教师的快速发展。对于中老年教师要采取一定的激励措施，使这部分教师继续保持旺盛的科研热情和丰硕的科研成果。总之要充分调动不同年龄层次教师的积极性，尽其所长，发挥师资队伍的整体效益。

3. 会聚学科领军人物，提升师资队伍质量

学科前沿领军人物能对接行业发展前沿，依靠自身影响力引领团队攻克重大项目的工程技术难题，产出丰硕的科研成果，同时也能凭借自身在该领域的学术话语权帮助学科群吸引一大批高层次人才，提升师资队伍整体质量。学院要采用自主培养和外部引进相结合的管理模式，逐步培养年轻一代的领军人物，在追赶并努力超越世界级学术大师的征程上不断迈进。对于内部潜在的学科领军人物应制定切实可行的扶持计划，在团队建设、成果产出、对外交流宣传等多方面给予全力支持。与此同时，学科群应有针对性地积极引进行业重点领域急需的学术领军人才，有计划地补充相关研究领域交叉学科的优秀人才，重点加强土木工程和矿业工程相关学科的人才引进工作，从而构建一支科研能力强、结构合理的学术研究团队。

4. 鼓励教师国际交流，提升教师学术水平

W 大学水利与土木矿业工程学科群教师队伍整体的国际化水平不高，在与国际相关学科前沿科技接轨方面有所欠缺。学校应切实采取措施鼓励年轻教师到国外名校或研究机构进行访问留学，鼓励教师积极开展国际交流与合作、参加国际学术会议，提高国际交流能力与学术水平。学科群应依托 W 大学的国际交叉学科论坛，加强国际人才引进的力度，在优化团队结构的前提下，重点引进交叉学科人才。同时根据学科发展的需要，有计划地聘请一批国外一流高校、科研院所的专家教授来学校担任客座教授或

兼职教授进行讲学，开展合作研究。

（三）突破院系壁垒，推动学科群组织结构变革

W 大学水利与土木矿业工程学科群沿用旧有的"校—院—系"的纵向管理模式。单一的组织结构与学科不断交叉融合发展、知识体系扩大之间存在矛盾：一是无法满足复合型拔尖创新人才的培养需求；二是僵化的组织结构使不同学术组织间界限分明，学术组织成员的归属感薄弱；三是出现部门冗杂、工作繁复、协调困难的问题。因此，可通过设立跨学科学部、创建知识结构网络、推动权力下放等方式促进学科群组织结构变革。

1. 设立跨学科学部，促进学科交叉融合

针对 W 大学水利与土木矿业工程学科群学术组织结构单一性问题，学校应及时推动组织结构的变革，密切关注学科相互融合的发展趋势，整合各种资源，组建跨学科、跨领域的建设体系。打破各学院各自为政的局面，发挥学部在学科交叉融合等方面的统筹协调作用，促进学科群内各学科学术组织机构的沟通与交流，增进不同学科间的融合。同时加强后续保障机制，落实主体责任，优化资源配置，形成相得益彰的学术组织架构。

2. 创建知识结构网络，促进知识生产

W 大学水利与土木矿业工程学科群学术组织中的研究者往往被局限于过细的学科和单一的专业之中，各个学术组织界限分明，学者们缺乏交流和合作的互动平台。基于此，学科群在发展过程中，要围绕服务国家重大战略实施过程中的科学技术难题，通过融合相关学科，建设更加开放的多主体联合、系统动态演化、学科共生共享的组织结构网络，促进各学科的知识生产结构交互联结，推动学科群的知识增长从量变到质变，促进知识的不断创新，以激发学科群的内生驱动力。

3. 推动权力下放，提高学院建设学科群的自主性

W 大学水利与土木矿业工程学科群现有的学术组织结构是线性垂直结构，各级遵从上级的指令，自上而下地发挥领导权力，强调学术组织的工作效率。而基层学术组织作为大学学术组织的基础组织，具有敏锐的市场

洞察力，但在教学和科研活动上缺乏自治权，不能根据市场和社会的需要及时做出调整。因此，学校应在宏观上把握学科群建设目标，将权力进一步下放给学院，给予学院在教学、科研、人事和财务等方面的自主权，激发其建设学科群的自主性。

（四）立足行业需求，明确学科群研究方向

W 大学水利与土木矿业工程学科群本身学科发展历史悠久，具有深厚的底蕴。但作为传统工程学科，其在新的时代背景下，存在学科自主创新能力薄弱、在应用基础层面滞后行业发展、在前沿研究层面存在学科发展局限性的问题。

1. 面向行业前沿需求，积极承担重大研究项目

学科群发展既要与行业发展相互融合，也应具有超越行业发展的前瞻性。在学科群建设过程中，要始终关注理论与实践相结合的问题，牢牢树立服务行业的意识，围绕产业升级、结构调整等复杂问题组建攻坚团队，为行业的创新发展提供强有力的技术支撑和组织支撑。W 大学水利与土木矿业工程学科群设立的初衷就是整合多学科的力量，瞄准国际工程技术前沿，着力推进全局性、前瞻性和战略性问题研究，立足区域发展，发挥学科特色优势，积极推动传统工程学科快速转型升级，带动土木、矿业等工程学科的快速发展。但作为传统的工程学科群，其在通过学科创新发展来支撑国家创新驱动发展战略方面还需努力。目前，该学科群的基础以及前沿研究还不够，应用基础的相关研究还有待加强，原始性创新能力也还有待提高，迫切需要与地球、生态、环境、遥感、信息、社会和经济等相关学科进行有深度、有广度的交叉融合，产出具有高附加值的科研成果，进一步提升对国家战略的支撑力和贡献力，始终服务于国家重大战略和行业发展需求。

2. 搭建学术交流平台，提升学术创新能力

学术交流是科研人员相互展示科研成果、获得反馈的重要渠道。W 大学水利与土木矿业工程学科群应积极地搭建学术交流平台，通过定期开展学术交流活动来促进不同学科间学术思想的广泛交流，对于学科群前沿研究中存在的问题集思广益，发挥学科群多学科的优势。同时应加强学科群

与中国水利学会、中国土木工程学会、中国水力发电工程学会、中国岩石力学与工程学会、中国煤炭学会等学会组织的联系，鼓励教师参与国内外学术组织和学术会议，加强与国内外同行的交流，开阔视野，提高学术创新能力。

二　加强 W 大学水利与土木矿业工程学科群建设的外部推动力

W 大学水利与土木矿业工程学科群作为一个复杂系统，其生成演化也离不开外部力量的推动。学科群建设的外部指令主要源自学科群的建设主体和组织权力实施主体，即高校，而高校的战略决策是在经济社会发展和国家战略的要求影响下产生的。本书从相关政府及产业部门提供政策支持、资金扶持，增强基础平台设施建设，引导多元主体参与共建学科群等方面提出相应对策来加强学科群建设的外推力，以此促进学科群的长远发展。

（一）制定学科群发展战略规划，创建有利的政策环境

国家"双一流"政策的颁布为高校的学科建设带来了新的活力，但是其对于学科群建设缺乏系统的战略规划，从根本上制约了学科群建设的进一步发展。我国在《统筹推进世界一流大学和一流学科建设总体方案》中明确提出，国家和政府要在财政体系、绩效评估以及监督管理机制上为高校提供政策保障。① 因此，在政府层面上，应为高校学科群建设制定相应的政策保障，为学科群建设发展创造有利的政策环境。对于学科群的遴选要有一个明确的选拔标准，以"扶优、扶需、扶特、扶新"为原则，立足高校学科发展情况及学科间的相关性，合理组建学科群，对核心学科和相关学科的选择需要有相关政策说明，避免出现为组建学科群而将各学科胡乱拼凑的现象。在学科群建设过程中，要制定相应的监督考核政策，严格按照"动态调整"的原则对高校学科群的建设情况进行全方位的监管。组建专门的专家小组对学科群的师资队伍建设、科学研究、基础设施建设等

---

① 国务院. 统筹推进世界一流大学和一流学科建设总体方案 [EB/OL]. [2015-10-24]. http://www.moe.gov.cn/jyb_xxgk/moe_1777/moe_1778/201511/t20151105_217823.html.

方面定期进行评估和考核。同时对学科群建设应制定科学合理的战略规划，进一步明确学科群建设在人才培养、科技创新以及社会服务方面的重要作用，引领学科群的建设工作。

（二）加大学科群建设资金投入，提供经费支持

学科群的建设必须以高水平的科研作为载体，通过不断加大对学科群的科研经费投入，提升学科群的科研竞争力，以充分发挥科研对于学科群建设的支撑推进作用。虽然我国的宏观政策鼓励高校进行交叉学科研究，但在经费和资助层面却没有给予相应的重视。一方面，交叉学科的经费并不是直接拨给具体分支学科，而是先拨给中标单位继而转拨给各分支学科，中间环节较多且存在中标单位内部审核的过程，科研经费的拨放滞后直接影响到科学研究的进度；另一方面，目前的科研项目虽有一定的跨学科选题，但无论在科研项目的数量还是科研经费的资助上都很难同其他常规学科进行比较。作为国家"双一流"建设学科，应加大对 W 大学水利与土木矿业工程学科群的资金投入，形成共同建设、共同发展的良好局面，同时简化科研经费的拨放流程，提升科研人员科研的积极性。

（三）增强基础平台设施建设，优化科研环境

重点实验室、大型研究基地、公共研究平台以及研究中心，集大型科研仪器、重大科研基础设备、一流师资队伍、重大项目等多种战略资源于一体，对于高校培养复合型拔尖创新人才、提升科学研究实力水平、服务国家发展重大战略等都起到了重要的支撑作用。而且其作为学科群建设的核心支撑部分，也是提高学科群整体科研实力的关键所在。

目前，W 大学水利与土木矿业工程学科群有水资源与水电工程科学国家重点实验室、水工岩石力学教育部重点实验室、岩土与结构工程安全 H 省重点实验室，这些实验室为学科群建设提供了坚实的基础以及有利的科研平台。但这些对于学科群的发展来说仍存在不足。因此，W 大学应以"双一流"建设为契机，进一步加大基础平台的设施建设，结合 W 大学自身发展基础以及水利与土木矿业工程学科群的发展战略规划，瞄准国际工程学科的前沿，对接 H 省经济社会发展的重大战略需求，以取得原创性和

前沿性科研成果为目标，通过加大相关政策支持以及科研经费的投入，重点建设一批如国家重点实验室、研究平台、工程技术研究中心等的一流创新平台，为 W 大学水利与土木矿业工程学科群的建设发展提供适宜的科研土壤。

（四）引导多元主体参与共建，构建合作架构

W 大学水利与土木矿业工程学科群建设的目的是创造新知识，解决国家重大发展战略实施过程中所面临的日益复杂化、综合化的工程技术难题。在强调多形态、多节点、多层次协同创新的知识生产模式Ⅲ的背景下，知识生产组织内部各要素之间的团结协作就显得尤为重要。在政府层面，应对高校建设及学科发展制定明确、稳定的总体目标，通过相关政策的支持以及科研经费的投入从宏观上指导调控学科群建设；在高校层面，要为 W 大学水利与土木矿业工程学科群制定中长期发展规划，明确学科群建设目标，协调人事、财务、规划、科研等多个职能部门全力支持配合学科群的建设工作；在企业层面，要以行业对 W 大学水利与土木矿业工程学科群的需求为出发点，与高校合作建立联合实验室、实验中心，定期举办交流会，联合攻关，推进产学研合作。

应通过引导政府、学校、企业、社会公众等多元主体参与 W 大学水利与土木矿业工程学科群的建设过程，不断加强学科群建设中政府、企业和社会公众等多方面的合作，从而发挥政府的主导作用、学校的主体作用、社会公众的参与支持作用，集中多主体的力量参与共建 W 大学水利与土木矿业工程学科群。

三 平衡 W 大学水利与土木矿业工程学科群建设的内外驱动力

W 大学水利与土木矿业工程学科群在生成演化的过程中受到了来自外部力量的积极推动，具体表现为：在国家层面，有"双一流"等相关政策的推动；在院校层面，有学校相关政策的支持和规划，以及各部门联合形成的合力。同时学科群的生成演化也离不开内部力量的积极推动，具体表现为学科群内不同学科之间频繁的知识交流以及新知识的产生。该学科群的生成演化是在多重动力驱动下完成的。

在 W 大学水利与土木矿业工程学科群的建设过程中需要平衡好源自知识创新的内生动力和源自外部组织权力的外生动力之间的关系。学科群建设能否取得成功很大程度上取决于高校是否在学术组织层面构建了促进知识生产可持续发展的规范体系，以促进学科群内原创成果的产生。当学科群内部知识关联度弱，内驱力不足的时候，要通过各种政策手段，如设立跨学科学部、搭建学术交流平台和创新教师聘任制度等不断完善学科建设制度，以促进学科群内部各学术组织间的沟通交流。当学科群内部的知识关联度强，知识发展到一定程度时，也要给予外部的管理，对知识体系不断扩大的学科群进行组织结构的优化。通过改变现阶段传统单一学科设置院系的行政管理模式，重新设置院系结构，实现学科群内知识生产整合后的再创新，丰富创新成果。学科群在不同的发展阶段，内外部动力的主导地位不一样，要及时平衡两者之间的关系，既要保证学科群组织结构的稳定，也要促使学科群内部知识关联紧密，以形成动态发展的协同创新型学科群。

第八章　我国一流学科战略联盟建设研究

在当今经济全球化、高等教育大众化的浪潮下，传统的知识生产模式正在发生变革，知识生产亟须突破学科边界，使知识要素更具开放性和社会弥散性。因此，学科建设主体单打独斗已不能满足知识生产模式转型的要求，尤其是对于立足于培养高层次创新型人才和产出高水平科研成果的一流学科而言，构建一流学科战略联盟，使联盟成员之间能够资源共享并优势互补，无疑是一流学科建设的内在要求和必然趋势。

构建一流学科战略联盟是"双一流"建设顺应知识生产模式转型的新思路，它是一个知识生产主体之间共享资源的平台，旨在汇聚各高校丰富的教育资源，促进知识向大范围弥散，融合汇聚成更多优质的教育资源，以弥补各自高校学科发展的短板，达到互利共赢的局面。"战略联盟"一词最初是由美国 DEC 公司总裁霍普罗德（J. Hopland）和管理学家内格尔（R. Nigel）共同提出的，它是一种"双赢"的合作战略，指的是两家或两家以上的企业为实现相互匹配的战略目标而形成的一种紧密的合作关系。[①]一流学科战略联盟是战略联盟理论在高等教育领域中的概念迁移，旨在将一流学科建设与战略联盟理论相结合，引领推动高等教育改革与一流学科的创新发展。一流学科战略联盟作为战略联盟的下位概念，是指单个学科或多学科之间为推动学科协同创新、促进学科建设、解决社会发展的重大实际问题而由高校、政府、社会、企业等主体力量组成的知识要素交融、

---

① 〔日〕迈克尔·Y. 吉野，〔印〕U. 斯里尼瓦萨·郎甘. 战略联盟——企业通向全球化的捷径［M］. 雷涯邻，张龙，吴元元，等，译. 北京：商务印书馆，2007：5.

优势互补、风险共担、高水平的松散型网络组织。①

第一节　发展现状及其特征

自2015年颁布《统筹推进世界一流大学和一流学科建设总体方案》以来，据粗略统计，各高校联合各知识生产主体已成立了近80个学科战略联盟。从联盟成员地理位置角度可将其划分为省内学科战略联盟和全国学科战略联盟，从联盟成员类型角度可将其划分为同质学科战略联盟和异质学科战略联盟。本研究选取具有代表性的九个一流学科战略联盟（见表8-1），对其运行现状和联盟特征进行具体剖析。

表8-1　我国九个一流学科战略联盟情况一览

联盟名称	联盟成员	发起成员	成立时间
财经一流学科建设联盟	浙江大学、W大学等46所综合类与财经类高校	中南财经政法大学	2017.11.16
中国高校生物学一流学科建设联盟	北京大学、清华大学、中国科学技术大学等24所高校	上海交通大学	2017.11.25
中国高校外语学科发展联盟	全国153所具备外国语言文学优势学科的高校	上海外国语大学	2018.3.17
"双一流"农科联盟	中国农业大学、浙江大学、北京林业大学等17所高校	中国农业大学等17所高校共同发起	2018.5.28
世界一流中医药大学建设联盟	上海中医药大学、广州中医药大学、等6所中医药大学	无记载	2018.7.24
医学"双一流"建设联盟	北京大学、复旦大学、华中科技大学等13所高校	北京大学	2018.10.24
数学"双一流"建设联盟	北京大学、复旦大学、四川大学等14所高校	北京大学	2019.1.11
中国高校行星科学联盟	中国科学院大学、北京航空航天大学、香港大学等27所高校	中国科学院地质与地球物理研究所	2019.7.2
全国水利工程学科联盟	首批河海大学、清华大学等48所高校	河海大学	2019.11.15

---

① 阳荣威. 后合并时代高校的选择：战略联盟［J］. 高等教育研究，2005（09）.

一　一流学科战略联盟建设的政策基础与规章制度

"双一流"建设正成为国家高等教育的重要发展内容，建设世界一流大学则要以学科为基础。各一流大学建设高校出台的建设方案中也均把发展一流学科作为"双一流"建设的重中之重，全面推动一流学科战略联盟建设，客观上也具有必要性和紧迫性。各高校开始联合成立一流学科战略联盟，如中国高校生物学一流学科建设联盟、财经一流学科建设联盟等，在这种创新的实践和探索下，一流学科战略联盟在 2017 年后大量涌现。2018 年 5 月，在教育部的指导下成立了首个一流学科战略联盟——"双一流"农科联盟，这意味着一流学科战略联盟建设有了政府的大力支持。2018 年，教育部等三部联合印发《关于高等学校加快"双一流"建设的指导意见》，明确提出鼓励组建学科战略联盟，搭建国际交流平台，发挥引领带动作用。一流学科战略联盟建设由此进入新征程。

从 2017 年开始至今，我国已经陆续建立了九个一流学科战略联盟，在规模层面上，一流学科战略联盟规模都较大，绝大部分联盟的高校数量都在 10 所以上。在地域分布上，一流学科战略联盟的高校集中在北京、上海和江苏省。据各高校官网信息显示，这些一流学科战略联盟都审议通过了联盟建设章程，其内容主要涵盖联盟目标、合作范围、组织制度等（见表8-2）。由此可见，目前一流学科战略联盟的发展现状主要有四点特征：一是联盟规模相对较大，成员的地理位置呈整体分布、局部集中的特征；二是联盟以搭建学科研究平台、互通共享资源、加快自身一流学科建设为宗旨；三是基本围绕人才培养、科学研究、社会服务、文化传承等方面开展交流工作；四是联盟设立理事会等机构，定期举办学术活动，成员的权益受制度的约束。

表 8-2　我国九个一流学科战略联盟章程一览

联盟名称	联盟宗旨	合作范围	组织制度
财经一流学科建设联盟	旨在建设财经一流学科研究平台，支持财经高校走特色之路，加快财经一流学科建设步伐	高等教育理论研究、科学实践研究、行业服务等方面	成立联盟理事会，设立理事长单位、专家委员会单位等

续表

联盟名称	联盟宗旨	合作范围	组织制度
中国高校生物学一流学科建设联盟	旨在为高校搭建生物学教育经验交流平台,加快生物学一流学科的建设发展①	本科教学、人才培养、课程教学改革、科学研究等方面	定期举办一次年会
中国高校外语学科发展联盟	旨在创新学科发展机制,培养优秀学科人才,打造优质研究成果,促进社会服务,推动文化传承交流,提升国际竞争力	学科发展与研究、师资队伍建设、人才培养体系、文化传承与创新等方面	成立理事会,确定理事长、副理事长一级常务理事单位
"双一流"农科联盟	旨在共同探索中国特色、农科特色,为引领我国新时代农科发展方向培养人才,服务国家乡村振兴战略和生态文明建设②	科学研究、人才培养、社会服务、文化传承、国际合作交流;包括农学门类以及农业工程、食品科学与工程等学科	成立高校"双一流"农科动态监测与评价体系小组
世界一流中医药大学建设联盟	致力于培育中医药英才、发展中医药学术、贡献中医药服务、传承中医药文化,共同探索符合中医药特色和规律的一流大学与一流学科建设之路③	在人才培养、科学研究、学科建设、社会服务等方面开展进一步合作	成立联盟理事会,设立理事长单位和成员单位;定期召开理事会;举办研究生学术论坛
医学"双一流"建设联盟	旨在引领新时代医学高等教育与医学学科建设改革创新发展,助力健康中国战略实施	医学教育教学改革、临床研究创新支持体系、人才培养等方面	举办高端学术论坛,开展专题培训;组建专家咨询委员会
数学"双一流"建设联盟	旨在引领推动我国数学学科建设改革创新发展,助力数学强国建设	人才培养、课程体系建设、学科研究	定期举办高端会议与专题研讨会
中国高校行星科学联盟	成为共享深空探测和行星科学研究成果的平台,通过平台协同创新共攀行星科学高峰④	中国行星科学的人才培养、科学前沿和发展战略问题	成立理事会和学术委员会

①　南开大学.第三届中国高校生物学一流学科建设联盟会议南开举行［EB/OL］.［2019-06-13］.http://news.nankai.edu.cn/ywsd/system/2019/10/13/030035738.shtml.

②　人民网."双一流"农科联盟在京成立［EB/OL］.［2019-06-13］.http://edu.people.com.cn/n1/2018/0529/c1053-30020459.html.

③　罗占收."双一流"建设中的高校科技管理变革——基于世界一流中医药大学建设联盟的思考［J］.中国高校科技,2019（06）.

④　中国科学院.中国高校行星科学联盟成立［EB/OL］.［2019-06-13］.http://www.cas.cn/yx/201907/t20190705_4698502.shtml.

联盟名称	联盟宗旨	合作范围	组织制度
全国水利工程学科联盟	助力全国水利工程学科建设的共同体、人才培养共同体的构建	搭建学科建设交流平台、构建人才联合培养机制、促进师资校际交流互访、加强科研攻关战略合作、开展社会服务成果转化、促进国际交流优势互补等方面的全方位合作	成立理事会，确定理事长单位和副理事长单位

二 九个一流学科战略联盟的建设热点、主题与发展趋势分析

共词分析法是一种内容分析的方法，主要通过对能够表达某一学科领域研究主题或研究方向的专业术语共同出现在一篇文献中的现象分析，判断学科领域中主题间的关系，从而展现该学科的研究结构。[①] 这种方法是在词频分析的基础上，选取频次超过一定阈值的高频词，统计这些高频词在同一个对象（文章、网页等）中两两出现的频次，并形成共词矩阵。之后，根据此共词矩阵进行社会网络分析、语义网络分析、聚类分析和多维尺度分析，从定性定量相结合的角度总结出研究领域的主题和内容。

本书运用共词分析法和社会网络分析法对一流学科战略联盟官方网页中的联盟章程即建设内容进行分析，探索当前一流学科战略联盟的建设热点与主题。

(一) 数据来源

通过搜索九个一流学科战略联盟中各联盟成员的官方网站，找寻有关阐述一流学科战略联盟建设内容的信息，并且人工筛除内容重复和无效网页，最终剩下 13 个网页，全部作为文本来源。

1. 研究工具及思路

本书的内容分析工具主要为 W 大学虚拟学习团队开发的 ROST CM6 软件，ROST CM6 具有强大的功能性分析和文本操作功能，功能性分析包括

---

① 张勤，马费成. 国外知识管理研究范式——以共词分析为方法 [J]. 管理科学学报，2007 (06).

词频分析、聚类分析、分类分析等，除此之外，ROST CM6 还提供 NetDraw 功能。① 本研究还采用 SPSS 软件对文本内容进行分析，通过多维尺度分析功能来分类一流学科战略联盟建设的主要内容。第一，将网页上的内容全部导出，为了方便分析和减少不确定因素的影响，故人工删除文本中出现的人名、地名等词语，并保存成适合 ROST CM6 的 txt 格式。第二，打开 ROST CM6 软件，点击功能性分析列表下的社会网络和语义网络分析，然后将待处理文件上传到文本框中，点击快速分析按钮，即可生成高频词、共词矩阵等各类图表。之后通过 Net Draw 绘制出社会网络关系图谱。第三，打开生成的共词矩阵 Excel 表格，点击数据分析选项，对表格内数据进行相关系数分析，做出相关系数矩阵，然后再运用公式，用"1"减去相关系数矩阵的数值，得到相异矩阵。第四，再将新生成的相异矩阵表格导入 SPSS，对其进行多维尺度分析，确定关键词的位置，进而探索一流学科战略联盟的主要建设领域。数据处理的思路如图 8-1 所示。

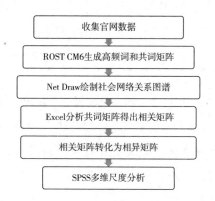

图 8-1　基于共词分析的数据处理步骤

（1）高频关键词分析

高频关键词可以很好地反映某一研究领域的关注热点，是一段时间里大量研究成果的关键词集合，有助于确定该领域的发展脉络、热点前沿及

---

① 吴红斌，吴峰. 基于内容分析的企业大学定位研究 [J]. 中国人力资源开发，2014（24）.

发展趋势等。① 本研究通过 ROST CM6 软件提取分词之后的关键词。关键词的总量是 1075 个，选择词频排名前 30 的高频关键词，这些高频关键词基本代表了一流学科战略联盟近些年的建设重点和热点，如表 8-3 所示。

表 8-3　一流学科战略联盟建设高频关键词

序号	关键词	频次	序号	关键词	频次	序号	关键词	频次
1	联盟	170	11	人才培养	41	21	改革	25
2	建设	122	12	交流	39	22	机制	24
3	一流	110	13	国家	33	23	平台	23
4	发展	99	14	研究	32	24	高等教育	23
5	学科	88	15	创新	32	25	单位	22
6	学科建设	73	16	问题	30	26	体系	21
7	高校	70	17	战略	30	27	重大	21
8	教育	61	18	服务	29	28	培养	21
9	大学	57	19	共同	26	29	合作	21
10	双一流	42	20	科学	26	30	中国特色	20

从表 8-3 中可知，除了"一流""学科""联盟"等主题词之外，"高校""人才培养""交流""创新""中国特色"等高频词基本上表现了一流学科战略联盟的发展现状，即其主要针对学科发展、高校交流合作、人才培养和学术创新等方面进行重点建设。

（2）社会网络分析

高频词的统计能够直观反映一流学科战略联盟当前建设的重点与热点，但不足以分析关键词之间的联系。为了更进一步分析一流学科战略联盟建设热点的内部关系，本研究在统计高频词的基础上，通过 ROST CM6 和 Net Draw 对数据进行可视化分析，最终生成高频词社会网络关系图谱，如图 8-2 所示。图中正方形点代表一个高频关键词的节点，节点越大代表

---

① 卜彩丽，张宝辉. 国外翻转课堂研究热点、主题与发展趋势——基于共词分析的知识图谱研究［J］. 外国教育研究，2016（09）.

该节点在整个关键词网络的作用越大，它控制其他节点共现的能力也越强；节点之间的关系用实线连接，实线越粗代表相互关系越强。① 图 8-2 中共有 38 个高频词，它们构成了以"联盟"、"建设"、"学科"、"学科建设"和"发展"为核心的关系网络。

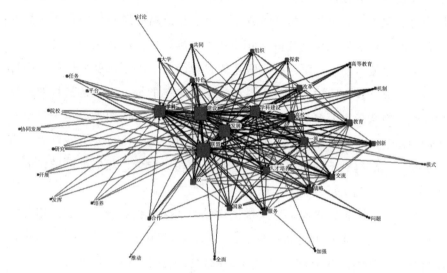

图 8-2　一流学科战略联盟建设高频词社会网络关系图谱

从节点大小来看，"联盟""学科""建设"等关键词的节点较大，控制其他节点的共现能力较强。此外，"人才培养""特色""改革"等节点也相对较大，亦是一流学科战略联盟建设的热点。

从节点之间的关系来看，根据节点连线的粗细程度，位于网络中心位置的高频关键词之间的关系更为紧密，距离也较近，说明学科战略联盟的建设主要还是以高校为载体，开展人才培养、教学改革等工作，并以此塑造学科特色，响应国家重大战略。而处于外围的关键词与中心的距离较远，联系也较为疏远，表明一流学科战略联盟在"机制""合作""协同发展"等方面逐渐开始探索。

从整个社会网络来看，一流学科战略联盟的建设内容较为丰富，但

---

① 肖明. 知识图谱工具使用指南［Z］. 北京：中国铁道出版社，2014：37-38.

特征不够突出，依然处于起步阶段。一流学科战略联盟的建设目前更多倾向于各个高校学科之间合作内容的累积，而未实现更深层次的学科交叉与融合，这可能也是社会网络中高频关键词特征不够明显的原因之一。

（3）多维尺度分析

通过高频词分析和社会网络分析可以看出一流学科战略联盟建设的主体内容，但无法确定各个主题领域在一流学科战略联盟建设内容中所处的位置，所以通过多维尺度分析（MDS）可以确定各主题领域和关键词的位置，从而总结目前一流学科战略联盟的发展趋势。多维尺度分析是一种可以帮助研究者找出隐藏在观察资料内的深层结构的统计方法，其目的是发掘一组资料背后之隐藏结构，用由主要元素组成的构面图来表达资料所隐藏的内涵。① 利用研究对象之间相似或相异的关系，使被分析的对象以点状分布，然后得到不同研究对象在空间中的相对位置，相似度高的研究对象会聚集在一起，形成一个领域。

在 SPSS 中导入 38 个高频关键词构成的 38×38 的相异矩阵，运用分析度量选项中的多维尺度分析，形成多维尺度分析图谱（见图 8-3），运行结果显示，Stress = 0.16698，RSQ = 0.88171，说明其拟合效果较好，可以反映出一流学科战略联盟高频关键词之间的联系。

多维尺度绘制出来的坐标被称为战略坐标，各个圆圈显示的是各个高频关键词所处的位置，圆圈之间离得越近说明关系越紧密，反之，则关系越疏离。影响力最大的关键词，其所表示的圆圈距离战略坐标的中心点最近。坐标横轴为向心度，表示领域间相互影响的强度；纵轴为密度，表示某一领域内部联系的强度。② 一流学科战略联盟的多维尺度分析图谱呈现出总体相对集中，局部相对分散的特征。

通过划分使其形成四个领域，即四个研究主题，根据这四个主题的分布位置，对一流学科战略联盟建设趋势做详细分析。

第一，主体位于图中右侧第一象限内的是"一流学科战略联盟成员具体的发展策略"即领域 1。该主题整体离战略坐标中心最近，内部联系较

---

① 郭文斌，方俊明. 关键词共词分析法：高等教育研究的新方法 ［J］. 高教探索，2015（09）.

② 冯璐，冷伏海. 共词分析方法理论进展 ［J］. 中国图书馆学报，2006（02）.

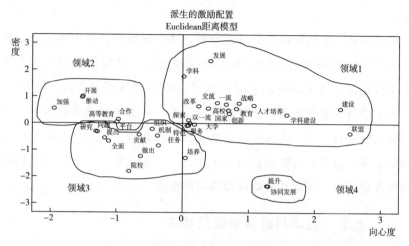

图 8-3 一流学科战略联盟建设高频关键词多维尺度分析图谱

为紧密，相较于其他三个主题，处于图谱的中心地带。"服务""创新"
"人才""培养""改革""特色""学科建设"等高频词之间的关系十分密
切，且都离坐标中心距离较近，这说明它们是目前一流学科战略联盟建设
内容的重点和热点。未来一流学科战略联盟依然会继续围绕人才培养、科
技创新、学科特色等方面开展具体工作。

第二，主体位于图中左侧第二象限内的领域 2 主题是"一流学科战略
联盟平台的搭建与成员间的合作"。该主题距离坐标中心相较于领域 1 稍
远，关注度稍低。另外，"高等教育""合作""平台"这三个关键词联系
十分密切，且离中心较近，因此平台的搭建和成员之间的合作或多个知识
生产主体之间的合作仍然是一流学科战略联盟建设的重要方向，也是一流
学科战略联盟构建的潜在发展趋势之一。

第三，位于第三象限和第四象限的领域 3 主题是"一流学科战略联盟
的内部建设"。该主题内部的联系十分紧密，观点较为明确，反映出一流
学科战略联盟已经注意到开展的科研合作项目应以问题为导向以及如何构
建联盟内部的运行机制等建设内容，在之后的发展中，该主题也会越来越
完善，从而融入其他的主题领域当中。

第四，位于第四象限的"一流学科战略联盟的协同发展"即领域 4，

距离坐标中心相对偏远，该领域在整个图谱中处于边缘地位，重要性较小。

综上所述，本研究通过高频词分析、社会网络分析和多维尺度分析描述了一流学科战略联盟建设的重点与发展趋势。分析结果得出，人才培养、学科建设、创新发展、中国特色是一流学科战略联盟建设内容的热点。一流学科战略联盟成员具体的发展策略、一流学科战略联盟平台的搭建与成员间的合作、一流学科战略联盟的内部建设、一流学科战略联盟的协同发展是一流学科战略联盟的四个主题。未来几年，一流学科战略联盟的协同发展将是一流学科战略联盟的建设重点。

三 九个一流学科战略联盟的特征

（一）参与主体的单一性

根据我国九个一流学科战略联盟建设内容的数据分析，除了高校这一知识生产主体被提及，企业和社会组织等知识生产主体并没有在一流学科战略联盟建设中出现。一流学科战略联盟致力于为社会和行业服务，如果联盟主体过于单一，当科研成果为行业和社会实际运用时，可能会出现理论与实践"脱节"的情况。其实除了拥有众多一流学科的高校，有些企业科研实验室、社会研究机构也拥有较为顶尖的研发水平和先进技术，但国内的学科战略联盟还没有充分利用这些优质资源。而各主体拥有其独特的异质性资源，联盟成员之间的合作也会更加频繁、牢固，发展的潜力也就会越来越大。新兴的知识生产主体成为一流学科战略联盟的成员，能更全面更及时地去根据社会需求和问题来进行研究，从而增强研发力量，使联盟拥有源源不断的创新动力。

（二）战略目标的一致性

大部分一流学科战略联盟都是高校自发组建的、非营利性的社会组织，所以其建立的基础就是拥有一致的战略目标。联盟目标若趋于相同，成员之间的合作研究开展得也更趋于顺利。不同高校对于一流学科的建设理念会有不同的侧重，不能相互融合的学科建设理念会影响学科战略联盟的建立和发展。因此，保持联盟成员战略目标的相对一致性是十分重要的，这能减少成员之间不必要的矛盾与冲突。培养学科人才，创新科学技术，打造学科特色是当前九个一流学科战略联盟的重点和热点，因此，学科联盟的战略目标应定为通过联盟这一平台主动联合和运用各方资源，谋求社会共同利益，齐心协力满足当前社会需求，解决现实复杂问题，以提升学科整体的国际竞争力，推动"双一流"建设。

（三）研究水平的先进性

一流学科战略联盟的参与者都是我国乃至世界顶尖研究水平的代表高校，拥有专业技术背景的技术人员与先进的硬件设备强强联合，依托国际化的研究理念与平台，保持高水准的研究水平。参与这九个学科战略联盟的建设高校大部分都入围"双一流"建设名单。中国高校生物学"双一流"建设联盟的成员包括复旦大学、上海交通大学等高校，这些都是生物学学科的一流学科建设名单中的高校，联盟的建立可谓珠联璧合，各取所需，各取所长。研究水平的先进性除了体现在硬件设备上，还表现在思想观念上，中国高校行星科学联盟将未来大力发展的重要学科领域——行星科学作为重要的合作研究领域，通过联盟这一平台协同创新，打造行星科学高峰，为空间探测做出了卓越的贡献。一流学科战略联盟具备思维的先进性、超前性，将推动科学研究的未来发展，有利于社会和国家的可持续发展。

（四）研究内容的相关性

一流学科战略联盟的建立基于各个参与主体研究内容明显的相关性，这样成员之间才能够形成资源的互补共通。由北京大学牵头的医学"双一流"学科战略联盟包含了复旦大学、上海交通大学、北京协和医学院等高校，其成员都是医学学科研究的佼佼者，研究内容具有相关性，学科文化冲突不大，可以较顺利地进行跨学科、超学科合作研究，促进科研攻关，推动医学研究创新，培养医学领军人才。"双一流"农科联盟更是明确划分了学科范围，包括农学门类以及农业工程、食品科学与工程等农业相关的学科，联盟成员在此学科领域中可按研究需要合作开展科学研究，解决我国农林领域的实际问题。一流学科战略联盟有了更加相似与坚固的学科基础，成员之间才能更好地分享资源。研究内容具有相关性还能提高学科战略联盟成员之间的默契度，为联盟奠定扎实的合作基础。

第二节　存在的问题及其原因分析

构建一流学科战略联盟是时代所需。国家形成倡导、鼓励、支持一流学科建设的政策体系为建立一流学科战略联盟提供了良好的制度环境。规范化、制度化的科技资源共享平台也为其建立提供了可行性。在知识生产模式转型的背景下，学术界与社会的关系更加密切，科学研究逐渐"市场化""国际化"。"双一流"背景下成立的一流学科战略联盟需适应知识生产模式转型已是必然。目前我国已成立了九个一流学科战略联盟，但想要实现更高质量的发展仍存在一些问题。

一　我国一流学科战略联盟存在的问题

（一）一流学科战略联盟的运行机制不成熟

九个一流学科战略联盟大部分都出台了联盟章程，对联盟的宗旨、日常工作和运行机制做出了明文要求。但综观各联盟的章程，内容基本上大同小异，依然缺乏一流学科战略联盟的特色和放眼于长远发展的具体规划。为了联盟的正常运行与管理，每个一流学科战略联盟都成立了理事会，但却只是简单地将发起高校设为理事长单位，其他参与高校作为成员单位，各理事会成员并没有担当实质性的职责。许多高校成员的科研管理制度、人事制度的设计比较适合知识生产模式Ⅰ，亟须建立与新的知识生产模式相适应的管理制度。[1] 目前，国内除了"双一流"农科联盟有组建动态监测与评价体系小组之外，再没有联盟单独设立管理联盟的日常运作和评价监督工作的机构。另外，在共同开展学科发展研究、开发课程、共

---

[1]　蒋文昭，王新. 知识生产模式转型与高校科研支持体系变革 [J]. 中国高校科技，2018 (08).

享师资的具体实践中，联盟内的合作往往局限于资源较好、影响力较大的高校，其他成员普遍缺乏存在感，无实质性的合作，这一点在联盟成员较多的学科战略联盟中体现得更为明显。总的来说，九个一流学科战略联盟的运行机制还不成熟，各参与主体的权责不分明，执行机构还不能发挥应有的作用。

（二）一流学科战略联盟的建设主体单一化

一流学科战略联盟存在建设主体单一化的问题。随着知识生产模式的转型，大学不再是生产知识的唯一场所，政府机构、企业研究中心、社会组织等科研团体纷纷成为知识生产的主体。一流学科战略联盟受政策制度和思维惯性的影响，各高校既是联盟的发起者又是管理者，建设主体单一，缺乏企业、社会等其他知识生产主体的共同参与。长此以往，会压抑企业和社会的合作积极性，使高校缺乏主动适应国民经济和社会发展需要的内在动力。[①] 另外，大多数一流学科战略联盟的建设内容中虽有提及促进社会、全球的可持续发展，但其国际合作屈指可数，与国际性组织合作开展应对全球性挑战的科研项目更是寥寥无几。单一的联盟建设主体使异质的学科知识流入学科建设的渠道不通或受阻，从而影响了一流学科战略联盟的可持续发展，学科水平也难上新高。

（三）一流学科战略联盟的跨学科、超学科研究不足

当前，国内一流学科战略联盟的跨学科、超学科研究不足主要体现在两个方面。一是狭隘地把一流学科战略联盟定位为单一的学科大类所构建的联盟。现在已建立的学科战略联盟都是以独立学科的形式存在的，但一流学科战略联盟也可以是两个及以上的一流学科跨学科、超学科合作而建立的联盟，比如计算机科学与技术可以和农业类学科联合，远程实时观测、监控病虫害，提前应对可能会发生的灾情。二是把一流学科战略联盟定位为纯粹的精英型学术组织。这在某种程度上削弱了社会和其他知识生

---

① 韩炳黎. 论我国高等教育管理体制创新 [J]. 西北大学学报（哲学社会科学版），2006（03）.

产主体参与的可能性，从而流失了很多优秀的资源，不利于一流学科战略联盟高质量的发展。

（四）一流学科战略联盟的资源地域分布不均

一流学科战略联盟的高校成员地域分布不均，北京、上海、江苏等地占据了较大比例。以中国高校生物学一流学科建设联盟为例，总共 24 所成员高校，北京市的高校占 20.8%，上海市的高校占 16.7%。高校资源相对充足的省份拥有更多的机会整合学科资源，进行科研合作与交流。此外，国家的财政资助和政策支持会更加偏向具有学科实力的高校，这可能会加剧不同省份间的教育差距。目前一流学科战略联盟的成员高校中，西北部和中西部地区的高校占比不大，但这些地区也拥有很多学科实力很强的高校，联盟并没有很好地运用这些资源。联盟成员地域分布不均，将导致"马太效应"，不利于联盟成员高校整体学科建设水平的提高。

二 一流学科战略联盟存在问题的原因分析

我国一流学科战略联盟主要存在运行机制不成熟，建设主体单一化，跨学科、超学科研究缺乏，资源地域分布不均等问题，而造成上述问题主要有以下四个原因。

（一）一流学科战略联盟成立时间较短

现有的学科战略联盟都成立于 2017 年以后，成立时间较短，在联盟定位和发展规划上没有做好充分的准备，联盟内部的运行机制也存在较多的问题。由于一流学科战略联盟由不同的高校组成，联盟成员往往都拥有各自的学科文化和学科建设理念，这就造成成员之间沟通不顺，联盟正常运行阻力较大等问题。而且联盟成立时间较短，管理机构还不够完善，各成员还存在"一盘散沙"的现象。目前各联盟基本上没有成立单独的部门负责联盟的日常运行，一流学科战略联盟理事会对于联盟的管理流于表面，管理执行力较弱。大部分一流学科战略联盟的交流仅限于科研项目的合作，联盟成员缺乏对联盟的归属感，联盟缺乏凝聚力，组建的学科战略联盟处于不稳定状态，使联盟的合作氛围受到一定的影响。

（二）一流学科战略联盟的定位不够准确

我国学科战略联盟成立时间较短，没有吸纳高校以外的其他知识生产主体加入，也没有利用社会的优质资源帮助联盟自身的发展。在国际合作与交流方面，虽然建立联盟是想提升学科的国际影响力，但由于大多数联盟与国际组织没有搭建良好的合作桥梁，所以联盟的国际合作开展不充分。一流学科战略联盟的定位是高质量建设、特色建设一流学科，要与大学联盟的定位相区分，不能直接借鉴大学联盟的建设路径。目前学科战略联盟的章程中制定的大都是较为宏观的目标，行动框架存在模糊性，应制定适合学科特色发展的具体规划。

（三）一流学科战略联盟存在学科壁垒、地域局限

随着科学研究日益复杂，不管为了满足社会需求还是为了解决全球重大发展问题，传统的知识生产都无法满足和应对其可能出现的挑战。一流学科战略联盟建设的初衷是强强联手，形成合力，促进学科建设改革创新发展，但目前依然存在学科壁垒。像医学"双一流"建设联盟也只是初步开展了交叉学科人才培养，跨学科、超学科研究并没有在联盟成员合作中大范围开展。除了学科壁垒，一流学科战略联盟成员众多，地理分布十分广泛，这使联盟的运行受到地理位置因素的影响。联盟成员之间进行科研合作存在区域资源调配和利益协商等诸多客观问题，这在很大程度上阻碍了成员之间的有效沟通与合作。而且各区域之间的资源管理体制存在差异，使得跨地区成员之间的资源流通困难，不利于开展有效的深度合作。

（四）我国高等教育资源地区分布不均

我国东部和中部地区高校数量较多、规模较大、办学质量相对较高，西部地区虽然也在扩大高等教育规模，但扩展速度落后于发达地区，总体规模普遍偏小。[①] 所以，一流学科战略联盟在构建过程中，考虑到学科发

---

① 傅毓维，郑佳. 我国高等教育资源配置存在的问题及优化对策 [J]. 科学学与科学技术管理，2005（02）.

展和地理位置等因素，会倾向于优先选择东部和中部地区的高校。除了地区分配存在差异，高校之间教育资源分配也不合理。由于目前我国高等教育资源遵循的是非均衡分配原则，国家集中财力和社会优质资源推动一流大学、一流学科建设，这是社会经济和国家发展的需要，也是高等教育本身发展的需要。因此，一流学科战略联盟往往优先选择教育资源较丰富的中东部地区高校，以更好地利用资源优势，提升联盟成员学科建设的水平。

第三节　国外学科战略联盟的实施路径分析

国外在学科战略联盟建设方面起步较早，发展较为迅速，体系也更加完善。致力于国际合作推进科学发展的国际科学理事会目前共有 41 个一类正式会员（原联合会成员）、147 个二类正式会员（原组织成员）、40 个三类附属会员（原联系成员）。其最初的学科战略联盟，包括成立于 1919 年的国际天文学联合会，成立于 1922 年的国际地理联合会，颁发菲尔兹奖章的国际数学联盟，成立于 1950 年的国际心理科学联合会等多个学科战略联盟。联盟的成员大都来自世界各地，具有国际化的视野。本书选取了国际天文学联合会、国际数学联盟、国际生物科学联合会和国际基础与临床药理学联合会这四个具有代表性的国际学科战略联盟进行具体分析，总结其联盟特征，并与我国的一流学科战略联盟进行对比，进而探索我国一流学科战略联盟发展的路径。

一　规范完善的管理体制

知识生产模式转型的背景下，知识生产的集体性和跨学科性，使科研成为一种集体的、团队的活动，在共同的目标指引下获得学科和知识生产的共同发展。[①] 这就需要成熟规范的管理体制来维持各知识生产主体之间的合作。经过多年的发展，国际天文学联合会、国际数学联盟、国际生物

---

① 李志峰，高慧，张忠家. 知识生产模式的现代转型与大学科学研究的模式创新 [J]. 教育研究，2014（03）.

科学联合会和国际基础与临床药理学联合会都已构建了科学的内部组织架构，能够保障联盟的决策制定、计划执行、日常运作以及后期监督评价等工作，实现一流学科战略联盟的高效治理。

（一）具备成熟的联盟组织架构

在国外这四个学科战略联盟的职能分工中，各个部门或办公室由执行委员会统一管辖。执行委员会是联盟的执行中心，其权责由联盟章程法规赋予，上对大会（the General Assembly）负责，下对联盟整体的运行发展负责。执行委员会由大会选举产生，由主席、副主席、总秘书长等四到六名成员组成，联盟的日常工作则由秘书处负责。为适应知识生产模式Ⅰ、知识生产模式Ⅱ、知识生产模式Ⅲ的不同要求，各学科战略联盟将工作分为学科导向类、应用驱动类、社会服务类等类型，在执行委员会下一般会并列设置有关联盟发展、对外联络、技能培训、教育的办公室或部门来负责具体的事务。如国际天文学联合会的科学研究和教育活动是由9个科学学部组织的，并下设了涉及整个天文学领域的35个专业委员会（含跨专业委员会）和多个工作组。另外为了促进全球天文学的科学研究、教育和公众宣传活动，国际天文学联合会还专门设立了四个办公室：天文学促进发展办公室（OAD）、天文学外展办公室（OAO）、年轻天文学家办公室（OYA）和天文学教育办公室（OAE），分别负责联合会的发展、联络、技能培训和教育等四个分支的工作。四个办公室之间独立运行又相互交流，都与国际天文学联合会保持着密切的联系，如图8-4所示。

国际数学联盟下设发展中国家委员会（CDC）、数学教育国际委员会（ICMI）、电子信息与沟通委员会（CEIC）、执行委员会（EC）、数学史国际委员会（ICHM）和女性数学家委员会（CWM）等六个部门。发展中国家委员会主要通过一系列的项目计划和资金支持发展中国家的数学活动；数学国际教育委员会通过举办各种类型的小型数学会议，发行各种出版物等方式努力提高全球范围内的数学教学质量，加强各级数学教育；电子信息与沟通委员会建立了世界数字数学图书馆，让学科资源可以广泛传播和共享；执行委员会负责管辖国际数学联盟，并且设有监督管理联盟日常业务的秘书处；数学史国际委员会主要从事数学史的研究；女性数学家委员

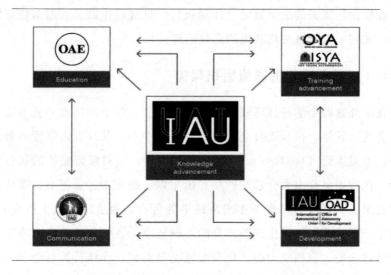

图 8-4　国际天文学联合会（IAU）的组织架构

会重点关注全球数学研究领域中的前沿问题，致力于提高妇女在数学研究领域的知名度。联盟各部门各司其职、各尽其责，从而保证联盟的顺利运作。国外学科战略联盟的运行机制已经系统化、体系化，使联盟的发展进入良性循环，学科的发展有了稳定的制度保障，也获得了较高的国际认可度。

（二）拥有广泛稳定的成员基础

国外的学科战略联盟都拥有稳定的成员基础，有些联盟对成员的划分十分清晰，如国际数学联盟只分为正式成员、非正式成员和附属成员且仅限国家或地区，没有个人成员。每个国家或地区可通过一个组织加入联盟，加入的组织应是数学学会、学术机构等具有代表性的机构，每个成员可开展独立的数学科研活动，并确保专家和公众积极参与数学活动。而针对数学科研产出较低，但已逐渐开展独立的数学研究活动并有意愿加入联盟的国家或地区，国际数学联盟允许它们以非正式成员的身份加入联盟。而其他有些联盟的成员类别则较为丰富，如国际天文学联合会现已发展成为拥有覆盖全球 73 个国家或地区的 10，528 个成员的国际性组织，其成员类别包括国家成员（专业组织）、个人成员（专业科学家）、初级成员（博士）、名誉会员（非个人成员的重要贡献者）等四大类。① 关于各类成员的申请资格与流程，各学科战略联盟都有着明确的规定，如申请国家成员资格的组织要能确保自身可以充分代表所在国家或地区，且能为联盟或相关学科的组织做出贡献。在申请时需要提交一系列的官方材料，包含组织的详细介绍，即阐述其在本国或地区的该学科领域发展中的作用以及基本的组织架构、负责人员和财政来源；概述本国或地区在过去几年中开展的学科专业活动和有关研究项目的年度报告；未来六年有关本国或地区学科研究和教育发展的规划等。不难发现，国外的学科战略联盟具备一套严格且清晰的成员入选机制，通过这一套申请机制，学科战略联盟成功拥有了一群稳定优质的联盟成员，进而推动联盟的稳步发展。

二 开展形式多样的科学研究

学科战略联盟无疑是需要科研来促进成员之间的交流和学科知识的传播的。这四个联盟也正在致力于开展更多高质量的科研项目，以整合多方资源，积极与各个知识生产主体合作，探索推动学科知识向更深、更细致的方向发展。

（一）丰富的国际、跨学科研究项目

在知识生产模式转型的背景下，国外的学科战略联盟打破组织边界，开创多样化的合作平台，使知识生产更加动态和开放，资源配置更为优化。② 联盟建立了不同层次的跨国科研合作交叉学科网络，开展多项联合行动，利用成员的优势资源开展国际和跨学科研究，通过研究切实解决区域面临的环境和教育等方面的问题，从而成为地区发展的强大驱动力。③ 在 2016~2018 年，国际生物科学联合会联合了中国科学院、俄罗斯生物科

① International Astronomical Union. 2019. IAU Affiliation ［EB/OL］. ［2019-08-20］. https://www.iau.org/administration/membership/.

② 张庆玲. 知识生产模式 II 中的跨学科研究转型 ［J］. 高教探索，2017（02）.

③ 李晨，朱凌. 面向区域经济大学联盟探索——基于欧洲"大区域"大学联盟经验的思考 ［J］. 高等工程教育研究，2018（01）.

学联盟全国委员会、国际动物科学学会等机构，开展"全球变化的生物学后果（Biological Consequences of Global Change）"活动计划，主要在动物学、植物学、统计学和人类学等多个学科领域进行跨学科合作，以探究全球变化对疾病、虫疫等生物灾害以及生物多样性等一系列问题的影响。国际数学联盟与联合国教科文组织、国际科学理事会等组织合作开展了一个跨学科合作项目——"探讨全球数学、计算机和自然科学领域的性别差距"，旨在创建一个可持续的、动态的数据库，去更好地了解世界各地科学领域的性别差距，有助于政府和组织实施相应的干预措施，以增加STEM 领域女性的参与度。在当今这个科学高度分化又高度综合的时代，跨学科、超学科的研究促进学科在更高层次上的分化与融合。联盟中众多国际、跨学科研究的开展，有益于解决复杂的社会实践问题，也加强了各成员之间的密切联系。

（二）积极开展与国际组织合作

国外的学科战略联盟积极与国际组织寻求合作，以促进可持续的全球发展和应对社会的挑战。科研国际化是知识生产模式Ⅲ中政府、高校、企业、社会等主体协同形成多层次知识创新网络的过程。早在 2005 年，国际天文学联合会就与联合国教科文组织合作，设立天文学与世界遗产项目，旨在建立科学和文化之间的联系，以探访与天文观测有关的古迹和遗址，促进文化多样性并为研究人类与环境之间的关系提供帮助。国际基础与临床药理学联合会与国家学术机构、国际性组织合作，协助加强各地区临床药理学教学，支持相关课程资源的开发，帮助建立专家网络，共享研究成果与经验。国际生物科学联合会与联合国教科文组织、世界气象组织等机构合作，共同开展"以跨学科研究为导向的教学法——增进对气候的研究和理解"（TROP-ICSU）计划，旨在于全球范围内确定相关的课程和有效的教学工具，以研究气候变化对生物多样性、人类健康与疾病的影响，探索未来几年解决这些问题的方法。国外学科战略联盟通过与国际组织积极合作，加强全球在各学科领域的交流与沟通，以推动学科研究国际化、高质量的发展。

（三）关注少数群体的科研活动

在高教大众化的背景下，各学科战略联盟除了开展多数群体的主流教育活动，还将更多的关注放在了少数群体的利益上，希望通过学科建设实现教育均衡化发展。

例如国际数学联盟主要关注两类少数群体。第一类，发展中国家。联盟中的数学国际教育委员会通过举办常规的数学活动、联合基金计划以及与其他组织合作，使发展中国家可以顺利地融入国际数学教育之中。国际数学联盟与联合国教科文组织合作实施"能力与网络计划"（CANP），旨在加强发展中国家的数学教育，提高数学教师的教学能力，并帮助这些国家建立充足的数学教师师资库，共享最新的研究成果。目前已在撒哈拉以南非洲地区、中美洲和加勒比地区、东非地区等实施此计划。第二，女性数学家和女性学生。女性数学家委员会全权负责全球数学领域中与女性相关的问题，致力于提高世界范围内的数学科学活动中女性代表的比例，促进国家或地区之间女性数学组织的联系，构建一个供世界各地从事数学研究的女性分享资讯和沟通的网络平台。

国际基础与临床药理学联合会从 2015 年开始联合其他组织共同筹措资金为非洲国家举办与药物使用相关的研讨会，并以此启动非洲国家之间在药物使用和流行病学研究方面的合作。该联盟通过与非洲药理科学官方网站合作，建立临床药理学电子资源库，以满足非洲药物研究人员的需求，并定期对来自尼日利亚等国家的临床药剂师进行研究培训。对少数群体的关注体现出国外学科战略联盟拥有高度的社会责任感，积极回应知识生产模式Ⅲ对学科发展的要求和挑战。

三　有效整合教育资源

除了关注科研，这四个学科战略联盟还积极向中小学生、大学生普及学科知识，吸引更多的年轻人从事科学事业，为各个学科的发展储备人才；通过不断整合优质教育培训资源，为教师搭建更多的资源共享平台；通过发布相关的学科知识信息和传播科学知识，使公众广泛参与联盟开展的学科活动。

（一） 支持青年科学家的活动

青年科学家是学科战略联盟发展的后备力量，国外学科战略联盟十分重视对青年科学家的资助与培养，以此为联盟的可持续发展奠定人才基础。如国际天文学联合会专门设立了年轻天文学家办公室，并成立了国际青年天文学家学校（ISTAs）。学校主要通过举办天文学讲座、研讨会、实践观察课等活动来拓宽参与者对天文学研究的视野。学生在该学校能直接接触天文学的最新研究成果，聆听专业领域最新趋势的主题会议，接受系统化、科学化的课程培训。

国际生物科学联合会通过赞助青年科学家参与一系列的国际生物学研讨会、植物与环境污染国际会议等活动，帮助青年科学家获得与其他国家同行学者交流科学的机会。国际数学联盟联合德国 Klaus Tschira Stiftung（KTS）基金会等机构一起举办了海德堡获奖者论坛，会聚了 200 名数学和计算机领域的青年科学家与资深教授学者进行为期一周的网络互动，为青年科学家提供了向榜样学习的机会，延续了科学家的思想与精神，鼓励和激发了青年科学家的研究兴趣和热情。国外的学科战略联盟以支持青年科学家的形式，一方面赢得了公众的普遍好感，提高了联盟的影响力和认可度，另一方面也为学科的长远发展提供了人才资源的保障。

（二） 共享学科的教学资源

知识生产模式Ⅲ的"四螺旋"机制中，作为"第四螺旋"的公众文化、价值观以及媒体交际方式等要素，会对多维知识创新系统产生影响。[①]这四个学科战略联盟通过整合各地的教学资源，为教育者提供了思想和教育资源共享的网络平台，从而充分利用媒体媒介，进一步促进了知识的融合创新。国际天文学联合会的天文学教育办公室主要负责制定世界范围内从小学到高中的天文学教学标准，开设了 NASE（天文学学校教育网络）的教学课程，旨在培育新一代的教师，并为现有的中小学教师能更好地进

---

① Carayannis E G, Campbell D F J. 'Mode 3' and 'Quadruple Helix': toward a 21st century fractal innovation ecosystem [J]. International journal of technology management, 2009 (3-4).

行天文学教学提供培训。NASE 的课程内容覆盖面广，向教育者们提供了基础课程的动画、文档和游戏等教育材料。该办公室往往在需要 NASE 课程的地区建立一个当地成员小组，负责每年开展基础课程教学，并使用 NASE 资源创建新课程，从而确保课程的适用性和材料的不断更新。除了 NASE 课程，国际天文学联合会还搭建了 astroEDU 平台——一个帮助教师改进天文学教学活动的免费平台，同时也是一个供同行之间推广特色活动的开放性平台。国际天文学联合会充分运用网络技术，提供了更加充足的学科资源供大家分享。国际基础与临床药理学联合会同样也设置了一个有关临床和药理学的全球教育工作者社区，支持临床和药理学研究领域的创新教学与评估。该社区通过创建论坛，展示和交流学者们对药理学教育的想法，促进教育工作者之间的全球交流与合作，并开展适当的药理学教育和培训，以满足高校学生的需求。

（三）开展公众宣传活动

国外学科战略联盟承担了全球范围内协调组织公众科学活动的角色，旨在提高公众对科学活动的认识，普及相关科学知识和教育，促进学科战略联盟与公众之间的交流。

为了提高公众对天文学的认识，国际天文学联合会协调和管理国际外联活动，与业余天文学家保持联系，建立了外联活动协调网络，以及时汇报联盟的天文学推广计划，并制定相关的外联活动计划。该网络拥有巨大的、活跃的资源数据库，以促进天文学学科在合作共享中快速发展，并促进天文学在公众中普及。同样，国际数学联盟通过数学外展服务活动将数学的重要性传达给公众，以激发儿童和年轻人对数学的兴趣。除此之外，还设立菲尔兹奖、高斯奖等奖项来扩大公众影响力，这些奖项会在每四年举办一次的国际数学家大会上颁发。其中，菲尔兹奖是最负盛名的奖项，是众多数学家毕生追求的荣誉，用以表彰拥有杰出数学成就的科学家。

四　知识生产模式转型背景下国内外学科战略联盟的比较

知识生产模式在应用语境、跨学科、非线性等方面发生的多重转型，引发了一流学科建设的一系列变革。①

（一） 知识生产模式转型对国内外学科战略联盟发展的影响

知识生产模式的转型对于国内外学科战略联盟的发展来说是机遇亦是挑战。从知识生产的目的来看，模式Ⅰ到模式Ⅲ经历了"个人学术兴趣—产业经济利益—社会公共利益"三个层次的利益取向转变，② 国外学科战略联盟所承担的角色相应地出现了"精英团体—知识市场化的驱动者—社会服务者"的演变转化。进入知识生产模式Ⅲ的阶段，知识的生产已开始注重社会公共利益，致力于解决社会实际问题和全球化重大问题，学科战略联盟的作用将通过服务社会及满足公众需求来彰显。当前，国外学科战略联盟旨在为相关学科的研究者之间的互动提供一个全球性的平台，促进知识的获取和分享，共同探寻针对若干科学问题以及关乎人类生存、气候变化等严峻挑战的解决方案，以回应知识生产模式转型的挑战。

知识生产模式转型对我国一流学科战略联盟的发展产生了不小的冲击，一是因为我国的一流学科战略联盟建设具有"学科排名"的导向，联盟成员往往把重心放在学科导向的研究上，忽视社会发展与经济需求，开展跨学科和超学科研究的阻碍较大。二是因为我国九个一流学科战略联盟的构建主体均为单一的高校。高校现行的考核评价体系将强化以学科为导向、以同质性为特征的知识生产模式Ⅰ，而阻碍一流学科战略联盟的知识生产向模式Ⅱ、模式Ⅲ转型。这也是目前我国一流学科战略联盟与知识生产模式转型不相适应的地方。

（二） 知识生产模式转型背景下国内外学科战略联盟发展的异同比较

我国一流学科战略联盟虽仍处于起步阶段，但战略联盟对学科发展所具有的重要价值已得到认可。学科水平直接影响高校的学术地位和国际竞

---

① 殷朝晖，黄子芹. 知识生产模式转型背景下的一流学科建设研究 [J]. 大学教育科学，2019（06）.

② 马廷奇，李蓉芳. 知识生产模式转型与人才培养模式创新 [J]. 高教发展与评估，2019（05）.

争力，所以通过总结国外四个具有代表性的学科战略联盟的建设经验，从联盟性质、联盟成员构成、联盟的运行机制和合作对象这四个维度对比国内外学科战略联盟发展的异同之处，可以为我国一流学科战略联盟的建设提供借鉴。

从联盟性质的角度，国外四个学科战略联盟和国内九个一流学科战略联盟都属于非营利性的专业学术组织，都是将专业学术团体聚集到一起，促进学科领域的研究合作。由于政策背景和国情的差异，国外的学科战略联盟旨在促进各国学科专业领域的全面发展，协调世界范围内的科学活动，向公众普及学科知识，促进科学家之间的交流和学科知识的传播。国内一流学科战略联盟旨在助推"双一流"的特色建设、高质量建设，引领学科建设改革创新发展，促进高等教育强国建设与国家重大战略的实施。

从联盟成员构成的角度，国际天文学联合会和国际数学联盟的成员覆盖范围十分广泛，国家或地区、个人和社会机构都可以申请联盟成员的资格，申请的获批需要经过一套系统且严密的审核程序。成为联盟成员之后，还需每年向联盟缴纳会费，以维持联盟的正常运转。我国的一流学科战略联盟成员构成较为单一，联盟主体均由高校组成，企业、政府和社会组织并未参与其中。联盟成员的入选没有复杂的申请程序，多由高校自发集结而成，以是否拥有一流学科或具备一流学科发展的潜力作为成员的筛选标准。

从联盟的运行机制的角度，国外的四个学科战略联盟因建立时间较长，所以运行机制已系统化、体系化、流畅化，使联盟的发展进入良性循环。联盟定期召开全体代表大会，选举领导机构。联盟的运行由执行委员会负责，设立了办公室负责联盟的日常事务管理，也有专门的工作委员会负责学科发展、教育、交流、宣传等方面的工作。我国的一流学科战略联盟由于建立时间较短，大部分联盟虽然成立了理事会，但没有专门的机构负责联盟日常工作的管理和统筹，联盟内部也会定期开展年会，举办学术会议，但缺少实质性的合作。

从合作对象的角度，国外学科战略联盟除了成员内部合作，还积极与政府、企业和国际组织合作，从全球、国家、地方三个维度推动学科之间的互动并加大对各学科的投入，以共同解决全球性意义的问题，充分体现了知识生产模式Ⅲ的"四螺旋"动力机制。如国际天文学联合会、国际数学联盟等联盟吸引了来自各个领域的专家学者，已发展为在世界范围内协调所有学科资源的学术性组织。而国内九个一流学科战略联盟的合作对象大多是高校，成员之间的合作形式多以开发课程、开展科研项目、共享资源等为主，缺乏与政府、企业和社会组织的合作联系。

通过对这四个方面的比较，可以看出我国一流学科战略联盟与国外的学科战略联盟相比还存在明显的差距。我国一流学科战略联盟在建设过程中，应始终保持开放的姿态迎接多元化的知识生产主体参与其中；应建立完善的组织管理协调机制，制定完备的规章制度加强联盟的日常事务管理，以保障联盟的稳定运行；应面向社会公众开展学科普及和推广宣传工作，提升学科的社会声望和影响力。

第四节 对策研究

在知识生产模式转型的背景下，从我国国情和联盟目前的发展现状出发，本书从建设理念、建设资源和建设机制等方面探讨建设我国一流学科战略联盟的策略。

一 建设理念层面：拓宽建设视野，塑造学科特色

（一）以社会需求为导向，关注少数群体利益

知识生产模式Ⅱ、知识生产模式Ⅲ的出现，使知识和社会之间的边界日益消融，大学开始与社会和市场形成良性互动，学科知识生产更加强调应用性研究和应用性情境。[①] 在不同的知识生产模式中，应用性情境都有其不同的侧重点。知识生产模式Ⅱ产生于实际应用的语境中，需要在知识的生产、流通、消费和应用等各个环节考量所有利益群体的需求，因此需

---

① 马廷奇，李蓉芳. 知识生产模式转型与人才培养模式创新 [J]. 高教发展与评估，2019 (05).

要更多的专业协商;① 而知识生产模式Ⅲ为了适应知识社会中创新创造的需求，提出了"四螺旋"模式，政府、学术界、企业和社会公众等主体在知识协同创新中有着密切的互动关系，并以此赋予模式Ⅲ注重社会公众作用的应用性情境。②

在知识生产模式转型背景下，一流学科战略联盟的发展方向需考虑知识生产情境的变化和多元的社会需求。一流学科战略联盟的建设应强调其社会服务的功能，并致力于解决社会实际问题，譬如国际数学联盟通过女性数学家委员会来提高女性在国际数学领域中的地位，减少学术研究中产生的性别歧视问题；国际天文学联合会对贫困地区天文学教育提供教学支持等。因此，我国一流学科战略联盟应针对高等教育需求和各地区学科发展现状，设置合理的学科建设方向，这样更易于满足社会共同利益并解决社会实际问题，其研究成果也更具有应用价值。

在一流学科战略联盟服务社会需求的同时，社会公众也应充分发挥创新能力，提高科研的参与度。一流学科战略联盟应鼓励联盟成员相互整合资源，以形成凝聚的核心竞争力，推动联盟内外双向驱动式发展，运用政府、高校、企业和社会等几大主体的力量帮助联盟自我提升。致力于将一流学科战略联盟最大效度地融入社会环境中，发挥"社会"群体的作用，缓解不同知识生产主体之间的文化冲突，共同解决人类社会面临的重大战略性问题。

（二）找准联盟特色，助推联盟个性化发展

国外的学科战略联盟虽然有着相似的运作机制和构建路径，但都有各自突出的发展特色，这成为其推动本学科发展的重要力量。如国际数学联盟设立了菲尔兹奖等奖项，打造了独特的精英人才网络，以不断满足科研对优质资源的需求。而我国一流学科战略联盟的构建和发展呈现同质化的趋势，局限于课程建设、人才培养和科学研究等方面，并没有形成各自的

---

① 安超. 知识生产模式的转型与大学的发展——模式 1 与模式 2 知识生产的联合 [J]. 现代教育管理，2015 (09).
② 蒋文昭. 基于模式 3 的大学知识生产方式变革 [J]. 黑龙江高教研究，2017 (04).

特色。因此，我国一流学科战略联盟应关注全球化和社会重大需求，根据学科自身的发展状况，充分发挥知识生产模式Ⅲ中"第四螺旋"的媒体传播、公众文化等要素的作用，突出联盟的发展特色，以推动联盟成员的学科建设得以个性化、跨越式的发展，让一流学科战略联盟能够呈现"百花齐放"的态势。

二 建设资源层面：整合学科资源，保持竞争优势

（一）提高整合资源的能力，把握联盟的优势

知识生产的多元化使知识生产机构增多，同时也带来了众多的异质性资源。① 具体来说，各高校都拥有大量的学科资源，尤其是高等教育发达的北京、上海等地区的高校，拥有较丰富的学术和社会资源来发展自身的学科建设。一流学科战略联盟搭建了一个各高校可以互通理念、共享资源、互相学习、共同成长的平台，以促进学科的交叉与融合，推动学科知识生产创新，从而带动一流学科建设水平的提升。

决定一流学科战略联盟核心竞争力的除了资源的获取，更重要的是能够拥有有效利用这些资源的能力。联盟的优势体现在开发和优化配置资源的能力上，② 而能力又体现在组织文化、信任、人力资源和信息技术等四个方面。从组织文化的角度出发，一流学科战略联盟需求同存异，协调好各联盟成员的学科文化，形成有价值的、认同感高的组织文化，这样基于文化的竞争优势才会在联盟的发展中表现出来；从信任的角度出发，构建一流学科战略联盟时，成员之间应产生高度的信任感，从而保持联盟的稳定性；从人力资源的角度出发，一流学科战略联盟要具备既能为成员提供高质量服务又能鼓励团队合作的管理能力，致力于培养一个内在有序的运行系统，以支持联盟目标的实现；从信息技术的角度出发，IT 技术的应用会促进一流学科战略联盟的管理科学化。在一流学科战略联盟的建设中，

---

① 吴立保，吴政，邱章强. 知识生产模式现代转型视角下的一流学科建设研究 [J]. 江苏高教，2017（04）.

② 赵坤，王振维. 大学重点学科核心竞争力的构建——基于资源与能力整合为视角 [J]. 黑龙江高教研究，2009（10）.

其竞争力取决于联盟所拥有的异质性资源和运用资源的能力，只有学科资源与运用资源的能力充分整合，才能保证一流学科战略联盟学科建设目标的实现。

（二）推动跨学科、超学科研究

知识生产模式与学科发展之间存在相互影响、相互促进的关系，从模式Ⅰ—模式Ⅱ—模式Ⅲ的演变，映射出学科研究从单一学科—多学科、跨学科—超学科的发展。一流学科战略联盟的建立也应打破学科组织边界，鼓励跨学科、超学科研究。学科之间交叉融合、相互渗透，往往能碰撞出新思维，实现强强联合、优势互补。

国际数学联盟虽然是单一学科战略联盟，但它依然致力于跨学科合作，积极开展与计算机科学与技术、物理等学科合作的科研项目，从而促进新研究领域的产生，以及从跨学科的角度获得解决数学科学难题的新思路。美国哈佛大学的兰德里癌症生物学联盟（the Landry Cancer Biology Consortium）可谓跨学科战略联盟的典范。该联盟通过联合多所高校以及相关的科研机构在医学、分子生物学、药物学等多个学科开展攻克癌症的相关研究，从而探索治疗复杂疾病的新思路。我国九个一流学科战略联盟现在都是单一学科战略联盟，但这并不意味着联盟不能开展跨学科、超学科研究。应该打破学科壁垒，鼓励跨学科、超学科研究成为学科发展的主要导向，探索新的学科交叉领域，促进学科知识生产创新。因此，一流学科战略联盟可以建立跨学科、超学科研究的专门领导小组，负责跨学科、超学科研究项目中人、财、物等资源的统筹事务，以及联盟内部知识生产主体之间的沟通工作，从而更好地集中优势学科资源，提升学科的创新能力。

三　建设机制层面：鼓励主体多元化，完善联盟运行机制

（一）打造主体多元化的一流学科战略联盟

在大科学时代，众多大规模的前沿跨学科合作科研项目，需要不同学科背景的思想相互启发，需要整合凝聚多方主体力量，利用各自优势，汇聚大量资金、研究人员和科研设备协同研究，促进科学研究本质和内在的

结合。知识生产模式的转型推动着科研组织主体多元化，需平衡政府、产业、高校、社会这四者之间的关系，来解决全球化和本土化的重大实际问题。为了适应知识生产模式的转型，一流学科战略联盟也应逐渐向主体多元化发展。如国际天文学联合会，其成员类型多样，包括个人、社会组织和国际组织等知识生产主体；而我国九个一流学科战略联盟的构建主体均为高校，成员构成单一，而且互动交流也不频繁。一流学科战略联盟应广泛吸纳多元知识生产主体的参与，资源共享、优势互补，在应对国家战略需求、社会需求和解决当前现实复杂问题时，通过不同背景、不同知识领域的研究人员的共同合作，推动学科知识之间的交叉与碰撞，实现技术上的难点突破和产业上的瓶颈跨越。

（二）构建成熟的联盟组织架构

一流学科战略联盟要想实现有效管理，必须形成科学的、成熟的内部组织架构。因为一流学科战略联盟的政策制定、计划执行、日常运作、后期监督评价都需要规范的组织制度来保障，只有形成成熟的管理体系才能顺利支撑联盟的持续运转，助力联盟成员在人才培养、科学研究、社会服务等方面发挥应有的作用。我国九个一流学科战略联盟都出台了相应的联盟章程，设立了理事会，但组织架构尚不完善。而国际天文学联合会和国际数学联盟都拥有权责分明的组织机构，内部设立了执行委员会负责掌握联盟的决策权，并下设负责联盟日常工作的秘书处，还有负责联盟教育教学、科学研究、公众宣传的专属办公室。

借鉴国外联盟的经验，我国一流学科战略联盟应设立以各成员高校相关学科负责人为代表的联盟执行委员会作为联盟的最高决策机构，下设秘书处，每所高校选调1到2名行政人员，负责组织、协调成员之间的交流活动以及联盟日常的事务性工作，其工作进展直接向执行委员会汇报并受委员会监督。我国一流学科战略联盟应借鉴国外学科战略联盟层级分明、分工明确的管理体系，提高联盟的管理水平和运行效率，保障一流学科战略联盟的可持续发展。

（三）构建多维的一流学科战略联盟评价体系

知识生产主体多元性和组织多样性的趋势使知识生产参与者的不同质量标准都将进入质量控制的过程中。① 受知识生产模式转型的影响，质量控制方式从同行评议转变为多维的质量控制。人们对学科的关注不再局限于知识增长，还要关注政治、经济和社会等因素，所以学科建设要由多维的质量标准来监控。一流学科战略联盟为多维的质量监控提供了场所，从多元化、科学化的角度促进一流学科内涵式发展。构建多维的一流学科战略联盟评价体系应从评价主体、评价标准和评价方式三个角度对联盟成员进行多维的质量控制。

从评价主体的角度来说，除了联盟的执行委员会，还应加入企业、社会等其他利益群体代表组成评价委员会，共同对联盟成员展开多角度、全方位的评议，而多方评价的结果将对联盟下一步工作的开展提供指导性的意见和建议。从评价标准的角度来说，在强调应用性、适应性情境的知识生产模式Ⅲ"四螺旋"动力机制的影响下，一流学科战略联盟活动的开展应以把握市场和社会需求、顺应国家战略为标准。应根据联盟成员的学科实力来客观地衡量其科研能力和核心竞争力，尤其是联盟成员是否拥有协助企业、社会机构解决技术瓶颈和科技攻关的能力，以及是否积极开展国际交流与合作活动。从评价方式的角度来说，应采取量化评价与质性评价双管齐下的过程性评价。量化评价主要通过客观的数据来反映联盟成员是否拥有稳定的学科资金投入、科研成果产出及科技成果转化率等。质性评价侧重于评价联盟成员共享与整合学科资源的能力，以及培养人才、服务社会和国际交流的能力。此外，还应定期、动态地监测一流学科战略联盟成员学科建设的日常运行管理及其目标的完成情况。

随着一流学科战略联盟的评价体系越来越系统化、动态化、多元化，联盟成员也能更精准地把握发展方向，加强联盟成员之间稳定、高效的合作，以建设良性运作的一流学科战略联盟。

---

① 李志峰，高慧，张忠家. 知识生产模式的现代转型与大学科学研究的模式创新 [J]. 教育研究，2014（03）.

第九章　交叉学科研究的非学术影响评价研究

在知识生产模式Ⅲ背景下，我国"双一流"建设要求高校促进学科交叉融合、推动交叉学科服务科技创新和经济社会发展，交叉学科及其成果转化逐渐成为焦点。2021年1月，国务院学位委员会、教育部印发通知，新设置"交叉学科"为第14个学科门类。作为交叉学科建设的成果体现，交叉学科研究以不同学科交叉相融的研究范式，形成了以"问题为中心"的研究导向，强调知识的效用。这种导向要求交叉学科研究评价不能只关注学科自身知识的发展，还应注重其非学术影响的测评。

在现行的"双一流"建设相关政策引导下，我国交叉学科研究的评价多侧重于测评其学术影响，关注知识在学界内部的融合和扩散程度。然而单一的学术影响评价已无法满足时代需要。此外，国际科研评价范式也正在逐渐发生改变，许多国家在评价体系中加入了"非学术影响"的相关评价指标，转向关注研究成果对社会的辐射影响。[①] 所谓非学术影响是相对于学术影响而言的概念。学术影响通常指研究成果在学术圈内，对学科领域的知识生产和科学共同体发展做出的学术贡献，而非学术影响则指学科研究成果对学术共同体以外的经济、社会、文化等方面所产生的影响。非学术影响的内涵较为丰富，从影响的效果来看，非学术影响包括学科研究成果对学科领域之外所产生的积极推动作用和消极影响；从影响的空间范围来看，非学术影响的范围广阔，可以从地区延伸至国家乃至全球；从影

---

① 王楠，罗珺文. 高校科研成果的非学术影响及其评估：是什么，为什么，怎样做？[J].华东师范大学学报（教育科学版），2020（04）.

响的对象来看，非学术影响既包括研究成果对非学术同行的个人所产生的影响，也涵盖对教育、医疗、生态环境等非个人所带来的一切变化和影响，例如科研成果影响了某项公共政策的制定或带来了某方面的社会效益等。关注交叉学科研究的非学术影响能够促进其社会服务功能的提升，让更广泛的社会群体受益，同时有助于完善学科研究评价体系和评价方法，促进高校科研和社会服务职能的融合，从而适应知识生产模式转型的需要。

第一节　评价诉求

我国目前占主导地位的学科研究的学术影响评价因其自身局限，存在许多负外部效应。首先，量化的学科研究评价指标体系过于突出成果数量、引用率、获奖等级等结果性指标，难以衡量研究成果的实际知识贡献和学科的实质发展程度；其次，以学术影响为主要内容的学科研究评价忽视了研究成果的社会价值，未关注到学科研究成果的"现实之用"，容易陷入唯科学主义的评价误区；最后，单一化的评价主体通常用同一种知识生产逻辑评价不同类型的研究，未考虑到学科研究的差异，而认为不符合科学主义价值取向的研究成果是有缺陷的，并逐渐将其边缘化或淘汰。[①]可见，学科研究的学术影响评价已无法满足知识生产复杂化的内在要求和国家与社会的外在需求。然而高等教育承载着促进社会进步和发展的使命，一流大学与一流学科理应提供一流的社会服务。因此在知识生产模式转型的背景下，研究成果的非学术影响评价亟须受到重视，尤其是交叉学科研究的非学术影响评价。

一　交叉学科研究的非学术影响评价顺应知识生产模式转型背景下"双一流"建设的逻辑需求

知识是学科的逻辑起点，学科是知识系统化的存在形态，其建设方向

---

① 靳玉乐，胡建华，陈鹏，等. 关于当前学科评估改革的多维思考 [J]. 高校教育管理，2020（05）.

与知识生产模式的转型息息相关。在知识经济时代，大学知识生产模式经历了从模式Ⅰ到模式Ⅱ的演变。知识生产模式Ⅱ以外部导向性为特征，强调学术界与企业等主体的交流与合作，以推动知识生产由知识逻辑向应用逻辑转变。模式Ⅱ的出现说明当今学科知识生产已不再是单学科间的对峙，而是通过多元学科的动态交融，在知识生产的同时发挥其服务经济社会发展的职能。交叉学科研究范式在该背景下应运而生。之后，随着社会资本涌入大学，知识生产模式Ⅲ加入了"社会"这一主体，展现出多层次、多网络的新局面，减少了知识经济化对社会发展带来的负面影响，也更加强调知识的社会贡献和影响力。① 随着知识生产模式的转型，知识生产已不再只为学科的自身发展服务。企业、政府和公众的参与使科学与社会的围墙被打破，学科研究更加注重为公共利益服务。交叉学科研究因其综合性、创新性和适应性等特征，能够通过学科间的交融与合作解决实际问题，这更有利于其发挥服务社会的作用。因此，"双一流"建设愈加重视交叉学科研究，并明确指出要以科技创新服务经济社会发展为导向。此时若一味追求交叉学科研究的学术价值向度，势必会导致交叉学科研究成果脱离社会需求，无法真正实现其社会价值。为更好地适应学科知识生产的需要，交叉学科研究评价应不再囿于评估学科领域内的知识增量，而要更加重视其外部的非学术影响及贡献，倾听来自市场、政府和公众的声音。因此，重视交叉学科研究的非学术影响评价与知识生产模式转型背景下"双一流"建设的内在逻辑相吻合。

二　交叉学科研究的非学术影响评价满足政府建设"双一流"建设高校的投资判断需求

自 20 世纪 70 年代以来，政府决策者坚信科学研究具有积极的社会影响，认为任何科学投入本质上都是有利于社会的，② 因此该时期的学科研究评价仅注重学术质量评估。然而在 20 世纪 80 年代后期，大量科学资金

---

① 黄瑶，王铭."三螺旋"到"四螺旋"：知识生产模式的动力机制演变 [J]. 教育发展研究，2018（01）.
② Bush V. Science the Endless Frontier [M]. Washington：United States Government Printing Office，1945.

的投入使许多国家出现严重资金赤字。① 90 年代之后，"保证科学质量，科学会自动生成社会效益"这一假设受到了公众的质疑。② 在"科学究竟能否真正造福社会"这一怀疑之下，学科研究的非学术影响评价逐渐受到重视。在美国、英国等国家，学科研究评价的范围辐射至整个社会。这些国家关注研究成果对经济、就业等方面的社会效应，并以此作为科研拨款的依据。例如英国的研究卓越框架（Research Excellence Framework，REF）将科研的外部影响力纳入评价指标体系中，旨在根据不同学科领域研究的质量、数量和相对成本来分配主流科研质量拨款资金。③ 然而文献计量学分析结果显示，目前英国有 8.4% 的论文属于交叉学科研究，其中仅有 6.4% 的交叉学科研究成果在 REF 评估中得到认可，④ 可见交叉学科研究的质量与数量仍需提升，政府也需加大投资力度，发挥交叉学科研究的社会价值。对于我国"双一流"建设高校而言，激发新兴交叉学科研究的活力更需要充足的资金。对交叉学科研究进行非学术影响评价能够以评助建，为政府确定投资目标和份额提供依据，切实增强"双一流"建设专项资金的使用效益，并以此激励不同机构合作开展交叉学科研究，进而提高研究成果的应用转化率。

第二节　面临的困境

对于交叉学科研究，目前国内多集中于研究其学术影响的测度，例如通过"知识融合度"、"专业度"或"网络聚合度"等指标测量一项研究的学科交叉性，⑤ 但针对其非学术影响评价的研究凤毛麟角。在实践中，

---

① 武学超. 大学科研非学术影响评价及其学术逻辑［J］. 中国高教研究，2015（11）.
② 邢欢. 社会科学研究：非学术影响及其评估［J］. 清华大学教育研究，2017（2）.
③ 熊佩萱，茹宁. 科研卓越框架（REF）：英国大学科研评估制度及启示［J］. 教育理论与实践，2020（15）.
④ 范英杰，徐芳. 如何看待研究成果社会影响力评价？—英国高等教育机构科研水平评估框架概览［J］. 科学与社会，2019（01）.
⑤ 黄颖，张琳，孙蓓蓓，等. 跨学科的三维测度——外部知识融合、内在知识会聚与科学合作模式［J］. 科学学研究，2019（01）.

因非学术影响的概念界定和评价手段尚未达成共识，评价还未得到有效开展，① 这与知识生产模式转型的要求是不相符合的。2020 年 11 月，教育部公布了《第五轮学科评估工作方案》，宣布第五轮学科评估工作启动，本次评估仍然延续了"社会服务"的二级指标来评价学科和研究成果的非学术影响。学科研究评价是学科评估的核心任务之一，尽管目前学科评估已形成了相对成熟的学科评价体系，但针对交叉学科研究的非学术影响评价仍存在方法和工具不够成熟的问题。

一 交叉学科研究非学术影响的概念界定模糊

目前学界对于"非学术影响"概念的界定不尽相同，但都较为笼统，也非共识。② 在评价非学术影响时，我国第五次学科评估设置了"社会服务贡献"这一指标，要求高校和科研单位提交学科对社会经济发展做出贡献的主要案例。第五次学科评估中，"社会服务贡献"的三级指标描述了非学术影响的几项具体标准，不同学科大类的表述略有不同：哲学社会科学学科要求传承和创新优秀文化，发挥智库作用，为社会公共利益服务；自然科学学科则强调要推动科技成果转化，解决关键核心技术问题。尽管评价指标体系已经发布，但官方仍未给出社会服务贡献或非学术影响的明确定义，其指标内涵较为宽泛和抽象。这使参评学科面临着难以找到影响范围和影响质量证据的挑战，③ 尤其是找寻思想、文化、政策这类隐性影响的支撑证据，其难度更大。另外，该评价指标体系的三级指标并未全面涵盖研究成果非学术影响的所有类型，仅要求各单位提交已发生的非学术影响案例，忽视了学科研究的潜在社会价值及间接影响，由此出现了片面的漏评现象。对交叉学科研究而言，研究成果通常涉及不同学科，其非学术影响的种类、范围和层面不尽相同。若非学术影响的内涵无法清晰界

---

① 范英杰，徐芳. 如何看待研究成果社会影响力评价？—英国高等教育机构科研水平评估框架概览 [J]. 科学与社会，2019 (01).

② 王楠，罗珺文. 高校科研成果的非学术影响及其评估：是什么，为什么，怎样做？[J]. 华东师范大学学报（教育科学版），2020 (04).

③ 范英杰，徐芳. 如何看待研究成果社会影响力评价？—英国高等教育机构科研水平评估框架概览 [J]. 科学与社会，2019 (01).

定，或评价方式不当，则一些交叉学科研究的关键社会贡献会被忽略，从
而无法得到客观的评价结果。

二　交叉学科研究非学术影响的评价方式尚未完善

针对交叉学科研究，第五次学科评估沿用了"归属度"成果认定方法
进行评估。交叉学科研究成果将依据内涵归属按比例被拆分到若干学科，
但比例之和不超过 100%，即同一科研人员的科研成果可以在其所交叉学
科之间进行比例分配。该方法能够避免各单位随意交叉使用同一个成果，
是我国学科评估实践中评价交叉学科研究成果的创新举措。然而过细的学
科分类使得"归属度"认定方法的可操作性不强。第五轮学科评估将学科
划分为 7 个领域，按一级学科分别设置了 99 套指标体系。[①] 因一级学科类
别划分较细，评价时难以对一些多学科、交叉学科研究进行学科归类。学
科评估的官方文件也并未提及如何划分交叉学科研究成果的归属度比例，
究竟是申报者主观划分还是根据作者所在学科进行划分？"归属度"认定
方法是否适用于评价难以量化的非学术影响？由此可见，是否能利用"归
属度"成果认定方法准确并全面地评价不同学科的非学术影响的贡献度还
有待商榷。

在评价非学术影响时，我国第五次学科评估主要采用了提交"社会服
务贡献案例"的方式将非学术影响显性化，引导科研服务国家重大需求。
尽管案例评价方法能够将研究成果置于特定情境中，更好地识别科研对于
解决社会问题的贡献，但在实际评估中，各高校和科研单位通常以学科为
单位提交案例，这使各学科界限分明，并未考虑到成果彼此之间的相互影
响，不利于交叉学科研究成果的评价。另外，学科评估未给出案例模板，
也没有明确说明按照何种逻辑进行案例叙述，因此各高校所提交的案例格
式和逻辑顺序往往样式繁多，不利于专家在统一标准的基础上评价一项研
究的社会贡献。

---

① 教育部学位与研究生教育发展中心. 关于公布《第五轮学科评估工作方案》的通知
［EB/OL］.［2020 - 11 - 3］. http: //www.cdgdc.edu.cn/xwyyjsjyxx/2020xkpg/wjtz/
285009.shtml.

三 交叉学科研究非学术影响的评价主体单一

在第五次学科评估中，高校所提交的社会服务贡献案例需要由同行专家进行主观评价，综合考察研究成果的社会贡献度。然而不可忽视的是，交叉学科研究是不同学科的组合和交叉渗透，种类繁多，而真正具有交叉学科背景的专家数量较少。来自各研究领域的评审专家往往会从自己的学科立场出发进行评价，无法保证他们能够对交叉学科研究的评价标准、评价范式达成一致，进而全面、客观地评价一项研究成果。此外，与传统单一学科研究成果通过学术共同体内部的体制化渠道进行传播不同，在知识生产模式Ⅲ背景下，交叉学科研究的价值已超越了学术共同体内部而延伸至整个社会，由不同主体共享，其最终受益者包括政府、企业和其他公众用户。对于涉及学术伦理道德以及对公众有潜在风险的研究，更应让公众在保有知情权的同时享有评价权。[①] 因此，仅由同行专家作为单一主体进行非学术影响评价，会因其学科视野和立场的限制，无法真实评价研究成果所产生的非学术影响的质量及研究成果的社会贡献。

第三节　经验借鉴

知识生产模式转型背景下，国外科研成果的评价导向逐渐发生改变，由单纯关注学术影响转变为同时注重科研的非学术影响[②]。英国、澳大利亚、瑞典等国都将"科研影响力"（Research Impact）作为非学术影响的评价指标纳入科研的评价系统中，同时提及了评价交叉学科研究的方式，兼顾了研究成果的学术质量和非学术影响，令二者之间形成良性循环。国外在非学术影响评价方面的有益探索，为我国交叉学科研究评价提供了可资借鉴的经验。

---

① 王国豫，朱晓林. 同行评议与"外行"评议 [J]. 科学学研究，2015（08）.

② 胡科，陈武元，段世飞. 英国高校科研评估改革的新动向——基于"科研卓越框架2021"的分析 [J]. 中国高教研究，2019（08）.

一 评价组织：设置了专业评价机构

国外的学科研究评价通常设有不同类型的评价小组，或直接交由第三方评价机构负责评估事宜，这种去行政化的方式能够从一定程度上保障评价结果的科学性和公信力。英国高等教育机构在 2019 年发布了新一轮研究卓越框架 2021（REF 2021）的评价指南、评价方法及评价标准等文件，再次扩大了非学术影响的范围。[①] REF 2021 注重交叉学科研究成果的评价，专门设置了交叉学科研究咨询小组（Interdisciplinary Research Advisory Panel，IDAP），致力于交叉学科及其合作研究的评价。该小组负责为设立交叉学科研究评价标准提供指导，及时提出对于评价指标和方法的思考与建议。[②]

澳大利亚在参考英国科研评价体系内容的基础上，也制定了本国的科研质量框架（Research Quality Framework，RQF）制度，全面评价包括交叉学科研究在内的澳大利亚高校的科研质量和影响，实现高校公共资金使用透明化。[③] RQF 制度涉及诸多专业机构，各组织分工明确，协调运作，为政府制定政策提供咨询。2008 年，随着新政府的上台，澳大利亚高校科研评价制度在沿袭 RQF 制度的基础上改进为更加完善的澳大利亚卓越科研（Excellence in Research for Australia，ERA）制度，并得到了广泛的认可。在评价机构方面，由半官方的独立评价机构澳大利亚科研委员会（Australian Research Council，ARC）推进 ERA 制度的实行。ARC 作为独立的政府科研事务机构，扮演着"监管者"的角色，负责高校科研评价内容和操作方法的制定，以及 ERA 制度的实施和监管。[④] ARC 同时下设了科研评价专家委员会、同行评议专家组和复审委员会对科研成果进行评价、监督和反馈，

---

① 胡科，陈武元，段世飞. 英国高校科研评估改革的新动向——基于"科研卓越框架 2021"的分析 [J]. 中国高教研究，2019（08）.

② HEFCE. REF 2021 Interdisciplinary Research Advisory Panel：Review of the criteria-setting phase [EB/OL]. [2019-1]. https：//www. ref. ac. uk/publications/idap - review - of - criteria - setting-phase/.

③ Department of Education SAT. Common Wealth of Australia 2006，Research Quality Framework [R]. Canberra Assessing the Quality and Impact of Research in Australia，2006.

④ 李夏. 从 RQF 到 ERA：澳大利亚高校科研评价制度改革研究 [D]. 西南大学，2019：76.

形成了较完善的评价系统。英国和澳大利亚通过设置专业的评价机构或交由第三方评价，弥补了政府这一单一评价主体的不足，以保证评价结果的专业性和公正性。

二 评价方式：构建了"典型案例"评价网络

由于非学术影响具有抽象性和动态性，国外许多评价制度以科研影响报告或案例等叙述性材料为评价依据，将非学术影响以案例描述的形式具体化。如英国 REF、瑞典科研质量评价框架（Research Quality Evaluation in Swede，FOKUS）等。其中英国 REF 的案例评价较为典型，它要求参评方详细叙述科研产生的具体影响，同时提供影响的证据来源。该评价方式能够在特定情境中真实反馈科学研究的社会价值。为了保证案例评价方法能够全面评估学科研究的非学术影响，凯瑟琳·罗斯（Catharine Ross）等学者创新性地提出了知识转移网络（The Knowledge Translation Net）模型（见图 9-1），倡导案例评价方式由提交单独案例转变为形成案例评价网络，将非学术影响具象为研究成果在不同知识转移阶段中的社会贡献。[①]

知识转移网络是由知识转移价值链（The Knowledge Translation Value Chain，KTVC）改进而来，两个模型相辅相成。知识转移价值链模型（KTVC 模型）由理查德·索普（Richard Thorpe）等人提出，其将知识从创造到应用的转移过程线性化为五个阶段，分别为理论发展阶段（KT0）、理论到实践的转变阶段（KT1）、使用者参与阶段（KT2）、广泛传播阶段（KT3）以及服务和支持阶段（KT4）。该模型同时给出了用于评价每一阶段影响的证据来源，如网络出版物、用户反馈等，便于后续评价（见图 9-2）。[②] 基于 KTVC 模型，知识转移网络模型进行了进一步改进，认为知识转移活动能从任意顺序开始，相互影响，不会局限于理论到实践的线性顺序。同时，在一项研究传播其非学术影响的过程中，其他学科可能会参与其中，加速该研究的传播进程。由此，凯瑟琳·罗斯提出了改进英国 REF

---

① Ross C，Nichol L，Elliott C，et al. From chain to net：assessing interdisciplinary contributions to academic impact through narrative case studies［J］. Studies in Higher Education，2020（18）.

② Thorpe R，Eden C，Bessant J，et al. Rigour，relevance and reward：introducing the knowledge translation value-chain［J］. British Journal of Management，2011（3）.

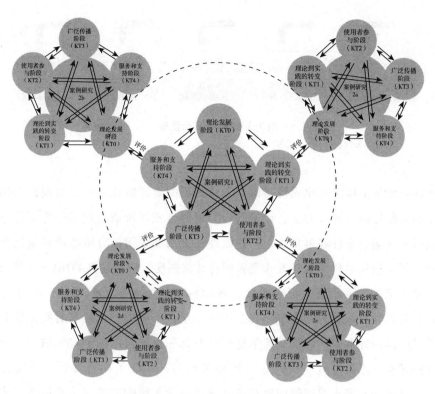

图 9-1 知识转移网络

案例评价的方法：首先要求各学科对应 KTVC 模型的知识转移五阶段进行自我考察，如对其他学科的研究成果辐射非学术影响有所帮助，该学科也应提交案例，并以此作为本学科传播非学术影响的证据，从而在学科之间形成案例网络，保证不同研究成果之间的互动。

知识转移网络模型对于评价交叉学科研究的非学术影响同样具有代表性，即全面记录研究成果的非学术影响类型，顺应阶段性评价原则，构建贯通式的交叉学科研究评价体系，以系统化思维建立不同评价单元以及各个转移阶段相互联系的评价网络。

三 评价主体：同行评价和多元评价主体相结合

评价主体是评价的主导因素之一，将在很大程度上影响评价结果的准

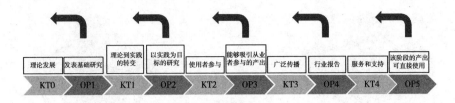

图 9-2　知识转移价值链

注：KT 为知识转移；OP 为产出

确性。评价主体多元化成为知识生产模式Ⅲ的重要特征之一，目前许多国家倾向使用同行评议为主、计量指标为辅的方式评价研究成果。为了保证同行评议的公平性和可靠性，一些国外评价制度采用了分阶段严格遴选评审专家、精简学科领域等方式完善同行评议制度。例如瑞典 FOKUS 框架为了减少交叉学科研究的识别难度，将学科划分为 5 个研究领域、24 个学科，并以学科领域为基本单元成立评价小组，小组成员包括具有特定学科背景的国内外专家。评价交叉学科研究时首先由来自不同学科领域的小组共同评价，之后进行二次讨论、再评和校对，保证了同行评议的评价质量。此外，专家小组能够同时对研究成果的学术影响和非学术影响进行专业判断，从一定程度上节约了人力成本。为了更全面地评价研究成果，一些国家针对交叉学科研究非学术影响的复杂性和广泛性，在同行评议的基础上增加了除专家以外的多元评价主体。以澳大利亚的科研评价制度为例，其 RQF 制度根据学科分类设置了 13 个评价小组，每个小组 12 名成员，不仅包括由来自高教界、工商界等部门的代表组成的专家成员，还加入了国际成员和来自社会各界的研究成果的使用者。[①] 在 RQF 制度的基础上，ERA 制度参照《澳大利亚及新西兰研究分类标准 2008》，以编码形式划分了 8 个学科群，并针对每一个学科群分设相应的评价委员会，[②] 评价委员会成员多由具有交叉学科背景和丰富评价经验的专家组成。ERA 制度还聘请了一些工业代表组成额外的评审专家组。多样化的评价主体参与能

---

① 李夏. 从 RQF 到 ERA：澳大利亚高校科研评价制度改革研究［D］. 西南大学，2019：34.

② 张靓媛. 澳大利亚高校卓越科研评价制度（ERA）研究［D］. 天津理工大学，2018：55.

够克服同行评议的评价局限，增加评价的科学性和客观性。因此，交叉学科研究非学术影响的评价主体应当包括研究成果对其有直接或间接影响的利益相关者。

第四节　提升我国交叉学科研究非学术影响
评价质量的对策

交叉学科研究评价是其科研价值导向的指挥棒，在"双一流"建设进程中关注交叉学科研究的非学术影响，是知识生产模式转型的必然要求。借鉴国外的实践经验，我国应从以下三方面完善交叉学科研究的非学术影响评价机制。

一　设立交叉学科研究评价委员会，优化评价体系建设顶层设计

我国目前缺少专业性强、社会公信力高的交叉学科研究评价机构。因此，为了保证交叉学科研究评价的专业性和客观性，在评估研究成果时可单独设立交叉学科研究评价委员会作为专业评价机构，开展交叉学科研究评价、监督和改进工作，实现管办评分离。交叉学科研究评价委员会的主要职责一是检验所提交的交叉学科研究的可信度。交叉学科研究评价委员会应首先评价交叉学科研究所包含的若干个学科之间的关联程度，如是否具有关联性和一致性，是否平衡了不同学科间有冲突的观点和方法，研究成果是否经得起实践检验等，在确定该研究的可信度之后再进入下一轮评价工作。① 二是精简学科分类，根据学科大类的不同特色，制定交叉学科研究非学术影响的评价体系和方式。交叉学科整合了多个学科的知识体系、研究范式及思维方式，不能将单一学科评价指标体系直接沿用至交叉学科。委员会应考虑不同领域的学科特性以及非学术影响的抽象特征，适当精简和归并同类学科，构建适用于交叉学科的评价指标体系，以促进交叉学科多元发展。三是明确非学术影响的内涵和表现形式，并准确向参评

---

① 刘凡丰，余诗诗，罗芬. 跨学科研究评价的原则与指标构建［J］. 中国高等教育，2013（05）.

高校和机构传达。"非学术影响"的模糊性和抽象性给评价带来了一定难度，交叉学科研究评价委员会应当明确非学术影响的界定和种类，针对不同类型的非学术影响选择适切的评价方法，适当加入量化评价指标。例如借助替代计量学来追踪、记录媒体网络数据，以分析文化、思想等方面隐性影响的范围与程度。①

二 分阶段评价交叉学科研究，全面考察各类型非学术影响

在我国第五次学科评估中，案例评价方式被广泛应用于评价学科研究成果的非学术影响，但该评价方式仍有可优化的空间。由国外学者提出的 KTVC 模型及改进后的知识转移网络模型可知，知识转移是连接学科研究和非学术影响的桥梁，三个元素之间密不可分。因此，全面考察交叉学科研究在知识转移各阶段的非学术影响是我们优化案例评价方式的新思路。

结合 KTVC 模型和凯瑟琳·罗斯提出的知识转移网络模型，本文将交叉学科研究作为对象，得到交叉学科研究的案例评价网络图（见图9-3）。将交叉学科研究映射到 KTVC 模型后，可以发现当知识转移以应用为导向时，交叉学科研究的理论知识不断向外辐射，产生了一系列非学术影响。因此，知识转移的 KT1 到 KT4 阶段代表着研究成果的非学术影响。参评单位在撰写交叉学科研究的非学术影响案例时，可将 KTVC 模型的知识转移五阶段作为模板，厘清本研究涉及知识转移的哪些阶段，描述该研究如何在这些阶段完成非学术影响的辐射过程，以及产生了何种影响结果，从而形成逻辑化、系统化的评价案例。

此外，一项交叉学科研究可能会成为其他研究传播非学术影响的工具，从而产生间接的非学术影响。因此，参评学科不能仅考虑研究成果自身的非学术影响，还应加入该成果对其他研究传播非学术影响的贡献，从而在不同研究之间形成相互连接的案例网络，保持彼此之间密切的交互共振状态。因间接的非学术影响种类繁多，关系复杂，参评学科只需提交对其他学科研究产生非学术影响起决定作用的交叉学科研究案例，作为该交

---

① 刘春丽. Altmetrics 指标在科研评价与管理方面的应用——争议、评论和评估［J］. 科学学与科学技术管理，2016（06）.

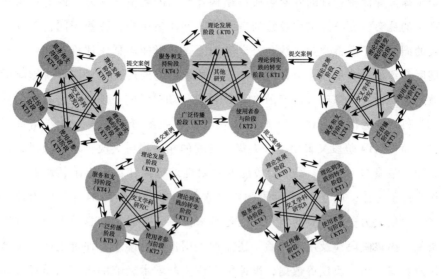

图 9-3 交叉学科研究的案例评价网络图

叉学科研究非学术影响的一部分，以衡量交叉学科研究在非学术影响方面的贡献度全貌。例如区域教育大数据的应用研究是涉及教育学、计算机科学与技术等学科的交叉学科研究，该类研究能够提升学习者的个性化学习体验，对推动教育治理现代化具有深远影响。在区域教育大数据研究成果的应用过程中，教育大数据挖掘、清洗和分析等计算机技术和相关研究对该成果非学术影响的传播有重要作用。因而"计算机科学与技术"学科可提交相关典型案例，将其纳入自身的非学术影响之中。

三 分阶段选择学科专家，丰富评价主体类型

知识是在研究者及不同社会主体的参与和互动中不断创造和积累的，社会公众等主体也都是研究成果的受益者。为客观评价交叉学科研究非学术影响的辐射范围和程度，学科研究评价应基于 KTVC 模型，在传递非学术影响的每一阶段加入不同专家和用户等相关主体的评估过程。具体来看，交叉学科研究首先应由同行专家进行评价。当交叉学科研究的案例网络罗列出来后，可明确该研究在传播非学术影响各阶段涉及的每一门学科，之后针对每个阶段的特点，对应选择所涉学科相关领域的专家作为评

价主体，并保持合理的专家组成员结构及恰当的比例。此外，研究成果所产生的社会、经济、文化效益的真正受益群体是用户，在使用同行评议方式的同时，还需将企业、社会公众等相关受益群体囊括入评价主体中，开展联合评价，多角度、全方位地捕捉非学术影响的产生路径，评价影响的效果和质量。以一项来自英国 REF 的体育运动科学的心理辅导与教育的交叉学科研究为例，它在 KT1 阶段运用计算机技术开展在线教学与培训服务，而在 KT4 阶段又采用了人力资源发展的相关理论去改善培训效果，提升用户数量。① 此时在 KT1 阶段应有针对性地选择计算机应用领域的专家作为评价主体，而在 KT4 阶段则需要选择人力资源领域的专家作为评价者，评估人力资源发展的学科理论是否真正对研究成果的非学术影响有所贡献。因该阶段涉及用户体验，还需加入用户作为第三方评价主体，统计用户数量、用户反馈等数据，以评估该研究非学术影响的程度与质量。如此分阶段、有针对性地选择同行评价的专家以及第三方评价主体，能够避免"一刀切"式的整体评价，保证评价结果客观、公正，对我国评价体制改革是一种有益的尝试。

"双一流"建设产生于知识生产模式转型的大环境下，统筹服务国家战略需要和区域经济社会发展成为"双一流"建设高校的历史使命。在此背景下，交叉学科研究也受到了内部学术发展和外部社会需求的双重驱动，重视其非学术影响评价能够彰显交叉学科研究的学术价值和社会责任。在评价实践中，应当在厘清交叉学科研究非学术影响内涵的基础上，选择恰当的评价方式，完善交叉学科研究评价制度，提升交叉学科研究的学术质量和社会影响力。

---

① Ross C, Nichol L, Elliott C, et al. From chain to net: assessing interdisciplinary contributions to academic impact through narrative case studies [J]. Studies in Higher Education, 2020 (18).

结 语

在知识生产模式转型背景下，"双一流"建设将学科作为基础，恰好契合了学科自身的属性——学科既是大学的基本构成单元，也是围绕知识生产的组织机构。而学科建设是学科"永恒"的事务。推进一流学科建设，不仅要牢牢把握学科范式变革的新内涵，而且要主动顺应知识生产模式转型的趋势。

我国的知识生产具有不同于西方国家的自身独特性，我国传统高教机构的知识体系以经史子集为分类标准，没有西方现代意义上的学科分类标准。知识生产模式Ⅰ和知识生产模式Ⅱ的产生和发展不是一个自组织的演化过程，而是一个断裂的变革过程。知识生产模式Ⅱ不是在知识生产模式Ⅰ充分发展成熟的基础上产生的。[①] 而随着跨学科、超学科的兴起和发展，我国的知识生产体系又在向知识生产模式Ⅲ转型。因此，如何理解并适应这种转型对一流学科建设至关重要。本书重点从以下七个方面探究了我国高校应如何适应知识生产模式转型的需要，加强一流学科建设，实现"双一流"建设目标。

一　知识生产模式转型背景下哈佛大学一流学科建设的经验及其启示

学科是系统化、逻辑化的知识集合体，学科建设的本质是促进知识的发展。知识发展的逻辑是学科建设的内在要求。知识可以被划分为显性知

---

① 姚宇华. 知识生产模式转型视角下大学组织变革研究 ［D］. 武汉大学博士论文，2017：47.

识和隐性知识，两者的相互作用和转化是知识创新的关键。而隐性知识由于具有高度个性化而难以格式化的特点，其转化就显得尤为重要。我国一流学科建设存在与知识生产模式转型要求不相适应的方面，这将会影响隐性知识的转化效率，阻碍知识创新。美国哈佛大学在重视显性知识发展的同时，兼顾隐性知识的生产和转化，成功地抓住知识生产模式转型的机遇发展学科，为我国一流学科建设提供了宝贵的经验借鉴。因此，在我国"双一流"建设进程中，我们应关注知识生产模式Ⅱ和知识生产模式Ⅲ对于学科建设的影响，从关注促进学科隐性知识的转化、加强学科回应社会需求的能力、提高学科组织知识管理的能力等方面加强学科建设，以实现学科跨越式发展，进而推动"双一流"的建设步伐。

二 知识生产模式转型背景下美国大学化学学科建设的经验及其启示

基础学科是创新的基石，本书以化学这一基础学科为例，探究美国大学一流化学学科的建设经验。本书先从历史的维度梳理了美国大学一流化学学科发展的历史路径，紧接着围绕学科建设的基本逻辑要素，即为什么建、谁来建、建什么、怎么建四方面对美国大学一流化学学科的现状进行分析和探讨，发现当前美国一流化学学科建设具有支持知识共享、强调知识创获以及重视知识应用的特点。然后，本书在总结美国大学一流化学学科建设共性特征的基础上，对三所选取的美国大学进行了多案例分析。研究发现，三所案例院校在学科建设中都十分重视知识管理的作用，但又各有侧重。伯克利是全能型的学科知识管理范例，MIT的学科建设重视创新，而西北大学则是知识共享型的跨学科践行者。接着，本书分析了我国大学化学学科建设中同知识管理不相适应的地方。最后，结合美国大学一流化学学科建设的共性和个性特点，本书从明确学科建设内涵、提高学科创新能力和创新学科组织模式等三个方面探究了其对我国一流化学学科建设的启示，以期对其他基础学科的建设有所借鉴，从而推动我国"双一流"的建设进程。

三　知识生产模式Ⅲ视域下国外超学科组织建设研究

伴随着知识生产模式的转型、科学研究综合化以及社会问题复杂化，超学科已成为人才培养和科学研究面临的重要议题。超学科的本质在于科学创新，它有利于科研领域内重大科学或社会难题的解决，也易于产生新的知识成果。如何在具体实践中科学指导跨学科甚至超学科研究，则是我国一流学科建设中不容忽视的问题。本研究发现知识生产模式Ⅲ与超学科存在一定的映射关系，模式Ⅲ的"大学—产业—政府—社会"四螺旋动力机制对应超学科的多元群体，两者的研究目标基本重合；模式Ⅲ的创新生态知识群与超学科的知识体系也是吻合的。在此理论基础上，本研究进行了超学科实践层面上的探究。本研究选取了苏黎世联邦理工学院、悉尼科技大学、得州理工大学三所院校的超学科组织以及一个国际性非营利组织——超学科网络中心作为案例进行研究。在完成四个超学科组织的网页资料抓取后，将其导入 NVivo 质性软件进行逐句编码，之后通过生成的编码参考点数占比示意图对四个超学科组织案例的同质性和不同特征进行归纳总结。在进一步分析超学科组织的建设经验后，本研究从组织文化、组织规划与制度、组织动力与发展三个层面探究了国外超学科组织建设对于我国学科组织的完善以及未来超学科组织发展的启示。

四　知识生产模式转型背景下我国一流学科建设面临的机遇与挑战

知识生产模式的现代转型对一流学科建设中的学科建设主体、学科建设客体以及学科建设载体产生了不可抵御的影响，因此，分析知识生产模式转型背景下的一流学科建设情况，并以此探究一流学科建设发展的新思路，为我国的世界一流学科建设提出相关的对策建议，则具有十分重要的意义。本书系统阐述了在我国"双一流"建设进程中，知识生产模式的转型及其对一流学科建设所产生的影响；在此基础上探究了知识生产模式转型给我国一流学科建设带来的机遇与挑战；并从一流学科建设主体的多元化、客体的多维度和载体的多样性等方面探讨了在一流学科建设中如何把三种知识生产方式恰当结合起来，促进一流学科建设，从而推动"双一流"建设。

五 知识生产模式转型背景下 W 大学学科群建设研究

知识生产模式转型背景下，各学科之间交叉融合的趋势越来越明显。而现有的学科分类体系落后于学科发展与社会对人才培养的要求，因此以优势特色学科为主体，积极促进学科交叉、组建学科集群，实现优势学科带动引领相关学科体系建设成为建设一流学科的趋势。本研究以复杂系统理论为基础，立足 W 大学水利与土木矿业工程学科群建设现状及存在的问题，从激发学科群建设内生驱动力与加强学科群外部推动力以及如何平衡内外动力的角度提出学科群建设的相关对策和建议，以形成动态发展、关联紧密、协同运行的协同创新型学科群。

六 知识生产模式转型背景下我国一流学科战略联盟建设研究

知识生产模式的转型对学科建设的学科方向、人才培养和科学研究等方面产生了广泛而深远的影响，一流学科战略联盟的构建成为学科建设适应知识生产模式变革的内在趋势。本研究选取了国外四个一流学科战略联盟，即国际天文学联合会、国际数学联盟、国际生物科学联合会和国际临床与药理学联合会进行比较研究，归纳这四个学科战略联盟发展的重点与特色，详细论述其联盟的建设路径，并与我国一流学科战略联盟从联盟性质、联盟成员、运行机制、合作对象等四个方面进行对比。最后，通过对国外一流学科战略联盟的研究以及对知识生产模式转型背景的了解，结合我国一流学科战略联盟的发展现状，从建设理念、建设资源与建设机制等层面对我国一流学科战略联盟的构建提出建议，旨在为我国一流学科战略联盟的建设提供借鉴，助推"双一流"建设。

七 知识生产模式转型背景下交叉学科研究的非学术影响评价研究

随着现代科学技术的进步，知识在经历高度分化后又呈现出高度综合的态势，传统学科已不再固守自己的研究范畴，各学科之间多层次的学科渗透和交叉使得传统的学科界限不再明显，高度综合化、系统化、整体化和交叉化成为高校学科建设的主流趋势，交叉学科目前在我国已正式成为第 14 个学科门类。交叉学科研究因其不同学科交叉相融的研究范式，在促进知识生产和创新的同时，产生了突出的非学术影响。重视交叉学科研究的非学术影响评价与知识生产模式转型背景下"双一流"建设的内在逻辑相吻合。然而在我国第五轮学科评估中，交叉学科研究的非学术影响评价还存在对非学术影响的概念界定模糊、评价方式尚未完善、评价主体单一等突出问题。通过借鉴国外部分创新型国家评价交叉学科研究非学术影响的思路和有益经验，我国应以设立专业的交叉学科研究评价委员会、分阶段评价交叉学科研究、多元评价主体联动评估等改革措施为着力点，构建科学的、符合时代要求的交叉学科研究非学术影响评价机制，以强化交叉学科研究成果的应用价值导向，推动"双一流"建设高校的学科研究评价制度的改革与创新。

参考文献

中文

1. 〔英〕Judy Pearsall. 新牛津英语词典 ［M］. 上海：上海外语教育出版社，2003.

2. 〔英〕Judy Pearsall. 新牛津英语词典 ［M］. 上海：上海外语教育出版社，2003.

3. 〔美〕伯顿·R. 克拉克. 高等教育系统——学术组织的跨国研究 ［M］. 王承绪，等，译. 杭州：杭州大学出版社，1994.

4. 〔英〕佛朗西斯·培根. 新工具 ［M］. 许宝骙，译. 北京：商务印书馆，1984.

5. 〔英〕杰勒德·德兰迪. 知识社会中的大学 ［M］. 黄建如，译. 北京：北京大学出版社，2010.

6. 〔英〕迈克尔·波兰尼. 个人知识：朝向后批判哲学 ［M］. 徐陶，译. 上海：上海人民出版社，2017.

7. 〔英〕迈克尔·吉本斯，等. 知识生产的新模式：当代社会科学与研究的动力学 ［M］. 陈洪捷，沈文钦，译. 北京：北京大学出版社，2011.

8. 〔日〕迈克尔·Y. 吉野，〔印〕U. 斯里尼瓦萨·郎甘. 战略联盟——企业通向全球化的捷径 ［M］. 雷涯邻，张龙，吴元元，等，译. 北京：商务印书馆，2007.

9. 〔英〕约翰·齐曼. 真科学——它是什么，它指什么 ［M］. 曾国屏，等，译. 上海：上海科技教育出版社，2002.

10. 李娟，李晓旭. 高等学校重点学科建设研究 ［M］. 北京：中国科学技术出版社，2015.

11. 李士本，张力学，王晓锋. 自然科学史简明教程 ［M］. 杭州：浙江大学出版社，2006.

12. 刘仲林. 现代交叉科学 ［M］. 杭州：浙江教育出版社，1998.

13. 苏均平，姜北. 学科与学科建设 ［M］. 上海：第二军医大学出版社，2014.

14. 王建华. 学科的境况与大学的遭遇 ［M］. 北京：教育科学出版社，2014.

15. 徐来群. 哈佛大学史 ［M］. 上海：上海交通大学出版社，2012.

16. 曾冬梅，唐纪良. 协同与共生：大学"学科—专业"一体化建设研究与探索 ［M］. 北京：北京理工大学出版社，2008.

17. 中国社会科学院语言研究所词典编辑室. 现代汉语词典 ［M］. 北京：商务印书馆，2020.

18. 顾文琪. 美国基础研究：通过科学发现创造繁荣 ［A］，国际科技规划与战略选编（二十）［C］. 北京：中国科学院综合计划局出版社，1998.

19. 李晓虹，朴雪涛. 大学组织变革视野中的一流学科建设研究 ［A］. 辽宁省高等教育学会 2017 年学术年会优秀论文一等奖论文集 ［C］. 沈阳：辽宁省高等教育学会，2018.

20. 阿拉坦. "知识—社会"关联的构建——曼海姆、默顿知识社会学的一种比较 ［J］. 云南民族大学学报（哲学社会科学版），2014（01）.

21. 安超. 知识生产模式的转型与大学的发展——模式 1 与模式 2 知识生产的联合 ［J］. 现代教育管理，2015（09）.

22. 卜彩丽，张宝辉. 国外翻转课堂研究热点、主题与发展趋势——基于共词分析的知识图谱研究 ［J］. 外国教育研究，2016（09）.

23. 蔡红生，杨琴. 大学文化："双一流"建设的灵魂 ［J］. 思想教育研究，2017（01）.

24. 蔡袁强. "双一流"建设中我国地方高水平大学转型发展的若干思路——以浙江工业大学为例 ［J］. 中国高教研究，2016（10）.

25. 陈赛. 创意以一种最纯粹的形式发生——探访 MIT 媒体实验室 ［J］. 三联生活周刊，2010（41）.

26. 陈赛. 追寻大学精神 [J]. 三联生活周刊. 2014 (34).

27. 陈亚玲. 大学跨学科科研组织：起源、类型及运行策略 [J]. 高校教育管理, 2012 (03).

28. 程民科. 美国西北大学：后来居上的"开放型"高校 [J]. 教育与职业, 2008 (13).

29. 翟亚军, 王战军. 理念与模式——关于世界一流大学学科建设的解读 [J]. 清华大学教育研究, 2009 (01).

30. 董奇. 建设世界一流大学的必由之路在创新 [J]. 北京教育（高教）, 2017 (01).

31. 范英杰, 徐芳. 如何看待研究成果社会影响力评价？—英国高等教育机构科研水平评估框架概览 [J]. 科学与社会, 2019 (01).

32. 冯璐, 冷伏海. 共词分析方法理论进展 [J]. 中国图书馆学报, 2006 (02).

33. 傅毓维, 郑佳. 我国高等教育资源配置存在的问题及优化对策 [J]. 科学学与科学技术管理, 2005 (02).

34. 葛君, 岳晨. 诺贝尔化学奖获奖者的统计分析 [J]. 图书馆理论与实践, 2004 (02).

35. 龚放. 把握学科特性选准研究方法——高等教育学科建设必须解决的两个问题 [J]. 中国高教研究, 2016 (09).

36. 龚放. 知识生产模式Ⅱ方兴未艾：建设一流大学切勿错失良机 [J]. 江苏高教, 2018 (09).

37. 龚怡祖. 学科的内在建构路径与知识运行机制 [J]. 教育研究, 2013 (09).

38. 关少化. 我国大学学科建设的发展趋势 [J]. 江苏高教, 2011 (05).

39. 郭文斌, 方俊明. 关键词共词分析法：高等教育研究的新方法 [J]. 高教探索, 2015 (09).

40. 韩炳黎. 论我国高等教育管理体制创新 [J]. 西北大学学报（哲学社会科学版）, 2006 (03).

41. 韩洪生. 大学"双一流"建设途径探讨 [J]. 江苏高教, 2017

（08）.

42. 韩益凤. 知识生产模式变迁与研究型大学改革之道 ［J］. 高教探索，2014（04）.

43. 何晋秋. 建设和发展研究型大学，统筹推进我国世界一流大学和一流学科建设 ［J］. 清华大学教育研究，2016（04）.

44. 何舜辉，杜德斌，林宇，等. 耦合视角下的高校科研与教育系统关系——以美国百强高校为例 ［J］. 中国科技论坛，2018（03）.

45. 何振海，张荻. 二战前后美国大学化学学科的快速崛起及其原因 ［J］. 河北大学学报（哲学社会科学版），2017（02）.

46. 胡科，陈武元，段世飞. 英国高校科研评估改革的新动向——基于"科研卓越框架2021"的分析 ［J］. 中国高教研究，2019（08）.

47. 胡乐乐. 论"双一流"背景下研究型大学的跨学科改革 ［J］. 江苏高教，2017（04）.

48. 黄文武，胡成功，毛毅莲. 大学治理由自治到共治的理性审思与现实构建——知识生产模式转型视角 ［J］. 学术探索，2018（02）.

49. 黄文武，徐红，戴雨婷. 大学知识治理的现实审视与理性实践——知识生产模式转型视角 ［J］. 高教探索，2017（11）.

50. 黄瑶，马永红，王铭. 知识生产模式Ⅲ促进超学科快速发展的特征研究 ［J］. 清华大学教育研究，2016（06）.

51. 黄瑶，王铭. "三螺旋"到"四螺旋"：知识生产模式的动力机制演变 ［J］. 教育发展研究，2018（01）.

52. 黄瑶，王铭. 试析知识生产模式Ⅲ对大学及学科制度的影响 ［J］. 高教探索，2017（06）.

53. 黄颖，张琳，孙蓓蓓，等. 跨学科的三维测度——外部知识融合、内在知识会聚与科学合作模式 ［J］. 科学学研究，2019（01）.

54. 蒋文昭，王新. 知识生产模式转型与高校科研支持体系变革 ［J］. 中国高校科技，2018（08）.

55. 蒋文昭. 基于模式3的大学知识生产方式变革 ［J］. 黑龙江高教研究，2017（04）.

56. 蒋逸民. 作为一种新的研究形式的超学科研究 ［J］. 浙江社会科

学，2009（01）.

57. 金诚，许欢欢，范波，等. 基于跨学科研究对 ESI 贡献角度分析综合性大学建设路径——以武汉大学"双一流"建设为例 [J]. 科技创业月刊，2016（20）.

58. 金雷，张力玮. 卓越之路：师生为本使命为先——访美国西北大学校长莫顿·夏碧落 [J]. 世界教育信息，2019（07）.

59. 金薇吟. 克拉克知识与学科理论发微———兼论学科的分化与综合 [J]. 扬州大学学报（高教研究版），2004（05）.

60. 靳涛，田健，孙海清. 建设一流学科，培养创新型人才——统筹基础化学理论和实验教学 [J]. 化工高等教育，2019（02）.

61. 靳玉乐，胡建华，陈鹏，等. 关于当前学科评估改革的多维思考 [J]. 高校教育管理，2020（05）.

62. 康宁，张其龙，苏慧斌. "985 工程"转型与"双一流方案"诞生的历史逻辑 [J]. 清华大学教育研究，2016（05）.

63. 李晨，朱凌. 面向区域经济大学联盟探索——基于欧洲"大区域"大学联盟经验的思考 [J]. 高等工程教育研究，2018（01）.

64. 李培凤，马瑞敏. 三螺旋协同创新的体制机制国际比较研究——以生物化学学科群为例 [J]. 研究与发展管理，2015（04）.

65. 李云鹏. 知识生产模式转型与专业博士学位的代际嬗变 [J]. 高等教育研究，2011（04）.

66. 李志峰，高慧，张忠家. 知识生产模式的现代转型与大学科学研究的模式创新 [J]. 教育研究，2014（03）.

67. 刘宝存. 大学的创新与保守——哈佛大学创建世界一流大学之路 [J]. 比较教育研究，2005（1）.

68. 刘宝存. 哈佛大学办学理念探析 [J]. 外国教育研究，2003（1）.

69. 刘宝存. 如何创建研究型大学——牛津大学和哈佛大学的经验 [J]. 教育发展研究，2003（2）.

70. 刘春丽. Altmetrics 指标在科研评价与管理方面的应用——争议、评论和评估 [J]. 科学学与科学技术管理，2016（06）.

71. 刘凡丰，余诗诗，罗芬. 跨学科研究评价的原则与指标构建 [J].

中国高等教育，2013（05）.

72. 刘国瑜. 世界一流学科建设：学术性与实践性融合的视角 [J]. 现代教育管理，2018（05）.

73. 刘军仪. 科学规范的理论辨析——从学院科学到后学院科学时代 [J]. 比较教育研究，2012（09）.

74. 刘献君. 论高校学科建设 [J]. 高等教育研究，2000（05）.

75. 刘小强，彭颖晖. 一流学科建设就是建设一流的学科生产能力 [J]. 学位与研究生教育，2018（06）.

76. 罗岭，王娟茹. 基于知识管理的产学研合作协同创新 [J]. 情报科学，2015（07）.

77. 罗英姿，马冰，顾剑秀. 知识生产模式Ⅱ下的校所研究生联合培养：理论基础与实践启示 [J]. 中国农业教育，2015（03）.

78. 罗占收. "双一流"建设中的高校科技管理变革——基于世界一流中医药大学建设联盟的思考 [J]. 中国高校科技，2019（06）.

79. 马廷奇，李蓉芳. 知识生产模式转型与人才培养模式创新 [J]. 高教发展与评估，2019（05）.

80. 马韦伟，高燕，江玲. 显隐平衡：学校知识管理的出发点和归宿 [J]. 教育发展研究，2007（10）.

81. 孟艳，刘志军. "双一流"背景下一流学科建设的三重逻辑——以河南大学学科建设为例 [J]. 研究生教育研究，2017（04）.

82. 孟照海. 世界一流学科是如何形成的——基于斯坦福大学和加州大学伯克利分校工程学科的比较 [J]. 比较教育研究，2018（03）.

83. 苗炜. MIT的"有效支出" [J]. 三联生活周刊，2010（41）.

84. 倪亚红，王运来. "双一流"战略背景下学科建设与人才培养的实践统一 [J]. 江苏高教，2017（02）.

85. 潘静. "双一流"建设的内涵与行动框架 [J]. 江苏高教，2016（05）.

86. 钱志刚，崔艳丽. 知识生产视域中的学科制度危机与应对策略 [J]. 中国高教研究，2012（10）.

87. 乔伊·德利奥，陈敏. 学会求知：跨越学科界限的视角 [J]. 世界教育信息，2010（06）.

88. 邱希白. 美国化学会的组织和财务概况 [J]. 学会，1995（04）.

89. 蒲实. 哈佛大学：处于守势的帝国 [J]. 三联生活周刊，2013（26）.

90. 双勇强，刘贤伟. 新知识生产模式下校所联合培养博士生的问题及对策 [J]. 学位与研究生教育，2017（06）.

91. 苏州. 知识管理视角下产学研合作创新冲突分析与治理对策 [J]. 科技进步与对策，2018（24）.

92. 孙丽娜，董昊，徐平. 美国创业型大学知识生产模式及其价值取向 [J]. 现代教育管理，2016（06）.

93. 孙绵涛. 学科论 [J]. 教育研究，2004（06）.

94. 谭大鹏，霍国庆，王能元，等. 知识转移及其相关概念辨析 [J]. 图书情报工作，2005（02）.

95. 田贤鹏. 一流学科建设中的知识生产创新路径优化——基于知识生成论视角 [J]. 学位与研究生教育，2018（06）.

96. 万力维. 学科：原指、延指、隐指 [J]. 现代大学教育，2005（02）.

97. 王爱萍. 知识生产模式转型与大学生就业能力培养 [J]. 高教探索，2011（05）.

98. 王聪. 知识生产模式转型与美国公立大学内部治理结构变革——伯克利加州大学的案例研究 [J]. 高教探索，2017（09）.

99. 王国豫，朱晓林. 同行评议与"外行"评议 [J]. 科学学研究，2015（08）.

100. 王骥. 论大学知识生产方式的演变：理想类型的方法 [J]. 科学学研究，2011（09）.

101. 王建华. 基于学科，重构大学——读《大学变革的逻辑》有感 [J]. 教育研究，2011（10）.

102. 王建华. 知识规划与学科建设 [J]. 高等教育研究，2013（05）.

103. 王楠，罗珺文. 高校科研成果的非学术影响及其评估：是什么，为什么，怎样做？[J]. 华东师范大学学报（教育科学版），2020（04）.

104. 王志玲. 知识生产模式Ⅱ对我国研究型大学优势学科培育的启示 [J]. 中国高教研究，2013（03）.

105. 吴德星. 科教融合培养创新型人才 [J]. 中国大学教学，2014 (01).

106. 吴红斌，吴峰. 基于内容分析的企业大学定位研究 [J]. 中国人力资源开发，2014 (24).

107. 吴立保，吴政，邱章强. 知识生产模式现代转型视角下的一流学科建设研究 [J]. 江苏高教，2017 (04).

108. 伍宸. 《统筹推进世界一流大学和一流学科建设总体方案》政策分析与实践对策 [J]. 重庆高教研究，2016 (01).

109. 武学超. 大学科研非学术影响评价及其学术逻辑 [J]. 中国高教研究，2015 (11).

110. 武学超. 模式3知识生产的理论阐释——内涵、情境、特质与大学向度 [J]. 科学学研究，2014 (09).

111. 相丽君. 我国学科建设发展趋势研究综述 [J]. 陕西师范大学学报（哲学社会科学版），2007 (S1).

112. 项凡. 麻省理工学院办学经验对我国"双一流"建设的启示 [J]. 江苏高教，2017 (01).

113. 肖建华，李雅楠. 知识生产模式变革中的科研组织智力资本结构特征 [J]. 科技进步与对策，2014 (03).

114. 谢延龙. 我国世界一流学科建设：历程、困境与突破 [J]. 黑龙江高教研究，2017 (10).

115. 邢欢. 社会科学研究：非学术影响及其评估 [J]. 清华大学教育研究，2017 (2).

116. 熊佩萱，茹宁. 科研卓越框架（REF）：英国大学科研评估制度及启示 [J]. 教育理论与实践，2020 (15).

117. 许丹东，吕林海. 知识生产模式视角下的博士学位论文评价理念及标准初探 [J]. 学位与研究生教育，2017 (02).

118. 宣勇，凌健. 大学学科组织化建设：价值与路径 [J]. 教育研究，2009 (08).

119. 宣勇，凌健. "学科"考辨 [J]. 高等教育研究，2006 (04).

120. 宣勇，凌健. 大学学科组织化建设：价值与路径 [J]. 教育研究，

2009 (08).

121. 宣勇. 建设世界一流学科要实现"三个转变" [J]. 中国高教研究, 2016 (05).

122. 宣勇. 论大学学科组织 [J]. 科学学与科学技术管理, 2002 (05).

123. 阳荣威. 后合并时代高校的选择: 战略联盟 [J]. 高等教育研究, 2005 (09).

124. 杨岭, 毕宪顺. "双一流"建设的内涵与基本特征 [J]. 大学教育科学, 2017 (04).

125. 杨天平. 学科概念的沿演与指谓 [J]. 大学教育科学, 2004 (01).

126. 杨旸, 吴娟. 地方高校"双一流"发展路径探寻 [J]. 长江大学学报 (社科版), 2016 (05).

127. 殷朝晖, 黄子芹. 知识生产模式转型背景下的一流学科建设研究 [J]. 大学教育科学, 2019 (06).

128. 殷朝晖, 李瑞君. 美国研究型大学教师学术创业及其启示 [J]. 教育科学, 2018 (03).

129. 殷朝晖, 郑雅匀. 知识生产模式转型与一流学科建设探索——基于哈佛大学学科建设的实践 [J]. 教育发展研究, 2019 (Z1).

130. 袁传明. 创新生态系统下美国高等教育政策的走势 [J]. 高教探索, 2019 (04).

131. 岳建蓉. 浅谈美国《化学文摘》(CA) 的发展与变化 [J]. 科技情报开发与经济, 2007 (06).

132. 詹泽慧, 刘选. 知识管理在香港: 通过货币奖励分享知识是一个神话——与香港理工大学方识华博士的对话 [J]. 现代远程教育研究, 2016 (02).

133. 张凯. 深入贯彻习近平总书记重要讲话精神走有贵州特色的"双一流"建设之路 [J]. 当代贵州, 2016 (47).

134. 张凯. 知识生产模式与研究型大学空间资源优化配置 [J]. 北京师范大学学报 (社会科学版), 2015 (05).

135. 张勤，马费成. 国外知识管理研究范式——以共词分析为方法 [J]. 管理科学学报，2007（06）.

136. 张庆玲. 知识生产模式Ⅱ中的跨学科研究转型 [J]. 高教探索，2017（02）.

137. 张伟，徐广宇，缪楠. 世界一流学科建设的内涵、潜力与对策——基于 ESI 学科评价数据的分析 [J]. 现代教育管理，2016（06）.

138. 张文强. 地方本科高校产学研合作存在的问题与对策探讨 [J]. 河南社会科学，2018（04）.

139. 张晓报. 我国高校跨学科人才培养面临的困境及突破——基于理念、制度和方式的分析 [J]. 江苏高教，2017（04）.

140. 张洋磊. 研究型大学科研组织模式危机与创新——知识生产模式转型视角的研究 [J]. 科技进步与对策，2016（11）.

141. 赵继，谢寅波. "双一流"建设需要关注的若干问题 [J]. 中国高等教育，2017（06）.

142. 赵军，许克毅，许捷. 制度变迁视野下学科制度的建构与反思 [J]. 中国高教研究，2008（2）.

143. 赵坤，王振维. 大学重点学科核心竞争力的构建——基于资源与能力整合为视角 [J]. 黑龙江高教研究，2009（10）.

144. 周光礼，武建鑫. 什么是世界一流学科 [J]. 中国高教研究，2016（01）.

145. 周光礼. "双一流"建设中的学术突破——论大学学科、专业、课程一体化建设 [J]. 教育研究，2016（05）.

146. 朱苏，赵蒙成. 论一流学科建设的经济逻辑和知识生产逻辑 [J]. 江苏高教，2017（01）.

147. 朱效民，张嘉同. 美国化学发展规划及其战略思想 [J]. 化学通报，1996（07）.

148. 顾剑秀. 知识生产模式转变下学术型博士生培养模式变革研究 [D]. 南京农业大学，2015.

149. 李夏. 从 RQF 到 ERA：澳大利亚高校科研评价制度改革研究 [D]. 西南大学，2019.

150. 王骥. 论大学知识生产方式的演化——自组织的视角 [D]. 华中科技大学, 2009.

151. 杨如安. 知识管理视角下的大学学院制改革研究 [D]. 西南大学, 2007.

152. 姚宇华. 知识生产模式转型视角下大学组织变革研究 [D]. 武汉大学博士论文, 2017.

153. 张靓媛. 澳大利亚高校卓越科研评价制度 (ERA) 研究 [D]. 天津理工大学, 2018.

154. 肖明. 知识图谱工具使用指南 [Z]. 北京: 中国铁道出版社, 2014.

155. 习近平. 决胜全面建成小康社会夺取新时代中国特色社会主义伟大胜利——在中国共产党第十九次全国代表大会上的报告 [R]. 2017.

156. 习近平. 在北京大学师生座谈会上的讲话 [R]. 2018.

157. OECD. 以知识为基础的经济 [R]. 北京: 机械工业出版社, 1997.

158. 樊春良. 巴斯德象限: 新科学观的启示 [N]. 中华读书报, 2000.

159. 中共中央关于制定国民经济和社会发展第十四个五年规划和二〇三五年远景目标的建议 [EB/OL]. [2020-11-03]. http://www. gov. cn/zhengce/2020-11/03/content_5556991. htm。

160. 国务院. 统筹推进世界一流大学和一流学科建设总体方案 [EB/OL]. [2015-10-24]. http://www. moe. gov. cn/jyb_xxgk/moe_1777/moe_1778/201511/t20151105_217823. html.

161. 国务院. 国务院关于印发《中国制造 2025》的通知 [EB/OL]. [2015-05-09]. http://www. gov. cn/zhengce/content/2015-05/19/content_9784. htm.

162. 教育部学位与研究生教育发展中心. 关于公布《第五轮学科评估工作方案》的通知 [EB/OL]. [2020-11-3]. http://www. cdgdc. edu. cn/xwyyjsjyxx/2020xkpg/wjtz/285009. shtml.

163. 南开大学. 第三届中国高校生物学一流学科建设联盟会议南开举行 [EB/OL]. [2019-06-13]. http://news. nankai. edu. cn/ywsd/system/

2019/10/13/030035738. shtml.

164. 人民网. "双一流"农科联盟在京成立 [EB/OL]. [2019-06-13]. http://edu. people. com. cn/n1/2018/0529/c1053-30020459. html.

165. 中国科学院. 中国高校行星科学联盟成立 [EB/OL]. [2019-06-13]. http://www. cas. cn/yx/201907/t20190705_4698502. shtml.

英文

1. Bush V. Science the Endless Frontier [M]. Washington: United States Government Printing Office, 1945.

2. Carson R. Silent spring [M]. Boston: Houghton Mifflin Harcourt, 2002.

3. D Fam, Palmer J, Riedy C, et al. Transdisciplinary Research and Practice for Sustainability Outcomes [M]. London: Routledge, 2016.

4. Elias G. Carayannis, David F. J. Campbell. Mode 3 Knowledge Production in Quadruple Helix Innovation Systems: twenty-first-century Democracy, Innovation, and Entrepreneurship for development [M]. New York: Springer, 2012.

5. Flexner A. Universities: American, English, German [M]. New Jersey: Transaction publishers, 1994.

6. Fry T. Design futuring [M]. University of New South Wales Press, Sydney, 2009.

7. Gibbons M, Limoges C, Nowotny H, et al. The New Production of Knowledge: The Dynamics of Science and Researchin Contemporary Societies [M]. London: SAGE Publication, 1994.

8. Haken H. Information and self-organization: a macroscopic approach to complex systems [M]. New York: Springer-Verlag, 1989.

9. Hummels C C M. Teaching attitudes, skills, approaches, structures and tools [M]. Amsterdam: BIS Publishers, 2011.

10. Nico1escu B. Manifesto of Transdisciplinarity [M]. Albany, NY: State University of New York Press, 2002.

11. Pearsall J. The new oxford dictionary of English [M]. Oxford: Clarendon

Press, 1998.

12. Carayannis E G, Campbell D F J. "Mode 3": Meaning and Implications from a Knowledge Systems Perspective [A]. In Carayannis E G, Campbell D F J. Knowledge Creation, Diffusion, and Use in Innovation Networks and Knowledge Clusters: A Comparative Systems Approach across the United States, Europe and Asia [C]. Westport, Connecticut: Praeger, 2006.

13. Carayannis E G, Campbell D F J. 'Mode 3' and 'Quadruple Helix': toward a 21st century fractal innovation ecosystem [J]. International journal of technology management, 2009 (3-4).

14. Carayannis E G, Campbell D F J. Open innovation diplomacy and a 21st century fractal research, education and innovation (FREIE) ecosystem: building on the quadruple and quintuple helix innovation concepts and the "mode 3" knowledge production system [J]. Journal of the Knowledge Economy, 2011 (03).

15. Cooper I. Transgressing discipline boundaries: is BEQUEST an example of 'the new production of knowledge'? [J]. Building Research & Information, 2002 (02).

16. Crosby A, Fam D M, Lopes A M. Wealth from waste: A transdisciplinary approach to design education [J]. A study of the multi-generational relationship with making through mediated designing in collaborative, digital environments, 2017.

17. Frascara J. Diagramming as a way of thinking ecologically [J]. Visible Language, 2001 (02).

18. Gera R. Bridging the gap in knowledge transfer between academia and practitioners [J]. International Journal of Educational Management, 2012 (03).

19. Gertner D, Roberts J, Charles D. University-industry collaboration: a CoPs approach to KTPs [J]. Journal of knowledge management, 2011 (04).

20. Goh S C. Managing effective knowledge transfer: an integrative framework

and some practice implications [J]. Journal of knowledge management, 2002 (05).

21. Halliday M. New ways of meaning: The challenge to appliedlinguistics [J]. Journal of Applied Linguistics, 1990 (06).

22. Nonaka I. A Dynamic Theory of Organizational Knowledge Creation [J]. Organization Science, 1994 (01).

23. Klein J T. Prospects for transdisciplinarity [J]. Futures, 2004 (04).

24. Lang D J, Wiek A, Bergmann M, et al. Transdisciplinary research in sustainability science: practice, principles, and challenges [J]. Sustainability science, 2012 (01).

25. Nonaka I. A dynamic theory of organizational knowledge creation [J]. Organization Science, 1994 (01).

26. Popowitz M, Dorgelo C. Report on university-led grand challenges [J]. UCLA: Grand Challenges. 2018 (06).

27. Romer P M. Endogenous Technological Change [J]. Journal of Political Economy, 1990 (05).

28. Rosenbloom J L, Ginther D K, Juhl T, et al. The effects of research & development funding on scientific productivity: Academic chemistry, 1990–2009 [J]. PloS one, 2015 (09).

29. Rosenbloom J L, Ginther D K. Show me the Money: Federal R&D Support for Academic Chemistry, 1990–2009 [J]. Research Policy, 2017 (08).

30. Ross C, Nichol L, Elliott C, et al. From chain to net: assessing interdisciplinary contributions to academic impact through narrative case studies [J]. Studies in Higher Education, 2020 (18).

31. Thorpe R, Eden C, Bessant J, et al. Rigour, relevance and reward: introducing the knowledge translation value-chain [J]. British Journal of Management, 2011 (03).

32. Waghid Y. Knowledge production and higher education transformation in South Africa: Towards reflexivity in university teaching, research and community service [J]. Higher Education, 2002 (04).

33. Rhees D J. The chemists' crusade: The rise of an industrial science in modern America, 1907-1922 [D]. University of Pennsylvania, 1987.

34. Committee on Solar-Terrestrial Research. A space physics paradox why has increased funding been accompanied by decreased effectiveness in the conduct of spacephysics research [R]. Washington: National Academy Press, 1994.

35. Department of Education SAT. Common Wealth of Australia 2006, Research Quality Framework [R]. Canberra Assessing the Quality and Impact of Research in Australia, 2006.

36, Pimentel G C. Opportunities in Chemistry [R]. Washington DC, 1985.

37. American Chemical Society National Historic Chemical Landmarks. National Historic Chemical Landmarks [EB/OL]. [2019-10-11]. http://www.acs.org/content/acs/en/education/whatischemistry/landmarks.html.

38. Harvard Business School. About: Our mission [EB/OL]. [2018-12-09]. https://www.hbs.edu/about/Pages/mission.aspx.

39. Harvard Global Institute. About HGI [EB/OL]. (2019-3-20) [2019-3-21]. https://globalinstitute.harvard.edu/about-hgi.

40. Harvard Law School. About PILAC [EB/OL]. [2018-12-11]. https://pilac.law.harvard.edu/about-menu#about.

41. Harvard T H. Chan School of Public Health [EB/OL]. [2018-12-11]. https://www.hsph.harvard.edu.

42. Harvard University. Department of Chemistry and Chemical Biology [EB/OL]. (2017-12-04) [2019-1-17]. https://chemistry.harvard.edu.

43. Harvard University. Office of Institutional Research. Academic Centers, Initiatives, and Programs [EB/OL]. [2018-12-11]. https://oir.harvard.edu/academic-centers-initiatives-and-programs.

44. Harvard University. Crossing disciplines, finding knowledge [EB/OL]. (2015-05-27) [2018-12-11]. https://news.harvard.edu/gazette/story/2015/05/crossing-disciplines-finding-knowledge/.

45. Harvard University. The Rowland Institute at Harvard [EB/OL]. [2019-1-17]. https: //www2. rowland. harvard. edu/book/about.

46. HEFCE. REF 2021 Interdisciplinary Research Advisory Panel: Review of the criteria-setting phase [EB/OL]. [2021-08-01]. https: //www. ref. ac. uk/publications/idap-review-of-criteria-setting-phase/.

47. International Astronomical Union. 2019. IAU Affiliation [EB/OL]. [2019-08-20]. https: //www. iau. org/administration/membership/.

48. Jia H. Nature. Strong spending compounds chemistry prowess [EB/OL]. (2018-12-12) [2019-1-17]. https: //www. nature. com/articles/d41586-018-07693-3.

49. Fyson J. Berkeley College of Chemistry. Promising research could lead to new strategies in NMR and MRI using diamonds and lasers [EB/OL]. (2018-5-21) [2019-1-17]. https: //chemistry. berkeley. edu/news/promising-research-could-lead-new-strategies-nmr-and-mri-using-diamonds-and-lasers.

50. Gibbons M T, Higher Education R&D Funding from All Sources Increased for the Third Straight Year in FY 2018, 2019 [EB/OL]. [2019-10-11]. https: //www. nsf. gov/statistics/2020/nsf20302/nsf20302. pdf.

51. MIT. Department of Chemistry [EB/OL]. [2019-1-17]. https: //chemistry. mit. edu/.

52. MIT. Open Course Ware. About OCW [EB/OL]. [2019-1-17]. https: //ocw. mit. edu/about/.

53. Nature. Nature Index [EB/OL]. [2021-6-17] https: //www. natureindex. com/annual-tables/2021/country/all.

54. Northwestern University. Weinberg College of Arts & Sciences. Chemistry of Life Processes Institute [EB/OL]. [2018-12-11]. https: //www. clp. northwestern. edu/about-us/.

55. Stanford University. ChEM-H: Chemistry, Engineering & Medicine for Human Health. About Stanford ChEM-H [EB/OL]. [2019-8-10] https: //chemh. stanford. edu/about/about-stanford-chem-h.

56. Stanford. Catalyst for Collaborative Solutions. 10 Grand Challenges. ［EB/OL］. ［2019 - 1 - 17］. https：//catalyst. stanford. edu/10 - grand - challenges.

57. UC Berkeley. College of Chemistry. Scientists revise understanding of the limits of bonding for very electron-rich heavy elements ［EB/OL］. (2018-11-15) ［2019-1-17］. https：//chemistry. berkeley. edu/news/scientists-revise-understanding-limits-bonding-very-electron-rich-heavy-elements.

58. UC Berkley. Berkeley Center for Green Chemistry ［EB/OL］. ［2019-1-17］. https：//bcgc. berkeley. edu/about-2/.

59. UC Berkley. College of Chemistry ［EB/OL］. ［2019-1-17］. https：//chemistry. berkeley. edu.

60. USYS. TdLab ［EB/OL］. ［2019 - 03 - 24］. https：//tdlab. usys. ethz. ch/livlabs/seychelles. html.

61. Wealth from waste ［EB/OL］. ［2017-06-10］. https：//wealthfromwaste. wordpress. com.

致　谢

　　本书是在全国教育科学规划国家一般项目"知识生产模式转型背景下一流学科建设路径研究（课题批准号：BIA180173）"的研究基础上撰写而成的。随着"双一流"建设的不断推进，一流学科建设成为高校的主要着力点。而当今社会，整个知识生产系统正经历着深刻变化，知识生产模式也日益呈现出新特点和新趋势——除传统的以学科为基础的知识生产模式 I 外，还产生了以问题为导向的知识生产模式 II 和以知识集群为核心的知识生产模式 III。学科建设已不再是学科共同体内部的事情，而是涉及"大学—产业—政府—社会"，从而深刻地影响着学科建设的主体、客体和载体。因此，从知识生产模式转型出发研究一流学科建设路径，将有利于建设符合多元质量观的世界一流大学。课题从申请到完成历时 4 年多，其中的艰辛历历在目。在书稿即将付梓之际，在此仅表达我最诚挚的谢意。

　　课题的顺利完成离不开课题组全体成员的共同努力。尤其是我指导的硕士研究生黄子芹、潮泽仪、郑雅匀、栾海莹、张紫薇、刘子涵和蒋潇檬等人。她们承担了文献搜集、调研访谈、注释和参考文献的编排等基础性工作，还参与了本书部分章节初稿的撰写工作。感谢同学们对课题研究的积极参与和投入，你们是我不敢懈怠的动力源泉！"铁打的营盘流水的兵"，祝福优秀的学生们前程似锦、一帆风顺！

　　感谢课题开题评议组专家武汉大学教育科学研究院院长彭宇文教授、武汉大学中国教育家研究中心主任程斯辉教授、武汉理工大学法学与人文社会学院副院长李志峰教授和湖北省教育科学研究院赵友元研究员等专家学者高屋建瓴的真知灼见，他们为课题进一步厘清研究思路、深化研究主题提出了许多中肯的指导意见，为课题组研究工作的开展指明了方向。最后，我要衷心地感谢彭宇文院长和当代教育（武汉）有限公司总裁、北京当代海嘉教育科技有限公司董事长李巍先生对本书出版所给予的大力支持。感谢社会科学文献出版社的王绯老师和张建中老师为本书的出版所付出的辛勤劳动。张老师对书稿进行了认真的审阅，从文字表达到格式规范都一一批注指正，督促我不断地完善书稿的质量。

由于作者水平有限，书中难免存在不足之处，敬请读者朋友们批评指正！

殷朝晖

2022 年 3 月

图书在版编目（CIP）数据

知识生产模式转型背景下一流学科建设研究／殷朝
晖著. -- 北京：社会科学文献出版社，2022.7（2023.9 重印）
（当代教育研究丛书）
ISBN 978-7-5228-0367-8

Ⅰ.①知…　Ⅱ.①殷…　Ⅲ.①知识生产-关系-高等
学校-学科建设-研究-中国　Ⅳ.①F062.3②G642.3

中国版本图书馆 CIP 数据核字（2022）第 110355 号

· 当代教育研究丛书 ·

知识生产模式转型背景下一流学科建设研究

著　　者／殷朝晖

出 版 人／冀祥德
责任编辑／张建中
文稿编辑／张静阳
责任印制／王京美

出　　版／社会科学文献出版社 · 政法传媒分社（010）59367126
　　　　　地址：北京市北三环中路甲 29 号院华龙大厦　邮编：100029
　　　　　网址：www.ssap.com.cn
发　　行／社会科学文献出版社（010）59367028
印　　装／唐山玺诚印务有限公司

规　　格／开 本：787mm×1092mm　1/16
　　　　　印 张：16.75　字 数：262 千字
版　　次／2022 年 7 月第 1 版　2023 年 9 月第 2 次印刷
书　　号／ISBN 978-7-5228-0367-8
定　　价／98.00 元

读者服务电话：4008918866